100세 시대, 당신의 노후는 준비되어 있는가?

김 건·이현종 지음

평단

추천사 1

초고령화 시대에 노후대비가 심각한 문제로 대두되고 있다. 몇 해 전 우리나라 60세 이상 연령을 대상으로 노후생활에 대한 설문조사를 한 적이 있다. '노후생활비를 어떻게 마련할 것인가'라는 질문에 '자녀의 도움을 받겠다'라는 응답이 40%로 가장 많았다. 그러나 과연 앞으로 자녀의 도움을 받을 수 있을지가 미지수다. 참고로 일본의 경우 동일한 설문조사에서 '공적연금을 기대한다'라는 응답이 43%였다. 하지만, 공적연금의 파탄 소식이 들리는 상황에서 기댈 수 있을지 의문스럽다.

결국 노후대비는 자기 힘으로 준비할 수밖에 없다. 노후대비의 기본은 노후자금이다. 또한, 노후대비 자산관리는 이제 선택이 아닌 필수가 되었다. 그렇다면 어떻게 해야 노후대비 자산관리를 성공적으로 할 수 있을까? 무엇보다도 확실한 목표와 장기계획을 세워야 한다.

이 책에는 연금, 보험, 금융상품, 부동산 투자 등 노후대비 자산관리에 대한 모든 것이 담겨 있다. 단순히 노후에 필요한 자산관리의 대략적인 선을 제시하는 게 아니라, 자금 운용에 대한 필요성과 현실적인 방법까지 알려주는 책이다. 구체적인 목표를 알려주는 저자의 방법대로 따라가다 보면, 어느새 '돈 걱정 없는 노후' 준비가 마쳐진 든든한 미래를 맞이할 수 있을 것이다. 이 책이 험난한 세상을 지혜롭게 헤쳐가는 나침반 같은 역할을 할 것이라 믿는다.

SGI서울보증 대표이사 김상택

추천사 2

흔히 '100세 시대'라고 한다. 앞으로도 평균 수명은 더 늘어날 전망이기 때문에 행복한 노후생활을 위해서는 미리 노후대비를 하는 것이 무엇보다 중요하다. 현재 노후대비 수단으로 국민연금과 퇴직연금, 개인연금 등이 있지만, 현실적으로는 국민연금 고갈론과 퇴직금 중간정산, 조기 은퇴 등으로 대다수의 국민은 노후대비가 부족하다고 생각하고 있다. 대부분의 사람들이 생각하는 행복한 노후는 '자식들에게 부담 주지 않고, 스스로 자유롭게 잘 사는 것'이다.

젊었을 때만큼의 경제활동을 할 수 없더라도 노후생활을 여유 있게 살아갈 수 있는 소득을 창출하는 것이 현실적인 노후대비일 것이다. '까짓 어떻게든 되겠지'라는 가벼운 생각이 불행한 미래를 만든다. '이제 어쩌지'하는 생각이 든 뒤에는 이미 늦었다.

이 책에는 행복한 노후와 은퇴준비를 위한 저자들의 경험과 지식이 오롯이 담겨 있다. 저자들은 이 분야의 전문가로, 가장 현실적인 대비책을 마련해 두었다. 독자분들은 이 책을 통해서 행복한 노후를 살아가는 실질적인 방법을 얻을 수 있을 것이다. 이 책은 노후가 불안한 사람들을 위한 노후대비의 기본서로 부족함이 없다.

미래에셋대우 WM연금지원부문 대표 김대환

PROLOGUE

행복한 노후를 위한 준비,
지금부터 시작이다!

"매일 행복하진 않지만, 행복한 일은 매일 있어."

월트 디즈니 만화, 〈곰돌이 푸Winnie the Pooh〉에 나오는 대사이다.

노후를 앞둔 우리에게는 행복함보다는 불안감이 많이 앞선다. 아무래도 현실의 삶이 노후를 대비하기에는 여유롭지 않은 것이 그 이유일 것이다. 부동산은 하늘 높은 줄 모르고 오르고, 아이들의 교육비는 안 쓸 수 없고, 대출 이자는 점점 부담되고, 오르지 않는 것은 내 소득 하나뿐인 것 같다.

하지만, 그렇다고 내 노후를 이렇게 내버려 둘 수는 없다. 누구나 노후를 생각했을 때 불안감이 든다는 것은 그만큼 노후를 대비 하고 싶다는 마음의 반증일 것이다. 곰돌이 푸의 말처럼, 치열한 현실 속에서 노후를 준비하기는 힘들지만, 이 책을 통해 불안감을 떨치고 행복한 노후에 대한 꿈을 매일 조금씩 키웠으면 하는 바람이다.

이 책은 두 가지 집필 의도를 가지고 출발했다.
첫째, 누구나 쉽게 이해할 수 있도록 노력했다.
이 책은 노후대비를 위한 '기본서, 지침서'다. 금융기관에서 일하면서 연금, 부동산, 보험 등 많은 금융 관련 내용들을 접했지만, 생소한 단어나 복잡한 상품 구조 등으로 이해하기 어려울 때가 많았다. 그 경험을 바탕으로 최대한 어려운 단어는 지양하고 누구나 읽고 쉽게 이해할 수 있도록 노력했다. 노후에 관심 있는 누구라도 이 책을 통해 준비에 어려움이 없도록 신경 썼다.

둘째, 필요한 부분만 뽑아서 볼 수 있도록 독자 편의성을 늘렸다.

이 책의 가장 큰 장점은, 독자에게 필요한 부분만 뽑아서 읽어도 앞뒤 문맥에 전혀 지장이 없다는 점이다. 대부분의 금융 서적이 가진 장점이겠지만, '100문 100답 형식'으로 연금, 보험, 금융상품, 부동산 등 각 유형 별, 상품별로 일목요연하게 정리된 책은 찾기 힘들다. 초심자들에게는 관심이 있는 분야부터 먼저 선택하여 읽어 볼 수 있고, 이미 노후대비에 관심이 많거나 금융기관 등 관련 업종 종사자들에게는 개념을 정리하는 차원에서 해당하는 부분만 발췌해 읽을 수 있다.

'실천하는 것이 중요하다'라는 말이 있다. 노후대비에는 어떤 비법이 존재하는 것이 아니라, 지금부터 시작하는 것이 노후대비다. 당장의 삶이 버겁고 힘들어 노후를 준비할 여유가 없을 수 있지만, 지금부터 이 책을 읽고 내가 할 수 있는 작은 부분들부터 찾아 시작해보자. 행복한 노후는 나도 충분히 누릴 수 있는 것이다.

이 책이 만들어지기까지 많은 분들의 도움이 있었다. 먼저 책이 출판되기까지 아낌없는 지원을 해주신 도서출판 평단의 최석두 대표님 이하 편집부에 감사를 드린다. 또한, 이 책을 만들기까지 수많은 지식과 노하우를 쌓게 해준 미래에셋대우 WM·연금지원부문 대표님과 본부장님, 그리고 리테일전략팀 윤상화 이사님과 동료 직원분들께 감사를 전하고 싶다. 특별히 정신적 멘토인 이기상 수석매니저님과 상용이 형, 그리고 이 책의 공저자인 이현종 과장님께도 깊은 감사를 드린다.

  마지막으로, 이 책이 나오기까지 모든 과정을 인도해주시고 지혜를 주신 하나님께 감사를 올려드리며, 항상 기도해주시며 조언을 아끼지 않으신 양가 부모님, 책을 제작하는 동안 묵묵히 응원해주며 전폭적인 지원을 아끼지 않은 사랑하는 아내와 딸 지안이, 아들 이안이에게 이 책을 바친다.

2018년 6월

김 건

CONTENTS

추천사 004
프롤로그 행복한 노후를 위한 준비, 지금부터 시작이다! 006

PART 1 노후대비를 위한 BASIC

001	지금은 호모 헌드레드 시대	018
002	모두가 겪게 될 유병장수의 시대, 노후대비는 필수다	022
003	노후대비에 있어 예상치 못한 변수는 노후파산을 만든다	027
004	노후대비가 안 되어 있을 때 겪을 수 있는 일들	032
005	노후를 위한 저축 VS 자녀를 위한 지출	035
006	노인 자녀가 노인 부모를 부양하는 시대	040
007	노인 부모가 성인 자녀를 부양해야 하는 시대	043
008	노후대비를 위한 저축과 투자는 어느 정도가 적정선일까?	046
009	노후대비에 필요한 자산에 대한 정확한 진단이 필요하다	050
010	안정적인 노후대비를 위해 얼마의 자금이 필요할까?	054
011	노후대비의 기본은 소득 이전이다.	060
012	물가를 이겨내는 소득 이전이 필요하다	063
013	노후대비의 실천에 있어 필요한 롤링플랜과 페이고 원칙	067
014	연금복권에 당첨된 우리의 노후는 어떨까	070
015	복리 금융상품과 단리 금융상품, 어떤 것이 좋을까?	072

PART 2 금융상품과 노후대비

016	소득공제도 받고, 공모주에도 투자할 수 있는 코스닥 벤처펀드	078
017	미래를 위한 투자, 4차 산업혁명 펀드	082
018	투자자의 연령에 맞춰서 알아서 투자해주는 펀드, TDF(은퇴준비펀드)	086
019	주식처럼 투자할 수 있는 펀드, ETF(상장지수펀드)	090
020	ETF(상장지수펀드)의 또 다른 대안, ETN(상장지수증권)	094
021	변동성 심한 장세에 투자하기 좋은 상품, 중위험·중수익 펀드	098
022	세금이 거의 없는 국내주식형 펀드, 무엇이 있을까?	101
023	동일한 펀드라도 수수료와 보수가 다르다? 펀드 클래스	104
024	노후대비를 위한 필수 포트폴리오, 발행어음	107
025	아직도 강력한 비과세 상품, 브라질 채권	111
026	채권을 잘 몰라도 투자할 수 있는 전자단기사채, 초단기채권펀드	117
027	부자들만 아는 노후대비 상품, TIPS(물가연동채권)	122
028	주가가 출렁일 때 투자하면 좋은 상품, ELS / DLS	126
029	하루만 맡겨도 이자가 나오는 CMA / MMF / MMDA	131
030	부자들의 자산관리계좌, 랩 어카운트	136
031	최대 5백만 원까지 비과세 가능한 ISA(개인종합자산관리계좌)	140
032	금(金)도 주식처럼 거래가 가능하다고?	143
033	내 노후자산을 지키는 또 하나의 방법, 신탁	146

034	신탁의 종류와 이해하기	**149**
035	주식 투자에도 세금이 있다고?	**152**
036	소득공제와 세액공제, 도대체 어떤 차이가 있나?	**154**
037	종합소득과 금융소득 종합과세, 무슨 차이가 있을까?	**157**
038	연말정산, 준비는 11월부터 대비하라!	**161**
039	맞벌이 부부를 위한 노후대비 방법	**166**
040	노후대비의 기본은 내 자산의 파악부터! 계좌통합관리서비스, '내 계좌 한눈에'	**170**
041	블록체인, 가상화폐의 중심	**173**

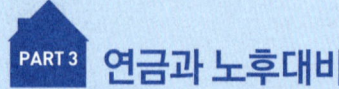
PART 3 연금과 노후대비

042	말 많은 연금, 정말 필요한 걸까?	**180**
043	공적연금과 사적연금은 어떤 차이가 있을까?	**183**
044	세제적격연금과 세제비적격연금, 도대체 무슨 말일까?	**188**
045	국민연금을 꼭 가입해야 할까?	**191**
046	국민연금은 죽어도 나온다!	**196**
047	소득이 없는 우리 가족, 국민연금 가입 필요할까?	**199**
048	국민연금 고갈, 정말 현실되는 것일까?	**202**
049	국민연금도 세금을 내야 할까?	**208**

050	국민연금은 어떻게 수령하는가?	211
051	국민연금도 대출받을 수 있다? 실버론	214
052	국민연금 수령을 연기할수록 연7.2%, 최대 36% 더 받는다!	217
053	국민연금을 납부하지 못했다면, 추후납부제도를 활용하자!	221
054	퇴직금제도와 퇴직연금제도의 차이는 무엇일까?	224
055	퇴직금제도와 퇴직연금제도의 차이, 수급권	227
056	내 노후생활의 든든한 기본, 퇴직연금제도	230
057	내가 받을 퇴직금이 정해져 있는 DB형 퇴직연금제도	233
058	내가 직접 운용하는 DC형 퇴직연금제도	235
059	연금도 받고, 세액공제도 받을 수 있는 IRP 제도	238
060	퇴직금/퇴직연금제도가 마음에 들지 않으면? 퇴직급여제도 전환	242
061	부득이한 사유가 있다면? 퇴직급여 중도인출을 이용하자	245
062	퇴직금을 받을 때 세금은 얼마나 내야할까? 퇴직소득세	248
063	연금펀드 / 연금신탁 / 연금보험, 모두 다른 상품일까?	252
064	연금보험과 연금저축보험은 어떤 차이가 있을까?	255
065	올해 납입한 연금저축과 IRP, 내년에도 세액공제 받을 수 있다?	257
066	노후대비를 위해 꼭 알아두어야 할 연금소득세	259
067	연금저축계좌에서도 ETF 거래가 가능하다	262
068	연금수령한도, 어떻게 받아야 유리할까?	265
069	내가 가입한 개인연금의 수익률이 높지 않다면? 계좌이동제가 답이다	268

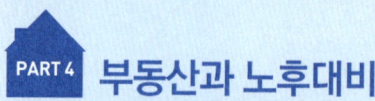

PART 4 부동산과 노후대비

070 누구나 알지만, 제대로 모르는 주택청약종합저축　　**274**
071 주택, 대출을 알아 볼 땐 이것 먼저 살펴보자! 은행보다 싼 대출　　**278**
072 투기지역 / 투기과열지구 / 조정대상지역, 어떤 차이가 있을까?　　**283**
073 노후대비가 부동산이라 생각한다면? 공공분양을 노려보자!　　**288**
074 재개발과 재건축, 어떤 차이가 있을까?　　**292**
075 입주권과 분양권, 어떻게 다를까?　　**296**
076 전세금도 보험으로 보장 받을 수 있다? 전세보증금 보증보험　　**299**
077 대출상환방식, 어떤 게 유리할까? 만기일시 / 원금균등 / 원리금균등상환　　**302**
078 LTV / DTI / DSR, 내가 받을 수 있는 대출금액은?　　**306**
079 변동금리 VS 고정금리, 어떤 것이 나에게 유리할까?　　**309**
080 알면 도움되는 P2P투자　　**314**
081 노후대비 필수 옵션, 집으로 연금 받는 주택연금　　**318**
082 불안한 노후를 보장받는 또 다른 연금, 농지연금　　**321**
083 다주택자를 위한 양도세 피하기　　**325**
084 임대사업자로 등록하면 어떤 혜택이 있을까?　　**331**

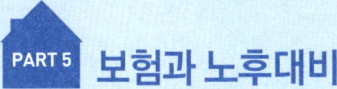
PART 5 보험과 노후대비

085	노후를 대비할 수 있는 보험은 어떤 종류가 있을까?	338
086	노후에 발생할 수 있는 위험을 지켜주는 보장성보험	341
087	메디컬푸어를 예방하는 실손의료보험	344
088	실손의료보험 가입할 때 꼭 체크해야 할 사항	349
089	노후를 풍족하게 해줄 수 있는 저축성보험	355
090	다양한 저축성보험의 종류	358
091	변액연금보험과 변액적립보험의 차이점은 무엇인가?	361
092	보장성보험을 연금으로 활용하는 방법이 있다고?	365
093	보험으로 보장과 연금을 동시에 해결할 수 있다고?	368
094	금리상승기에는 보험을 빨리 가입하는 것이 좋을까?	371
095	100세 보장상품은 노후대비에 있어 중요하다!	373
096	보험의 연금수령방법에는 무엇이 있을까?	376
097	동일한 보험에 가입해도 보험료를 아끼는 방법이 있다 (1)	380
098	동일한 보험에 가입해도 보험료를 아끼는 방법이 있다 (2)	385
099	보험 사각지대 해소를 위한 보험, 유병자 보험	390
100	실속있는 1만 원 미만 미니보험	393

에필로그 노후대비, 당신은 '무엇을, 어떻게' 준비하고 있는가?   396

노후대비를 위한 BASIC

지금은
호모 헌드레드 시대

　우리는 노후대비를 해야만 하는 시대에 살고 있다. 지난 2009년 유엔은 '세계인구 고령화' 보고서를 통해 2000년도엔 평균수명이 80세가 넘는 국가가 불과 6개국에 불과했지만, 2020년이 되면 31개국에 이를 것이라고 발표했다. 그리고 이러한 시대를 '호모 헌드레드(homo-hundred)' 시대라고 정의하였다. 호모 헌드레드는 사람을 뜻하는 호모(homo)와 숫자 100(hundred)이 합쳐진 신조어로 '평균수명 100세'를 의미한다. 1950년도의 평균수명은 불과 50세가 채 되지 않았다. 그런데 의학기술의 발전과 생활환경의 개선 등으로 한 세기가 채 지나기 전에 반평생을 더 살 수 있게 된 것이다. 이런 호모 헌드레드 시대에 우리는 필수적으로 노후대비를 위한 준비가 필요하게 되었다.

　그렇다면 노후대비를 위해 어떤 준비를 해야 할까?

지금은 과거와 달리 너무나도 오래 산다. 오래 살게 되면서 과거에 없었던 여러 가지 문제들이 발생하게 되었다. 오래 살면서 겪는 가장 큰 문제는 노후파산과 노후빈곤이다. 오래 살다 보니 젊어서 모아놓은 자금으로 본인의 노후를 스스로 완벽하게 책임질 수 없게 되어버린 것이다. 과거엔 평균수명이 길지 않았다. 그래서 본인의 노후대비보다는 자녀들에게 아낌없는 지원을 하며 열심히 키워도 노후생활에 큰 지장이 없었다. 노후준비가 덜 되어 누군가의 도움이 필요한 상황이 되더라도 장성한 자녀가 부모를 돌보면 되었다. 그것은 자녀로서 당연한 도리이기도 했다. 따라서 부모의 퇴직준비는 곧 자녀의 교육과 지원이었다.

하지만 지금은 과거와는 너무나도 다르게 변해버렸다. 지금은 자녀 스스로 살기가 벅찬 시대가 되어 버렸다. 자녀의 자녀도 키워야 하는 상황에서 부모도 부양해야 한다. 게다가 부모 또한 너무 오래 살아서 자녀가 노인이 되어도 부모가 살아계신다. 앞으로는 4세대가 함께 사는 진풍경도 자주 보게 될 수도 있다. '증조할머니(100세) - 할머니(70세) - 부모(40세) - 자녀(10세)'와 같은 4세대가 함께 사는 풍경 말이다. 향후에는 충분히 가능한 시나리오가 되었다. 기초생활보장을 위한 기초연금은 만 65세 이상의 어르신들에게 지급된다. 이 기초연금은 기초생활보장을 위한 목적으로 지급되며 소득 기준으로 하위 70%의 어르신에게 지급된다. 그런데 이 기초연금을 부모와 자녀가 동시에 같이 수령하는 비율이 늘어나고 있다. 기초연금은 부모가 수령대상이 된다고 해서 자녀도 같이 받는 것이 아니다. 부모와 자녀 모두 만 65세 요건과 소득 하위 70% 기준을 충족했기 때문에 지급되는 것이다.

만약 우리가 평균수명보다 10년을 더 살 수 있다면 행복할 수 있을까? 10년이 아닌 20년, 30년을 더 살 수 있게 해준다면 더 행복할 수 있을까? 누구나 막연하게 건강하고 오래오래 행복하게 살 수 있기를 희망한다. 하지만 심각하게 고려해야 할 부분이 있다. 살아가는데 필요한 것들이 준비되어 있지 않다면 우리가 생각하는 것과 반대의 삶을 살 수 있다는 것이다. 특히나 생계를 유지하기 위한 생활비가 부족하면 몹시 힘든 노후를 보낼 수밖에 없게 된다. 따라서 노후대비가 제대로 되지 않은 상황에서의 오래 사는 것은 행복이 아닌 불행으로 다가올 수 있다.

호모헌드레드 시대에 우리는 노후대비를 위한 준비와 실행이 필요하다. 부모세대들이 살았던 시대와 지금의 시대는 너무나도 많은 것이 바뀌었다. 우리는 지금 아무도 살아보지 않은 시대를 살아가고 있다. 따라서 과거에 정체된 노후대비가 아닌 지금에 걸맞은 노후대비를 해야 한다. 특히나 오래 사는 위험에 대한 준비를 철저하게 해야 한다.

TIPS

'은퇴'라는 단어는 언제부터 생겨났을까?

1900년대 초반까지만 하더라도 전 세계에서 은퇴라는 개념은 존재하지 않았다. 한번 일하면 평생 일한다는 개념이 잡혀있었기 때문이다. 하지만 1930년대 미국의 대공황 이후부터 은퇴라는 개념이 대중화되기 시작했다. 대공황으로 인해 미국의 실업률은 25%까지 치솟기 시작했다. 가뜩이나 경기가 어려워져 일자리도 쉽게 얻을 수가 없는데 그나마 일하고 있는 근로자들조차도 그 당시 임금수준으로는 만족스러운 삶을 살 수가 없었다. 그러자 근로자들은 하나둘 모여 거리에 나오기 시작했다.

그때 이러한 사태를 수습하기 위해 새로운 정책을 내세운다. 국가가 보장하는 연금을 지급해서 고령의 근로자들을 은퇴시키고 젊은 사람들을 취업시켜 궁극적으로 실업률을 낮추는 것이었다. 그리고 1935년 사회보장법을 제정하면서 현재 미국의 사회보장연금 기초가 세워지게 되었다. 하지만 그 당시 지급되는 연금은 생계만 겨우 유지하는 수준이었다. 그 당시 연금을 받아 생활하는 은퇴자의 이미지는 동물들이 먹는 사료를 먹으며 겨울에는 춥고 여름에는 덥게 낡은 아파트에 사는 사람으로 비춰질 정도로 연금은 매우 부족했다. 연금 재원이 충분히 준비되지 않은 상황에서 일시에 많은 사람들이 은퇴하게 되었기 때문에 충분한 연금을 지급할 수 없었던 것이다.

어떻게 보면 위에서 본 은퇴자의 이미지는 우리가 준비되지 않은 은퇴를 하게 되었을 때 겪는 실제 상황이 될 수 있다. 우리도 언젠가는 은퇴를 한다. 하지만 은퇴를 자발적으로 하는 것이 아닌 상당수가 원치 않을 때 은퇴를 당하는 경우가 많다. 더군다나 노후대비가 충분히 되지 않았을 때 은퇴를 당하는 것은 타격이 클 수밖에 없다. 준비되지 않은 은퇴를 당하더라도 안정된 노후를 보낼 수 있도록 준비해야 한다.

모두가 겪게 될 유병장수의 시대, 노후대비는 필수다

'당신은 오래 살고 싶으신가요?' 대부분의 사람은 당연하게 '네'라고 대답할 것이고, 어떤 사람은 '글쎄요', 또 어떤 사람은 '짧고 굵게 살래요'라고 대답하는 분도 있을 것이다. 하지만 스스로 목숨을 끊지 않는 이상 자신의 수명은 계획한 대로 조정할 수 없다. 오래 살고 싶지만, 불의의 사고로 인해 단명할 수도 있고, 오래 살고 싶지 않지만 의도하지 않게 오래 살 수도 있다.

1. 100세 시대, 평균수명이 늘어난다.

불과 50년 전만 하더라도 우리나라 평균수명은 남자가 60세가 채 되지 않은 58세였고, 여자는 65세였다. 하지만 2016년 기준 우리나라의 기대수명은 남자 79세, 여자는 85세로 무려 20년이 늘었다. 지속적인 의학기술의 발달과 생활환경의 개선, 영향섭취개선 등으로 이루어진 결과물인 것이다. 머지않아 평균수명이 100세에 도달하는 날이 다가올 것이다.

기대수명의 변동 추이

구분	1970	1980	1990	2000	2010	2016
평균	62.27세	66.15세	71.66세	76.01세	80.24세	82.36세
남자	58.74세	61.89세	67.46세	72.35세	76.84세	79.30세
여자	65.81세	70.41세	75.87세	79.67세	83.63세	85.41세

(출처: 통계청)

2. 오래 살수록 질병에 걸릴 확률은 높아진다.

아프지 않고 오래 살 수 있다면 큰 복이다. 하지만 그런 사람은 드물다. 몸이 노화될수록 몸의 면역력과 치유력은 떨어지기 마련이다. 면역력이 떨어지면 그만큼 질병에도 취약해진다. 또 치유력이 떨어지면 회복속도도 늦어지며 때론 치유되지 않은 질병에 걸려 아픈 상태로 남은 생애 동안 살아가야 할 수도 있다. 2016년 기준 기대수명은 평균 82.36세이지만 통계청에서 발표하는 건강수명은 이보다 17년 정도 짧은 64.9세이다. 건강수명은 기대수명에서 전체 인구의 평균 질병 및 장애 기간을 제외한 수명을 말한다. 즉 평균적으로 64.9세까지는 건강하지만, 그 후 약 17년 동안은 질병과 장애를 안고 살아간다는 얘기다.

건강수명 변동 추이			
구분	2012	2014	2016
평균	65.7세	65.2세	64.9세

(출처: 통계청)

3. 오래 살면서 겪을 수 있는 질병을 대비해야 한다.

"매일 매일 예상하지 못한 사건들이 발생해서 마음 졸일 때가 한두 번이 아니에요."

치매가 온 시어머님을 모시는 며느리의 힘든 사연이 신문기사를 통해 소개된 적이 있다. 그렇게 건강했던 시어머니가 치매가 걸리자 가족들은 항상 긴장감을 가지고 살아갈 수밖에 없게 되었다. 갑작스럽게 집을 나가기도 하고, 엉뚱한 음식을 넣어 요리하고, 본인의 대변을 가지고 장난을 치기도 하는 등 매일 매일 예상하지 못한 새로운 일들이 감당하기 힘들 정도로 밀어닥친다. 이로 인해 가정의 불화가 시작되기도 하고 부모에 대한 원망이 싹트기도 한다.

집에서 보살피는 것이 불가능하다면 요양원을 보내기도 하는데 그 비용도 만만치 않다. 때로는 부모를 보살피기 위해 회사를 퇴직하기도 한다. 다행스럽게도 보험상품을 활용하여 치매로 인해 발생할 수 있는 금전적인 지출을 보험회사로 전가할 수 있지만, 보험회사조차도 치매 보험에 대해 손해율 악화와 과거 통계자료 부족 등을 사유로 대부분 80세 까지만 보장하거나 중증 치매에 한정해서 보장하고 있는 실정이다.

연령별 중증치매 발생 확률

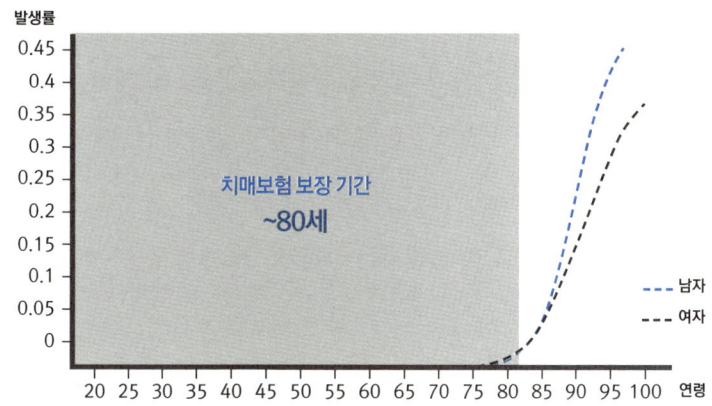

연령	21~40	41~60	61~80	81~100
중증치매발생률	0.0001%	0.0038%	0.2357%	18.0315%

※ 각 연령의 중증치매 발생률을 평균한 값

(출처: 금융감독원)

▶ 중증 치매로 인정받는 기준은 CDR 척도(Clinical Dementia Rating scale)가 3 이상이 되어야 한다. 이 CDR 척도는 치매 관련 전문의가 실시하는 전반적인 인지기능 및 사회기능 정도를 측정하는 정도로서, 점수구성은 0, 0.5, 1, 2, 3, 4, 5로 되어 있으며 점수가 높을수록 정도가 심함을 의미한다.

우리는 너무 오래 살게 됨으로써 언젠가는 질병을 안고 살아갈 수밖에 없게 되었다. 대부분이 무병장수(無病長壽)를 원하지만, 유병장수(有病長壽) 해야 하는 것이다. 유병장수 시대는 남의 일이 아니다. 누구나 한번은 아플 수 있듯이 나이가 들면 피할 수 없는 이벤트이다. 병에 걸리면 모든 생활패턴이 바뀌고 생각하는 방식도 바뀐다. 물론 이에 대해 대비가 되어 있다면 감당할 수 있다. 하지만 대비하지 않고 맞이하는 유병장수는 감당하기 힘든 이벤트가 될 가능성이 높다. 병을 가진 것 자체가 큰 짐이 될뿐더러 많은 돈이 들어가게 되기 때문이다. 게다가 그 병을 치료하기 위한, 또 병 간호를 받기 위한 준비도 되어 있지 않다면 본인뿐만 아니라 본인을 부양하는 자녀들에게도 큰 고통을 줄 수 있다.

따라서 성공적인 노후를 위해서는 금전적으로 자유로울 수 있는 노후대비가 꼭 필요하다.

> **TIPS**
>
> ## 100세 시대 준비위원회 발족
>
> 2007년에 이미 초고령사회에 접어든 일본은 평균수명 100세 시대를 준비하기 위한 국가위원회를 발족하였다. 동 위원회는 평균수명 100세 시대의 인적자원 개발 혁명을 위한 상세한 조치에 대하여 논의하기 위하여 설립되었다. 신조 아베 일본 총리가 위원회의 의장을 맡았으며, 그동안 평균수명 100시대를 예고하며 생활방식의 변화를 주창해왔던 런던 경영대학원의 린다 그래튼(Lynda Gratton) 교수 등이 패널로 참여하고 있다.
> 위원회의 우선적인 목표는 영아교육 및 보육서비스를 무상으로 제공하는 것이나, 이를 위해 필요할 것으로 예상하는 연간 1조 1천 7백 엔(약 11조 8천억 원)에 달하는 재원을 어떻게 조달할 것인가가 관건이 되고 있다. 그 외에도 교육 및 재교육 기회 제공, 노인고용, 육아 중인 부모를 중심에 둔 사회보장제도 개혁 등을 중점과제로 삼고 있다.

노후대비에 있어 예상치 못한 변수는 노후파산을 만든다

누구나 본인의 노후는 금전적으로 풍요롭길 원한다. 그래서 젊었을 때 많은 고생을 하면서도 열심히 살아가는 것이다. 아무도 본인이 노후에 파산하길 원치 않으며, 노후에 파산할 것으로 생각하지 않는다. 하지만 전혀 예상치 못한 사건으로 인해 노후에 모아놓은 자산이 모두 소진되어 파산하게 되는 안타까운 경우가 발생한다.

불행한 노후를 보내고 싶은 사람은 없을 것이다. 누구나 행복한 노후를 꿈꾼다. 그 행복한 노후를 위해서 지금도 열심히 일한다. 하지만 현실은 우리의 생각대로 움직이지 않는다. 노후파산은 실제로 우리 주변에서도 많이 발생하고 있다. 그 비율이 점점 높아져 사회적 문제가 되고 있기도 하다. 노후파산을 당하거나 노후파산을 앞둔 대부분의 사람은 하나같이 '내가 이렇게 될 줄 몰랐다'라고 말한다고 한다. 그 어느 누가 스스로 불행해지기 위해 젊을 때 열심히 살면서 고생하는 시간을 보냈겠는가? 노후파산은 한 번에 닥치는 경우는 많지 않다. 조금씩 조금씩 보유자산이 줄어들어 파산하는 시점을 예측할 수 있지만, 그것을 막지 못한다. 그래서 노후에 맞이하는 파산은 희망을 잃게 만들고, 결국 극단적인 선택을 하게 만들기도 한다.

1. 갑작스러운 노후 의료비 지출은 큰 부담이 된다.

노후에 큰 부담을 주는 대표적인 이벤트 중 하나가 갑작스러운 의료비 지출이다. 큰 병은 큰 지출을 일으키기 때문에 노후에 치명적이다. 더군다나 병이 있으면 더 이상 일을 하기 힘들다. 일을 할 수 없으면 소득이 단절된다. 그리고 병 치료를 위해 의료비로 지출되는 비용은 점차 증가한다. 또 완벽히 낫지 않고 병 간호가 필요한 상황이 발생할 수 있다. 그러면 소득이 없는 상황에서 매월 부담스러운 자금이 지출되어야 하므로 노후파산을 앞당기게 된다. 병원비가 아까워서 병원을 가지 못하는, 약을 못 먹는 노인들도 점차 늘어나는 것이 바로 이러한 이유 때문이다.

2. 예상보다 오래 살아서 파산할 수도 있다.

예상보다 너무 오래 살아서 파산하는 경우가 많다. 우리가 살아가기 위해선 최소한의 비용이 필요하다. 하지만 매월 지급되는 연금이 최소한의 생활비보다 적다면 그동안 모아놓았던 자산에서 인출하며 생활해야 한다. 인출을 한다는 것은 자산이 감소한다는 뜻이다. 만약 금전적으로 충분히 준비되어 있지 않다면 결국 자산이 0원이 되어 파산하게 되는 것이다. 그러면 매월 연금을 기다리며 빠듯하게 살아갈 수밖에 없게 된다.

일본의 노후파산을 다룬 다큐멘터리에서 예금이자로 생활하는 노인의 인터뷰 내용이 기억난다.

"예금의 이자로 빠듯하게 생활하고 있는데 금리가 떨어지는 것이 두렵다. 금리가 떨어져 조금이라도 이자가 줄어들면 지금보다 더 힘든 생활을 해야 하는데 그게 너무 두렵다."

이런 상황에 닥치게 되면 일을 해서 수입을 발생시켜야 하는데 일을 할 수 없는 상황이 대부분이다. 고용의 우선순위에서 밀려 있으며 일이 있더라도 본인의 몸이 견디기 힘든 일이다. 또 일할 수 있는 건강상태가 안되는 경우도 많다. 이러한 상황을 겪게 된다면 남은 생애는 앞이 깜깜할 수밖에 없다.

3. 노후파산은 희망을 잃게 만든다.

노후에 희망을 찾을 수 없다는 절망은 과거에 살아왔던 인생을 쓸모없게 만들어 버리기도 한다. 특히나 노후에 어쩔 수 없이 맞이하는 파산은 사람을 절망감에 빠뜨린다. 다시 일어날 수 있는 희망이 없기 때문이다. 젊음이 있다면, 일할 수 있는 힘이 있다면 어떻게든 이런 상황을 뒤집을 수도 있다. 일을 시작해서 어떻게든 현재 상황을 반전시켜보는 것이다.

그런데 노후에는 이런 상황을 반전시킬 방법이 마땅치가 않다. 돈을 벌고 싶어도 상황이 여의치가 않기 때문이다. 그러므로 '만약에'라는 가정을 항상 염두에 둔 노후대비계획을 세워야 한다.

※ '만약에' 일어날 수 있는 주요 상황들

1 본인과 관련된 상황

· 실직

노후가 충분히 준비되어 있지 않다면 대부분 정년까지 일하고 싶어 한다. 하지만 회사에서는 급여수준의 기여를 못 하는 직원들을 언제든 내칠 준비를 하고 있다. 그래야만 회사가 살아남을 수 있기 때문이다. 회사는 비영리법인이 아닌, 수익을 내야만 존립할 수 있는 영리법인이다.

· 은퇴 후 사업실패

노후를 위한 생활비 마련과 재산의 증식을 위해 시도했지만, 사업이 실패할 수 있다. 평생 모은 자금이 모두 소진되고 빚까지 떠안게 된다.

· 노후 질병

노후 질병은 지출을 만든다. 병이 클수록 의료비는 높아진다. 또 나이가 들어 병이 들면 완벽히 회복되지 않고 후유증이 남는 경우가 많다. 그때부터는 약값과 간병비 등이 기하급수적으로 늘어난다.

· 황혼이혼

오랜 기간 결혼생활 후 겪는 이혼은 생활패턴 자체를 크게 변동시킬 수 있다. 혼자 생활하는 시간이 늘어나게 되고, 할 일이 없어지고 자기관리가 잘 안 될 수 있다. 무료한 시간을 보내다 보면 돈을 쓰게 되고 자산의 감소가 빨리 일어날 가능성이 높아진다.

2 자녀와 관련된 상황

· 자녀 교육비

자녀에게 아낌없는 투자를 하고 싶은 것이 모든 부모의 마음일 것이다. 하지만 과도한 투자가 결국 노후파산을 만들 수 있다. 자녀에게 아낌없이 투자했다고 해서 자녀가 그만큼 부모가 흡족할 만큼 효도를 하지 않을 수 있다.

· 자녀의 미취업 또는 실직

매월 일정 수준의 생활비가 자녀를 위해 사용된다. 또 일자리를 얻기 위한 노력을 위해 지속적으로 교육비가 소진되어야 한다.

· 자녀의 결혼

자녀의 결혼식 비용과 집 마련을 위해 노후자금의 상당 부분이 지출될 수 있다.

· 자녀의 사업 실패

사업실패는 큰 빚을 만든다. 자녀가 사업에 실패했다면 어쩔 수 없이 자녀의 빚을 떠안아야 할 수 있다. 하지만 감당하기 힘든 경우가 많다.

3 부모와 관련된 상황

· 치매

부모가 치매 환자가 되었다면 가족 중 누군가는 보살펴야 한다. 치매증세가 약하면 가족끼리 어떻게든 돌볼 수 있겠지만 점차 증세가 악화되면 가족의 힘만으로는 감당하기 힘들다. 어쩔 수 없이 요양원을 선택하지만, 그 비용이 만만치 않다.

· 부모의 장수

부모 스스로 충분히 노후가 준비되어 있지 않은 이상 오래 사는 위험은 큰 부담이 될 수밖에 없다. 당연히 자녀의 도리를 다해야 하지만 결국 자금이 충분치 못하여 부모와 자녀가 동시에 파산하는 경우가 발생할 수 있다.

이 외에도 수없이 많은 '만약에' 생길 수 있는 일들이 있다. 비교적 젊을 때 '만약에'라는 상황에 닥치면 다시 회복할 수 있는 길이 있다. 하지만 그럴 시간과 여유와 힘이 없는 노후에 '만약에'라는 일이 닥친다면 어찌할 도리가 없다. 그때부터는 국가에 전적으로 의지하는 삶을 살아야 하며 당연히 풍족하지 못한 노후를 보낼 수밖에 없는 것이다. 그래서 노후대비를 통해 '만약에'라고 생각했던 일들이 생겨도 최소한의 노후를 즐길 수 있도록 준비해야 한다.

노후대비가 안 되어 있을 때 겪을 수 있는 일들

우리는 아무도 살아보지 않은 시대를 살아가고 있다. 따라서 이런 시대를 살아가기 위한 노후대비가 꼭 필요하다. 만약 노후대비가 잘 되어 있지 않다면 어떤 일들이 벌어질 수 있을까?

다음은 금전적으로 노후를 살아가기 위한 자금이 충분히 준비되지 않았을 때 발생 가능한 일들이다.

※ 노후자금이 부족할 때 일어날 수 있는 주요 상황들

◆ 지인들에게 가난을 알리고 싶지 않아 만남을 피하게 된다. 지인들과 모임을 해도 항상 돈이 들기 때문에 부담스럽다. 거절하는 횟수는 점차 늘어나게 되고 자연스럽게 지인들과도 점차 거리가 생기게 된다. 결국 홀로 있는 시간이 길어지게 된다.

- 매월 생활자금이 부족하여 생활비를 아끼기 위해 이사를 고민한다. 하지만 당장 이사할 비용조차 부담스러워 이사하지 못한다.
- 새해 명절을 맞이하면 어른들께 세배하며 덕담을 나눈다. 그런데 손자 손녀의 '건강하게 오래오래 사세요'라는 덕담이 부담으로 느껴진다. 그리고 손자 손녀에게 주는 용돈도 부담스럽다. 그 용돈 정도의 규모가 본인에게는 적어도 2주일은 살아갈 수 있는 큰돈이기 때문이다. 하지만 용돈을 안 줄 수도 없어 명절이 부담스러워진다.
- 평소에 건강하게 생활하고 있었지만 갑작스럽게 질병으로 수술을 받게 되었다. 그런데 회복속도가 느려 일정기간 동안 누군가의 간병이 필요하게 되었다. 그런데 간병비와 병원비로 젊었을 때 모아놓은 자산이 빠르게 소진되어 간다. 결국 본인이 모아 놓은 돈은 모두 소진되어 국가 또는 남의 도움이 없으면 살아갈 수 없게 되어버린다.
- 병원비가 아까워 병을 참았다. 많이 아픔에도 불구하고 참고 참다 중증환자가 되어 구급차에 실려 병원에 가게 된다. 병을 오랫동안 고통스럽게 참아왔기에 손을 쓸 수 없을 정도로 병이 크게 진행되어 버려 더 많은 병원비가 지출될 수밖에 없게 되었다. 결국 돈 문제로 인해 치료를 포기하게 된다.
- 갑작스럽게 쓰러져 병원으로 실려 가게 되었다. 다행히 병원에서 어렵게 목숨을 구해주었다. 하지만 치료비를 낼 수 없는 상황이다. 게다가 주변에 친족과 왕래도 끊긴 지 오래되었다. 오히려 살아 있다는 것이 큰 고통으로 다가온다.
- 생활비가 부족해 먹고 싶은 음식도 즐기면서 먹을 수가 없다. 항상 비용을 생각해야 한다. 여행도 다닐 수 없고, 건강보조식품 등도 큰 사치가 된다.
- 여름에는 무더위로 인한 전기세를 걱정하고 겨울에는 난방비를 걱정해야 한다. 냉방병은 본인에게 사치이다.

실제로 이미 고령사회가 된 일본에서는 한여름에 찜통더위 속에서도 전기세가 무서워 에어컨도 켜지 못해 실내에서 열사병에 걸린 노인, 의지할 가족이나 친구도 없이 온종일 아무 일도 하지 않고 혼자 멍하니 텔

레비전만 보는 노인, 라면이나 밥에 달걀 하나만 올린 허술한 식사로 끼니를 때우거나 세 끼를 챙겨 먹지 못하는 노인, 지은 지 수십 년이 지난 허름한 집에 사는데 수리를 못 해서 외풍과 해충으로 고통받고 건강까지 위협받는 노인, 집세를 내지 못해 공원에서 생활할 수밖에 없는 노인, 배가 고파 편의점에서 도시락 3개를 훔치고는 교도소에 보내달라며 눈물로 애원하는 노인 등이 정말 많다고 한다. 그리고 이러한 문제가 이미 중대한 사회문제가 되고 있다.

이처럼 노후대비가 제대로 되어 있지 않다면 오래 사는 것은 축복이 아니라 불행이 되어 버린다. 100세 시대 우리는 원하든 원치 않든 적어도 과거보다 30년 이상을 더 살아야 한다. 과거엔 환갑잔치가 대단히 큰 행사였다. 왜냐하면 그만큼 오래 사는 사람이 많지 않았기 때문이다. 하지만 지금은 어떠한가? 동네잔치가 아닌 가족과 친척들만 모여 축하하는 경우가 대부분이다. 지금 시대는 큰 사고만 없다면 환갑이상은 살기 때문에 그렇게 크게 축하할 일이 아니다. 환갑 이후에도 오랜 기간 더 살 것이다. 그리고 앞으로는 더 오래 살 것이다. 이런 시대에 노후대비가 충분히 되어 있다면 돈과 연관된 의사결정을 할 때 돈이 없어서 원치 않는 선택을 하게 될 위험이 줄어든다. 따라서 우리에게 노후대비는 꼭 필요하다.

노후를 위한 저축 vs 자녀를 위한 지출

본인의 노후를 위해 저축을 더 해야 할까? 자녀의 미래를 위해 교육비를 더 지출해야 할까? 자녀를 가진 부모라면 대부분 이와 같은 고민을 할 것이다. 물론 쌓아놓은 자산이 많거나 매월 발생하는 수입이 많다면 그런 고민을 하지 않을 수 있다. 하지만 대부분은 이러한 고민을 하지 않을 수 없다. 모아놓은 자산은 한정적인데 자녀교육과 노후준비 둘 중의 하나를 선택하라고 한다면 어떤 것을 선택할 것인가?

부모의 대부분은 자녀를 위해 아낌없이 투자한다. 자녀가 잘 되기 위한 것이라면 아낌없이 주고 싶은 것이 모든 부모의 마음이기 때문이다. 하지만 자녀를 위한 지출이 부모가 감당하지 못할 수준이라면 오히려 독이 되어 돌아올 수 있다. 보건복지부에 의하면 2012년 기준 아이를 낳고

대학을 보내고 졸업할 때까지 총 드는 비용은 약 3억 1천만 원 정도가 든다고 한다. 시기별로는 태어나서 7세까지 약 9천7백만 원, 초등학교 약 7천6백만 원, 중학교 약 4천1백만 원, 고등학교 약 4천7백만 원, 대학교 약 7천7백만 원이 소요된다.

일반적인 직장인의 평균수입이 월 300만 원이고 평균 25년 정도 근속한다고 가정했을 때 총 벌 수 있는 금액을 단순계산하면 9억 원 정도 수준이다. 자녀교육에만 돈이 들어가는 것은 아니므로 생활하는데 쓰는 비용까지 생각한다면 일반적인 직장인들은 자녀를 독립시키는데 대부분의 돈을 써버리고 정작 본인의 노후대비는 제대로 준비가 안 된 상태로 노후를 맞이하게 되는 것이다. 결국 자녀에게 본인의 노후를 의지하며 살아가야 한다.

1. 노후대비가 되어 있지 않은 상황에서 자녀에 대한 지출은 유의해야 한다.

본인의 노후대비가 제대로 되지 않은 상황에서 자녀를 위한 지출은 꼭 자녀에게 득이 되지 않을 수 있음을 유의해야 한다. 노후가 준비되지 않으면 결국 자녀에게 의지해야 한다. 대부분의 자녀는 부모를 부양하고자 하는 마음은 당연히 가지고 있을 것이다. 하지만 상황이 여의치 않아 부양하지 못하게 될 수 있다. 배우자를 만나 결혼을 하고 자녀를 갖게 되면 당장 먹고살기에도 벅차게 된다. 초기엔 부모부양과 자녀 양육을 동시에 할 수 있지만, 자녀가 커 가면서 교육비 등의 지출이 높아지게 되면 점차 부담으로 다가오게 된다. 과거엔 평균수명이 길지 않았다. 따라서 은퇴 후 쌓아놓은 자산으로 노후를 보내고 남은 자금은 자녀에게 상속도 해줄 수 있었다. 하지만 지금은 너무나도 오래 살기 때문에 상속은 커녕 살아생전에 자산을 모두 소진하게 되어 자녀에게 많은 의지를 해야 하게 되는 것이다. 문제는 자녀 또한 노후를 대비해야 한다는 것이다.

자녀교육비 지출은 분명 필요하다. 하지만 필요성을 객관적으로 따져보지 않고 남이 하니까 하는 식이어서는 곤란하다. 수입이 한정적인 상황에서 남들과 키 맞추기를 하다 보면 가정경제에 큰 부담이 아닐 수 없다. 체면 때문이거나, 맹목적인 자녀 사랑 때문이라면 생각을 다시 해봐야 한다. 특히 노후에 대한 준비가 충분하지 않은 상황이라면 선택과 집중을 해야 할 필요성이 있는 것이다. 남들이 한다고 다 할 수는 없는 노릇이다.

좋은 부모란 무엇일까? 누구나 자녀에게 좋은 부모가 되기를 바란다. 좋은 부모가 되기 위해서 모든 것을 다 할 수 있다면 금상첨화지만, 할 수 있는 것에는 한계가 있다.

2. 불효소송이 증가하고 있다.

부모와 자녀 간의 부양료 지급청구 소송이 급증하고 있다. 2002년 98건에 불과하던 것이 2013년엔 250건으로 불과 10년 사이에 2.5배나 증가한 것이다. 문제는 앞으로도 계속해서 늘어날 것이라는 점이다. 부모와 자녀 간의 소송이 급증하는 이유 중 하나는 부모는 자녀에게 모든 것을 희생했는데 자녀는 부모를 위해 희생하지 않기 때문이다. 최소한의 생계를 위한 부양을 해 주어야 하는데 최소한의 생계조차도 유지하지 못하게 된 절박한 상황에서 결국 법정 싸움까지 가게 된 것이다. 그래서 요즘엔 늘어나는 조건부증여를 통해 부모부양계약서를 쓰는 사례가 늘어나고 있다고 한다.

"돈을 자식에게 안 주면 욕먹어서 죽고, 조금씩 주면 쪼들려서 죽고, 모두 주면 굶어 죽는다."

어느 은퇴자가 씁쓸하게 한 말이 회자된 적이 있다. 그동안 아낌없이 자녀에게 주었지만, 자녀들은 부모에 대한 은혜를 모두 잊어버리고 감사함을 모르는 답답함 때문에 한 말이 아니었을까? 풍족하게 살면서 부모를 저버리는 인면수심의 자녀들도 분명 있다. 하지만 대부분은 부양하고 싶어도 부양할 수가 없는 상황이 되어버려서 그런 것이 아닐까? 품 떠난 자식을 돌아오게 할 수 있는 것은 부모의 경제력이란 말이 있다. 먹고 살기 힘든데 부모님이 지원해 줄 수 있다면 당연히 부모에게 의지하게 되는 것이다.

과거엔 부모가 자녀의 독립을 위해 약 30년간 아낌없는 지원을 하고 나이가 들어 10~20년 부양을 받았다. 하지만 지금은 자녀를 키우는 기간 이상의 부양 기간이 필요하게 된 상황이다. 앞으로는 40년 이상 부양하게 되는 사례도 점차 많아질 것이다. 따라서 본인의 노후대비가 제대로 되어 있지 않다면 자녀의 노후도 불안하게 할 수 있다.

노후를 위한 저축이 우선일까? 자녀를 위한 지출이 우선일까? 이 두 질문에 굳이 답할 필요는 없다. 다만, 어떤 것을 우선순위에 두고 준비를 해야 하는지는 현실적으로 바라볼 필요가 있다. 부모가 노후를 스스로 책임질 수 없다면 결국 누군가에게 의지해야 한다. 의지할 사람은 자녀가 된다. 하지만 자식도 부모를 부양해야 하는 것을 당연히 알고 있지만, 현실이 어렵다. 자녀들도 가족을 부양해야 하는 책임이 있는 상태에서 추가로 부모까지 부양하기는 쉽지 않은 것이다. 과거엔 부모세대의 평균수명이 그렇게 길지 않았기 때문에 자녀가 부모에 대한 부양이 지금 시기보다는 부담이 덜했다. 하지만 지금은 너무나도 오래 산다. 부모님의 나이가 90세이면 자녀의 나이는 60세다. 노인이 노인을 부양하는 시대인 것이다. 따라서 노후는 누군가에게 의지하지 않고 살아갈 수 있을 정도로 준비하는 것이 좋다. 당장 부모가 본인의 노후대비를 위해 자녀를 지원하지 못하더라도 장기적으로 자녀에게 부양에 대한 책임을 지우지 않는다면 오히려 그 부분이 더 자녀에게 득이 될 수 있음을 알아두자.

물론 자금 여력이 충분하다면 둘 다 하면 된다. 과거의 부모들은 자녀들을 위해 많은 것들을 희생했다. 지속해서 상승하는 교육비, 등록금, 주택가격과 주거비, 결혼자금 등으로 인해 우리의 부모세대는 본인의 노후자금을 준비할 수 있는 여력이 없었다. 이제는 모두 다 할 수 없다. 그래서 더더욱 선택과 집중을 해야 하는 시기이다.

이처럼 노후대비가 제대로 되지 않은 상태로 자녀에게 많은 지출을 하게 된다면 부모와 자녀 서로에게 득이 되지 않을 수 있음을 유의하자.

노인 자녀가 노인 부모를 부양하는 시대

지난 2016년 10월, 독일연방인구연구소의 노베르트 슈나이더 소장은 방한 당시 이런 말을 했다.

"현재 70세 노인의 신체·정신적 능력이 25년 전의 60세와 맞먹는다."

지속적인 의학기술의 발달과 꾸준한 질병의 예방, 조기 건강검진, 건강관리, 식습관의 개선 등으로 인해 우리가 예전보다 오래 살게 되었기 때문이다. 이렇게 오래 살면서 노인이 된 자녀가 노인 부모를 부양하거나 노인이 된 부모가 다 큰 성인 자녀를 부양하는 경우가 많아지고 있다.

■ 노인 자녀가 노인 부모를 부양하는 날이 다가온다.

부모가 자녀에게 부양받는 것으로 인해 자녀가 오히려 파산하기도 한다. 우리나라의 노노부양가구는 2017년 기준 18만 가구라고 한다. 노노부양이란 노인이 된 자녀가 노인부모를 모시는 것을 말하는데, 60대 자녀가 80대 부모를 모시는 가구가 18만 가구나 된다는 것이다. 문제는 80대인 부모는 연금이 충분하지 않아 자녀의 지원이 필요하고, 60대인 자녀는 부모만 부양하는 것이 아닌 자녀도 부양해야 한다는 것이다.

또 자녀의 입장에서는 제대로 된 노후대비를 하는 것이 불가능할 수밖에 없다. 일본 40~50대 중년파산 위기를 조명한 책인 《98%의 미래, 중년파산》에는 부모를 부양하면서 자녀가 파산하게 되는 사례가 나온다. 우리나라보다 초고령사회를 먼저 맞이한 일본에서는 이미 이런 일이 비일비재하게 벌어지고 있는 것이다.

우리나라의 자살률은 OECD(경제협력개발기구) 중 1위이다. 1위인 이유가 있다. 노인자살률이 전체 자살의 30%가 넘을 정도로 압도적이기 때문이다. 노인자살률이 높은 이유는 노인빈곤율과의 상관관계가 크다. 노인빈곤율 또한 OECD 국가 중 가장 높다. 우리나라의 노인빈곤율은 OECD 국가 평균의 무려 4배에 달한다. 무척이나 심각한 수준이다. 노후에 찾아온 빈곤이 자살이라는 극단적인 상황까지 내모는 것이다. 그래서 노후대비가 더욱더 필요한 이유이다. 적어도 노후대비가 어느 정도 준비되어 있다면 극단적인 선택을 하는 상황은 발생하지 않을 수 있다.

부모 스스로 자녀에게 짐이 되기 싫어 자녀를 피하게 되는 경우도 발생한다. 자녀가 잘 되길 바라는 것은 부모라면 누구나 희망하는 바일 것이다. 자녀가 금전적으로 여유가 있어 부모를 부양하는 데 부담이 없으면 좋겠지만 자녀가 금전적인 부담을 느끼며 부모를 부양하는 모습을 보면 부모로서 그처럼 맘이 아플 수가 없다고 한다. 결국 자녀에게 짐이 되고 싶지 않아 거리를 두는 부모도 있다. 심지어 금전적인 부담으로 인해 명절에 손자 손녀의 용돈을 주는 것도 부담이 되기도 한다.

　이처럼 노후대비가 제대로 되어 있지 않다면 노후에 우리도 경험할 수 있는 상황이 될 수 있음을 알아두자.

노인 부모가 성인 자녀를
부양해야 하는 시대

성인 자녀의 부양도 염두에 두어야 한다. 우리나라 청년의 취업률은 좀 처럼 개선되지 않고 있다. 청년실업률은 고공행진 중이며 취직이 되지 않다 보니 취직을 아예 포기한 청년들도 많다. 한국직업능력개발원 보고서에 따르면 청년층 실업자는 2015년 기준 72만 7천 명으로 전체 청년의 7%로 추산하고 있다. 이러한 시기에 주변의 시선을 의식해서 겉보기에만 취업준비를 하는 '쇼윈도취업준비생'도 급격히 늘어나 5명 중 2명은 이에 속해 있다고 잡코리아에서 발표하기도 하였다.

이러한 청년들의 취업은 시간이 가면 갈수록 더 힘들어지고 있다. 또 어렵게 취업을 해도 은퇴 시기가 빨라지고 있다. 게다가 평균수명이 점차 늘어나고 있어 더 오래 산다. 돈을 오랜 기간 많이 벌고 모아 놓아야만 충분한 노후준비를 할 수 있으나 늦은 취업과 이른 은퇴, 그리고 오래 사는 것으로 인해 노후를 대비할 수 있는 자금을 충분히 모으지 못하는 악순환이 계속되고 있는 것이다.

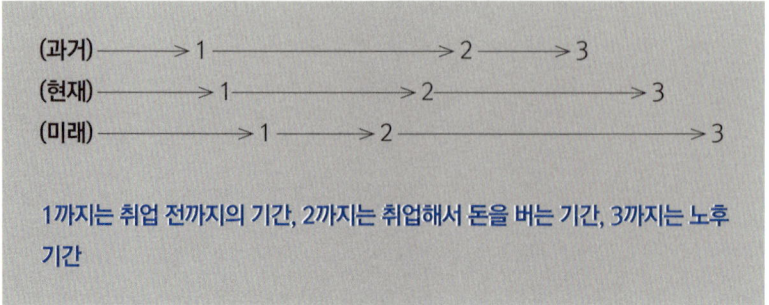

1까지는 취업 전까지의 기간, 2까지는 취업해서 돈을 버는 기간, 3까지는 노후 기간

그나마 자녀가 취업을 했다는 것은 천만다행인 일이다. 취업하지 못했을 땐 결국 부모가 자녀를 부양해야 한다. 따라서 노후대비에 성인 자녀의 부양에 대한 부분도 일정 부분 고려해야 한다.

이미 일본의 경우 자녀가 취직하지 못해서 부모의 연금으로 같이 살아가는 사례가 빈번하게 뉴스에 소개되고 있다. 취업 시기가 늦어지면 늦어질수록 취업하기는 더 힘들어지고 좋은 직장을 얻을 수 있는 확률도 낮아진다. 취업이 안 되니 당연히 결혼도 힘들어지고 독립도 점점 불가능해지는 것이다. 직장이 없는 자녀는 사회적으로 고립되기 시작하고 집안에 틀어박혀 살기 시작한다. 기존에 준비했던 자산과 연금이면 행복한 노후를 보낼 수 있을 것으로 생각했지만 자녀가 독립하지 못해 큰 차질이 생겨버리게 되는 것이다.

노후에 금전적으로 어려움을 겪게 되는 가장 큰 요인 중 하나는 자녀에게 지출되는 비용 때문이다. 대표적으로 자녀의 결혼, 실직, 유학 등으로 인해 발생하는 비용이다. 부모라면 자녀가 잘 되길 바라서 아낌없이 주고 싶은 마음이겠지만 그로 인해 불행한 노후를 보내게 되는 경우를 종종 목격하게 된다. 최근 뉴스 상에서 불효소송, 증여취소소송과 같은 자녀와의 관계가 틀어져 부모와 자녀 간의 법정 다툼을 하는 얘기가 자주 나온다. 이런 상황을 사전에 차단하기 위해서는 자녀와 재정상태를 공유해야 할 필요가 있으며 현실적으로 현재 상황을 바라볼 수 있도록 알려줘야 한다. 결혼도 현실적으로 상황에 맞게 비용을 지출할 필요가 있으며 그저 욱하는 감정으로 인해 직장을 그만두는 일도 없도록 해야 한다. 그리고 유학으로 인한 또는 학업 활동으로 인한 큰 소비는 신중해야 한다. 그런 투자를 통해 훨씬 많은 돈을 벌 수 있고 성장할 수 있다면야 그보다 좋은 것은 없지만 남들이 하니까 나도 한다는 생각으로 한다면 쉽지 않을 것이다.

노인이 된 자녀가 노인 부모를 부양하거나 노인이 된 부모가 다 큰 성인 자녀를 부양해야 할 수 있는 시기에 우리는 더욱더 노후대비에 박차를 가할 필요가 있다.

노후대비를 위한 저축과 투자는
어느 정도가 적정선일까?

노후대비가 우리에게 꼭 필요한 이유가 있다. 우리는 평생 일하면서 돈을 벌 수 없기 때문이다. 그렇다면 이러한 질문을 해볼 수 있다. 노후대비가 필요한지 알겠지만, 도대체 어느 정도까지 노후대비를 해야 하는 것일까? 또 노후대비를 위해 해야 할 저축과 투자의 수준은 어느 정도 수준이 적정할까?

10여 년 전 대한은퇴자협회(KARP)에서는 이런 성명을 낸 적이 있다.

> 은퇴 노후자금에 억, 억의 숫자가 난무하고 있다. 살고 있는 집이 전세든 자기 소유이든 집값을 빼고 순 은퇴자금으로 이젠 12억 원이 필요하다는 것이다. 이런 얘기를 하는 사람들은 금융계에 근무하거나 대기업의 연구원들로서 고소득을 올리고 있고 늙지도 않았으며 아직 은퇴를 경험

해 보지 않았다.

조사에 의한 가정(If)과 여러 경제, 사회적 변화요소를 가미해서 발표하는 것인 만큼, 가뜩이나 어려운 살림에 이런 소식을 접하는 국민들은 미리 기가 죽어 '까짓거 되는대로 하루하루 살지 뭐'라고 하면서 자포자기에 빠지게 마련이다.

금융기관이나 공공기관에서 나오는 자료들이 대부분 노후대비에 대해 아직 많이 부족하다는 의견이 많다. 그로 인해 국민들의 노후에 대한 부정적인 인식을 강하게 심고 있다고 판단하여 대한은퇴자협회에서 강력하게 반발한 것이다.

금융기관에서 제시한 노후대비에 필요한 금액을 보면 사실 부담스럽다고 생각할 수 있을 정도로 금액이 큰 경우가 많다. '적어도 10억 원 정도의 수준은 있어야만 노후에 먹고 어느 정도 생활할 수 있다.'라고 강조한다. 하지만 이 숫자 자체가 노후준비가 부족한 사람들에게는 큰 허탈감을 안겨주기도 하고 아예 노후준비를 포기해 버리기도 한다. 대한은퇴자협회에서는 그런 부분을 지적한 것이다. 충분히 공감한다. 필자 또한 금융기관에서 근무하고 있고 아직 은퇴를 경험해 보지 않았으니 말이다. 하지만 불안감을 일으킨다고 현재 벌어지고 있는 상황들을 무시할 수 없으며 노후대비의 필요성을 얘기하지 않을 수 없다. 그래서 더더욱 현실적으로 가능한 노후대비 플랜을 제시해야 한다.

노후를 대비하지 않는 현재의 과도한 소비는 당장의 생활 수준을 높일 수 있지만, 노후의 생활 수준을 떨어뜨린다. 따라서 노후대비에 있어 가장 먼저 선행되어야 할 단계는 현재의 재정 상황과 향후의 노후대비 여력을 점검하는 것이다. 이 단계가 제대로 파악되지 않는다면 필요 이상으로 노후대비를 하게 되거나 부족한 노후대비를 하게 될 가능성이 크다. 한번 다가온 노후는 다시 되돌릴 수 없다. 인생 100세 시대에서 반평생을 노후로 보내야 하는데 제대로 준비되어 있지 않다면 큰 낭패가 아닐 수 없다.

적정 노후자금을 계산할 때 소득대체율이라는 용어를 사용한다. OECD에서는 소득대체율에 대해서 정의하고 있는데, 이는 연금 급여를 가입자의 재평가된 생애 평균소득으로 나눈 값이라고 정의하고 있다. 즉, 연금을 받아 생활하는 수준이 은퇴 이전의 평균 소득 수준을 얼마만큼 유지해주는지를 나타내는 척도이다. 예를 들어 평균소득이 100만 원인 사람이 퇴직 후 50만 원의 연금을 받는다면 소득대체율이 50%인 것이다.

적정수준의 노후자금은 은퇴 전 시기의 월 소득의 70% 수준이라고들 한다. 공적연금인 국민연금에서 지급하는 연금의 소득대체율은 40% 수준이다. 가입 기간이 40년을 전제로 할 때, 1988~1998년까지는 70%, 1999~2007년까지는 60%, 2008년부터는 50%에서 매년 0.5%씩 낮아지고 있다. 2018년 소득대체율은 45%로, 2028년 이후에는 40% 수준이 되도록 설계되어 있다.

국민연금의 가입구간별 소득대체율

가입구간	1988~1998년	1999~2007년	2008년	2009년	2010년	2018년	---	2028년~
소득대체율	70%	60%	50%	49.5%	49%	45%	---	40%

　소득대체율이 70%가 적정하다고 보았을 때 국민연금에서 모두 채우지 못한 나머지 30%는 사적연금 등으로 보완해야 한다. 다만, 국민연금의 소득대체율 40%는 40년을 모두 납입했을 때의 가정이므로 납입 기간이 그보다 못 미친다면 사적연금의 비율을 조금 더 높여놓을 필요가 있다. 만약 본인이 노후에는 더 많은 것들을 시도해보고 도전해 보고 싶다면 은퇴 전 소득과 동일하게 맞추거나 더 많은 연금을 받을 수 있도록 노후대비를 하면 된다. 이와 반대로 은퇴 전 소득이 충분히 많다면 은퇴 후에는 이보다 절반 정도 수준만 나올 수 있도록 노후대비를 하면 된다. 노후대비에 있어 절대적인 정답은 없는 것이다.

　만약 노후준비를 하는 과정이 너무나도 힘들고 괴롭다면 과연 노후에도 행복할 수 있을까? 그렇지 않을 가능성이 크다. 분에 넘치게 노후대비를 시작했다가 지금도 힘들고 노후도 본인의 뜻대로 살지 못할 수 있음을 명심하자.

노후대비에 필요한 자산에 대한
정확한 진단이 필요하다

노후대비를 위한 저축수준과 소비수준에 대해서는 절대적인 정답은 없다. 각자마다 처한 상황이 다르고 생활방식이 모두 다르기 때문이다. 다만, 우리가 평생 살아가면서 금전적인 부분은 부족함이 없을 정도가 되어야 한다. 금전적인 부분이 행복에 절대적인 요소는 아니지만 상당한 영향을 미칠 수밖에 없기 때문이다. 본인에게 적합한 성공적인 노후대비를 위해서는 우리가 선행적으로 진행되어야만 하는 요소들에 대한 점검이 필요하다.

먼저 본인이 가지고 있는 자산의 정확한 진단이 필요하다. 이는 현재의 생활 수준을 결정할 수 있음과 동시에 노후생활을 위한 자산을 어느 정도 준비해야 하는지 가늠할 수 있게 해준다. 그 후에 필요한 저축수준과 지출수준을 추측해 볼 수 있다.

두 번째, 우리가 언제까지 살 수 있을지에 대한 추측과 그 추측보다 훨씬 더 오래 살 수 있다는 것도 가정해야 할 필요가 있다. 우리가 생을 마감하는 시점은 스스로 삶을 포기하지 않는 이상 알 수 없기 때문이다. 통계청에 의하면 우리나라 국민의 기대수명은 남자의 평균수명은 약 79세, 여자는 약 85세이다. 그리고 가장 많이 사망하는 나이 때인 최빈사망연령은 87세이다. 또한 매년 0.4년에서 0.6년 늘어나고 있다.

세 번째, 우리가 건강한 상태가 아닌, 건강하지 않은 상태로 오래 사는 가능성도 염두에 두어야 한다. 의학기술이 나날이 발전하고 있어 치명적인 상황이 아니라면 건강하지 않은 상태로 오래 살 수 있기 때문이다.

네 번째, 위의 세 가지 요소를 고려한 노후대비를 위한 자금계획의 수립이다. 첫 단추가 제대로 채워지지 않으면 완벽한 노후대비를 할 수 없다. 금융기관마다 노후 필요자금에 대한 기준은 천차만별이다. 국민연금연구원에 따르면 50대 이상 부부의 최소생활비는 월 174만 원, 적정생활비는 월 236만 원이라고 말한다. 부부가 아닌 개인일 때 최소생활비는 월 104만 원, 적정생활비는 월 145만 원이다.

여기서 최소생활비는 특별한 질병 등이 없는 건강한 상태를 가정했을 때 최저 생활을 유지하는 데 들어가는 비용을 말한다. 즉, 여기에 의료비는 포함되어 있지 않다는 얘기이다. 노후에 증가할 수 있는 의료비의 지출까지 생각한다면 이보다 많은 노후자금이 필요하다.

노후에 월 2백만 원 수준의 연금을 받으려면 어느 정도의 자금이 필요할까? 물가상승률이 0%라고 단순 가정하고 55세부터 95세까지 40년 살아간다면 은퇴 시점에 9억 6천만 원의 목돈이 필요하다. 하지만 여기에는 물가상승률이 반영되지 않은 금액이다. 물가가 상승할수록 돈의 가치는 하락한다. 만약 물가상승률이 더 높아진다거나 더 오래 살게 된다면 더 많은 노후자금이 필요하게 된다. 그리고 은퇴 시점이 더 빨라진다면 이보다 더 많은 노후자금이 필요할 수 있다.

이렇게 노후대비 자산을 점검해야 하는 이유가 있다.
만약 노후대비 자산이 부족하다면 노후자산을 늘리려고 노력하거나 수익률을 증가하려는 노력을 할 수 있기 때문이다. 만약 노후대비 자산이 충분하다면 지금 현재를 위해 충분한 자금을 사용할 수 있다. 추가로 자녀에게 증여를 고민해 볼 수 있고 본인의 꿈을 위한 취미 생활을 위한 지출을 할 수 있다. 본인의 재정 상황에 대한 정확한 진단이 한번 뿐인 인생을 후회 없이 즐기며 사는 욜로(YOLO, You Only Live Once)의 삶을 사는데 필수적인 요소가 될 수 있다. 하지만 정확한 진단 없이 욜로의 삶을 산다면 너무나도 오래 사는 현재 세대에게는 오히려 독이 되어 노후에 돌아올 수 있다. 노후를 위한 준비 없이 현재만 살기에는 우리가 너무 오래 살기 때문이다.

만약 노후대비 자산에 대한 정확한 진단 없이 노후를 맞이하게 된다면 어떨까?
실제로 일본에서는 은퇴할 때 가지고 있는 자산보다 사망할 때 자산이 오히려 늘어나 있는 경우가 많다고 한다. 얼마만큼 살 수 있을지 정확히 알지 모르는 불확실한 상황에서는 만일의 상황을 대비해 최대한 허리띠를 졸라매게 되기 때문이다. 그러다 보니 오히려 재산이 줄어들지 않고 늘어나는 현상도 발생하게 되는 것이다. 허리띠를 졸라매게 되는 이유가 뭘까? 바로 사망하기 전에 자산이 고갈되어 노후에 파산하는 것을 원치 않기 때문이다. 따라서 노후대비에서는 매월 규칙적으로 현금흐름이 창출되는 연금자산의 확보가 중요하다. 그렇지 않다면 자산이 있음에도 불구하고 매월 발생하는 현금흐름이 없어 허리띠를 졸라매게 될 수 있다.

노후대비는 마라톤과 같다. 42.195km를 완주해야 평안한 노후를 위한 준비를 완료할 수 있다. 마라톤선수와 일반인이 마라톤 경주를 하면 당연히 마라톤선수에게 질 수밖에 없다. 그것도 엄청난 격차로 말이다. 하지만 노후대비의 마라톤은 조금 다르다. 마라톤과 같이 장거리 경주를 하는 것은 맞지만 시작점이 모두 다르다. 그리고 시작하는 시간도 모두 다르다. 즉 마라톤선수는 아니지만 미리 달리기 시작했다면 마라톤선수를 이길 수 있을 가능성이 커진다.

연금준비에 있어 마라톤선수는 고액연봉자나 자산가라면 일반인은 평범한 직장인이나 자영업자 등이다. 우리가 부자가 아니라면 미리 준비해야 한다. 미리 조금씩 조금씩 달려나가 있어야 한다. 42.195km를 달리는 데 시간이 오래 걸리더라도 한 걸음이라도 미리 달리는 것이 중요하다.

안정적인 노후대비를 위해
얼마의 자금이 필요할까?

노후대비의 필요성은 대부분이 인지하고 있지만, 얼마의 자금이 필요한지는 제대로 알지 못하는 경우가 많다. 앞서 언급하였듯이 성공적인 노후대비를 위해서는 노후에 원하는 생활 수준을 정하고 그에 맞는 노후생활자금 수준 파악이 선행되어야 한다. 그리고 본인에게 필요한 노후생활자금 수준이 예측되었다면 그다음엔 노후생활자금을 마련을 위한 목돈마련 계획이 세워져야 한다. 그리고 목돈마련을 위한 구체적인 실행플랜이 필요하다.

먼저, 노후에 필요한 생활자금 수준을 예측해 보자.

국민연금연구원 따르면 50대 이상 부부의 최소생활비는 월 174만 원, 적정생활비는 월 236만 원이라고 밝혔다. 여기에서 생활비는 의료비를 제외한 생활비이다. 우리가 국민연금연구원에서 제시하는 적정수준의 생활비를 확보하고자 하였을 때는 부부 기준 월 236만 원을 확보하면 된다. 노후의 월 생활비는 연금 위주로 준비하는 것이 유리하다. 연금에는 절세 혜택이 있으므로 노후를 위한 목적이 확실하다면 연금상품으로 준비하는 것이 좋다. 공적연금인 국민연금에서는 얼마 정도 수령 가능할까?

국민연금 종류별 월 평균 연금액

20년 이상	10~19년	소득활동	조기	분할	소계
886,200원	398,750원	652,880원	505,250원	17,110원	491,210원

(출처: 국민연금공단)

현재 국민연금에서 20년 이상 가입자가 수령하는 국민연금액 수준은 평균 약 89만 원이다. 우리가 20년 이상 가입자의 평균치만큼의 국민연금을 수령한다고 가정하였을 때, 추가로 준비해야 할 노후생활자금은 약 150만 원 수준이다. 따라서 우리는 150만 원의 노후생활자금 마련을 위한 계획을 세워야 한다.

■ 노후생활자금 마련을 위한 세 가지 방안

노후생활자금 마련을 위해 다음의 세 가지 방안을 고민해 볼 필요가 있다. 대표적으로 목돈으로 이자만 받는 방안과 원금과 이자를 균등하게 나눠 받는 방안, 그리고 이 두 가지를 혼합하는 방안이다.

첫 번째 방안인 목돈을 기준으로 이자만 받는 방법의 장점은 목돈이 급하게 필요한 상황에서 활용할 수 있다는 점과 목돈에서 발생하는 이자로만 생활하기 때문에 자녀에게 목돈을 상속해 줄 수 있다는 점이다. 하지만 단점도 존재한다. 원금의 소진 없이 이자로만 살아가려면 먼저 적정한 이자가 나올 정도의 목돈이 마련되어야 한다. 그래서 은퇴하기 전 많은 저축이 필요할 수 있다. 그리고 금리와 수익률에 영향을 크게 받는다. 예를 들면 10억 원의 목돈을 가지고 있는데 금리가 2.4%라면 연간 발생하는 이자가 세전 2천 4백만 원이다. 매월 수령한다면 월 2백만 원이 된다. 그런데 금리가 하락하여 1.2%가 된다면 월 수령할 수 있는 금액은 월 1백만 원으로 떨어지게 된다. 따라서 목표한 수익률과 금리가 달성되지 못한다면 원금을 일정 부분 소진해서 생활비를 마련해야 한다.

실제로 과거에 목돈을 넣고 바로 연금을 수령하는 즉시연금이 가입자 고객들의 거센 민원이 이어져 이슈가 된 적이 있다. 2010년도만 하더라도 보험회사의 공시이율이 5~6% 수준으로 높았다. 그래서 당시 1억 원을 가입하면 40만 원가량의 연금을 매월 수령할 수 있었다. 그런데 공시이율이 5~6%에서 2% 중반 수준으로 하락하자 연금액이 반 토막이 나버린 것이다. 과거 즉시연금 판매 당시 금리하락으로 인한 연금액 하락이 충분히 고지되지 않은 부분으로 인하여 관련한 민원이 급증하고 보험회사와 가입자 간에 법정공방까지 가는 사태까지 벌어지게 되었다. 이처럼 목돈으로 이자를 받는 방식으로 노후생활자금을 마련하려 한다면 일정 수준의 금리 및 수익률 예측이 필요하다. 그리고 예상치 못한 변수로 인하여 금리와 수익률이 하락할 때를 대비한 계획도 세워둬야 한다. 그렇지 않으면 생활자금이 부족하게 되어 목돈의 일부를 인출해야 할 수 있기 때문이다.

대출이자 계산기나 대출 원리금 상환용 계산기를 활용하면 매월 얼마를 받을 수 있는지 역으로 계산해 볼 수 있다. 해당 계산기는 인터넷 또는 모바일로 손쉽게 해볼 수 있다.

매월 300만 원의 이자를 수령하기 위해 필요한 목돈	
구분(세전)	목돈
연 1%	3,600,000,000원
연 2%	1,800,000,000원
연 3%	1,200,000,000원
연 4%	900,000,000원
연 5%	720,000,000원

하지만 생활여건 상 충분한 노후대비 자금을 마련하기도 쉽지 않을 수 있다. 그러면 두 번째 방안을 고민해 볼 필요가 있다.

두 번째 방안인 원금과 이자를 균등하게 나눠 받는 방법의 장점은 상대적으로 적은 금액으로도 노후에 일정 수준의 자금을 확보할 수 있다는 점이다. 이자로만 생활하는 것이 아닌 모아놓은 원금과 이자를 균등하게 나누어 받기 때문이다. 다만, 목돈과 이자를 소진하는 형태로 노후대비 자금을 마련할 경우 계산한 수명보다 오래 사는 위험에 대비할 필요성이 있다. 원금이 계속해서 줄어들기 때문에 예상보다 오래 살게 되면 결국 자산이 모두 고갈되어 버릴 가능성이 있기 때문이다.

매년 통계청에서 발표하는 기대수명은 매해 0.4년에서 0.6년씩 늘어나고 있다. 따라서 우리의 예상보다 오래 사는 위험에 대비해야 할 필요성이 있다.

60세부터 30년간 원리금을 수령하여 노후대비자금 마련계획을 세웠으나 30년 이상 살았을 땐 다른 추가적인 자산이 없다면 노후파산을 맞이할 수 있기 때문이다.

30년간 매월 300만 원의 원금+이자를 수령하기 위해 필요한 목돈

구분(세전)	목돈
연 1%	932,750,000원
연 2%	811,650,000원
연 3%	711,570,000원
연 4%	628,400,000원
연 5%	558,850,000원

원리금을 소진하며 노후생활자금을 마련하는 계획을 세운다면 목돈은 그대로 두고 이자를 수령하는 방법보다 훨씬 적은 자금으로 노후생활이 가능하다. 하지만 결국 모든 자금이 소진되는 단점이 있다. 그리고 자금이 모두 소진되었으나 더 오래 사는 위험도 뒤따른다.

따라서 세 번째 방안으로, 만약의 상황을 대비하여 첫 번째 방안과 두 번째 방안을 혼합한 방식으로 노후생활자금을 마련하는 것도 좋은 방법이 될 수 있다. 예를 들어, 5억 원의 자금으로는 이자만 받고 남은 5억 원

의 자금은 원리금을 소진하며 생활자금을 만드는 것이다.

'같은 방법을 반복하면서 다른 결과를 기대하는 것은 미친 짓이다'라고 알베르토 아인슈타인은 말했다. 우리가 안정적인 노후를 위해 필요로 하는 노후생활자금 수준과 그에 맞는 목돈의 수준을 파악했다면 목돈마련을 위한 실행플랜이 꼭 있어야 함을 기억하자.

011
노후대비의 기본은 소득 이전이다

노후대비는 현재에서 미래로 소득을 이전시키는 것이다. 현재의 소득을 미래로 이전하여 노후에 적정수준의 생활자금을 마련하는 것이기 때문이다. 은퇴 전에는 일을 하면서 소득을 창출시킬 수 있다. 그리고 재산의 증식이 이루어질 가능성이 크다. 하지만 은퇴 후에는 일을 하면서 소득 창출을 창출하기가 은퇴 전보다 어렵다. 따라서 은퇴 전의 소득을 은퇴 후로 이전시킴을 통해서 노후에 안정적인 생활자금을 확보할 수 있게 해야 한다.

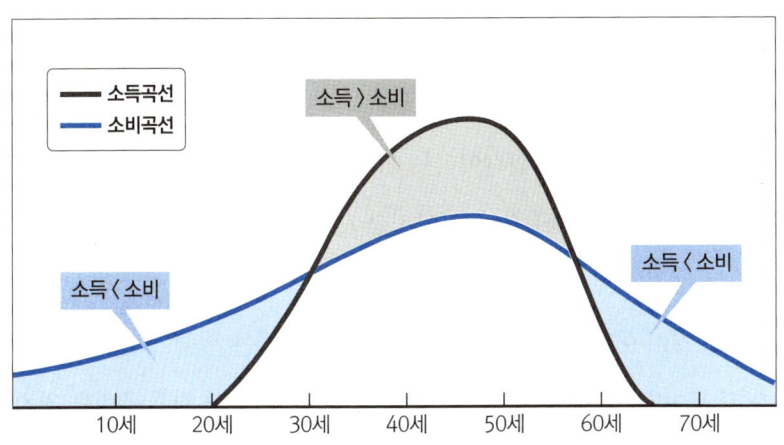

[생애주기와 소득]

■ 오래 사는 것은 위험하다?

몇 년 전부터 '장수리스크'라는 말이 자주 오르내린다. 장수리스크는 오래 사는 위험을 말한다. 오래 사는 것을 위험이라고 표현하는 이유는 단순히 오래 사는 것은 복이 아닌 불행이 될 수 있기 때문이다. 오래 사는 위험 중에 가장 큰 위험은 아프면서 오래 사는 것이다. 그리고 죽기 전에 모든 재산을 다 소진한 상태로 살아가게 되는 것을 노후파산이라고 한다.

1970년대만 하더라도 65세 이상의 노인 인구비율은 불과 3.1% 수준밖에 되지 않았다. 하지만 2030년이 되면 65세 이상의 노인 인구비율은 24.3% 수준으로 급격히 늘어날 것으로 추산하고 있다. 갓난아기의 100일 잔치는 대부분 가족 행사로 조촐하게 한다. 하지만 과거엔 매우 성대하였다고 한다. 이유는 100일을 채 못 넘기고 안타깝게 죽는 아이들이 많았기 때문이다. 돌잔치도 마찬가지다. 그리고 나이가 들어 맞이하는 환갑잔치도 굉장히 성대한 잔치였다. 그렇게 오래 사는 사람들이 많지 않았기 때문이다.

  그러나 지금은 어떠한가? 가족행사로 끝내는 경우가 많다. 지금은 과거와 달리 100일과 돌, 환갑이라는 이벤트를 모두 경험하기 때문에 특별한 이벤트가 아니게 된 것이다. 이러한 시대에 우리의 미래를 위한 노후대비는 우리의 부모세대와는 달라야 할 필요가 있다. 짧고 굵게 노후를 보내는 것이 아닌 가늘고 길게 사는 노후를 보내는 전략이 필요한 시대가 된 것이다. 따라서 현재의 소득을 미래로 이전하기 위한 준비를 철저히 해야 할 필요가 있다.

물가를 이겨내는
소득 이전이 필요하다

 단순히 현재의 자금을 미래로 이전시키는 것만이 정답이 아니다. 현금을 금고에 넣어두기만 하면 언젠가는 금고에서 꺼내어 쓸 수 있지만, 돈의 가치는 매년 하락할 수 있다. 물가는 매년 상승하고 있기 때문이다. 따라서 단순히 현재에서 미래로 소득 이전을 하는 것이 아닌 돈의 현재 가치를 유지한 채 미래로 이전시키는 것이 중요하다.

 물가상승률 이상의 수익률을 발생시키지 못하면 내 자산의 가치는 계속 하락할 수밖에 없기 때문이다. 그래서 물가상승을 염두에 둔 연금준비를 해야 한다. 물가는 눈에 보이지 않는다. 체감적으로만 느낄 수 있을 뿐이다. 그런 탓에 '보이지 않는 도둑'이라고도 불린다.
 자산관리에 있어 '72의 법칙'이라는 것이 있다. 원금이 두 배 되는 데 현재의 금리에서 얼마의 시간이 걸리는지 계산할 때 활용한다. 예를 들어 현재 금리가 2%라면 1억 원의 원금이 2억 원이 되는 데 36년이라는 시간이 걸린다. 반대로 적용하면 현재의 가치가 얼마의 기간 후에 반 토막이 되는지도 손쉽게 계산할 수 있다. 금리가 0%이고, 물가가 매년 2%씩 상승한다고 가정하면 현재 1억 원의 가치가 5천만 원이 되는 데 걸리는 시간은 36년이다. 매년 물가상승률이 3%라면 약 24년으로 줄어든다.

아무리 높은 수익률을 달성했다 하더라도 달성수익률이 물가상승률보다 낮다면 실질수익률은 마이너스가 된다. 돈의 액수는 늘어나도 돈의 가치가 떨어져 실질 구매력이 하락하기 때문이다. 쉽게 말해서 5%의 수익률을 달성해도 물가상승률이 6%라면 실질수익률은 -1%가 된다. 또 실질적으로 수령하는 수익률이 물가상승률을 이겨내야 한다. 모든 수익에는 세금이 부과되어 그만큼 수익이 감소되기 때문이다.

따라서 물가상승률보다 높은 수익률을 달성했지만, 세후 수익률이 물가상승률보다 낮다면 이 또한 마이너스이다. 예를 들어 5%의 수익을 냈지만, 세금을 차감하고 나니 3%의 실질수익률이 발생했다. 그런데 물가상승률이 3.5%라면 0.5%가 실질적으로 손실이 발생하게 되는 것이다. 물가상승률을 이기는 투자는 장기적인 준비가 필요한 노후대비에 있어 매우 중요하다.

■ 노후만을 위해 소득 이전이 필요한 것은 아니다.

소득 이전을 해 놓으면 살아가면서 마주칠 수 있는 만일의 사태에 대비할 수 있다.

공적연금을 수령하기 전에 은퇴하는 경우에도 유용하게 쓰일 수 있다. 공적연금이 지급되기 전까지 소득 이전을 통해 저축해 놓은 자금을 노후 생활자금으로 사용할 수 있기 때문이다. 은퇴 후 공적연금이 개시되기 전까지의 기간을 빙하가 갈라져서 생긴 틈을 뜻하는 '크레바스(Crevasse)'에 비유하기도 한다. 그래서 은퇴 후 소득이 단절되는 크레바스 시기에 소득 이전을 통해 모아놓은 자금을 생활자금으로 사용하는 것이다.

국민연금의 연금수령 시점은 태어난 연도에 따라 차이가 있지만, 지금의 30~40대는 만 65세부터 수령이 가능하다. 직장인들의 평균 근속연수는 20년이 채 안 된다고 한다. 즉 30세에 취직을 한다면 50세에는 퇴직을 한다는 얘기다. 2017년 잡코리아에서 직장인 781명을 대상으로 조사한 자료에 따르면, 직장인들의 평균 은퇴예상나이는 50.2세 였다. 하지만 평균 은퇴희망나이는 61.1세로 무려 10년의 차이가 있었다. 따라서 공적연금이 개시되기 전에 은퇴하게 될 것을 대비하여 다른 연금 또는 금융상품으로 그 시기를 준비해야 한다.

국민연금보다 연금이 빨리 개시할 수 있는 연금은 연금저축계좌와 개인형 퇴직연금인 IRP가 있다. 이 두 연금상품 모두 만 55세부터 연금개시가 가능하다. 또 이보다 더 빨리 연금을 개시할 수 있는 연금보험도 있는데, 만 45세부터 연금개시가 가능하다.

또 소득의 공백기에도 소득 이전은 유용하게 쓰일 수 있다. 직장인이라면 이직이라는 상황을 겪게 될 수도 있고, 휴직이라는 상황 또한 겪게 될 수도 있다. 따라서 직장인들은 은퇴 후 재취업까지의 공백 기간이 발생할 것을 대비할 필요가 있다. 은퇴하자마자 공백 기간 없이 바로 재취업을 하면 좋겠지만 재취업이 바로 안 되거나 꽤 오랜 기간 재취업을 하지 못할 가능성 또한 염두에 둬야 하기 때문이다.

자영업자라면 사업을 중단하거나 새로운 사업을 준비하고 시작하기 위해 중간에 쉬는 시간이 생길 가능성이 있다. 또 프리랜서라면 더더욱 일이 불규칙할 수 있으므로 일이 있을 때는 소득이 높지만 일이 없을 때는 소득절벽이 생길 가능성이 있다. 그리고 완전히 은퇴하는 시점에 국민연금 수령 나이가 되지 않아 소득의 공백기가 발생할 수 있다. 따라서 소득이 일시적으로 중단되는 소득절벽에도 소득 이전을 통해 대응할 수가 있다.

이처럼 소득 이전은 노후대비뿐만 아니라 재취업 및 재기의 기간이 발생할 것을 대처하고, 살아가면서 만일의 사태를 대비하기 위해 꼭 필요하다.

노후대비의 실천에 있어 필요한 롤링플랜과 페이고 원칙

노후대비에 대한 세부적인 계획을 세웠다면 이를 실행하기 위한 구체적인 실행플랜이 필요하다. 특히나 노후대비는 장기적인 계획과 실천이 필요하다. 따라서 그에 알맞은 노후대비 플랜을 소개하고자 한다.

1. 노후대비의 실천을 위해 꼭 필요한 롤링플랜

우리는 매년 새해가 되면 새로운 계획들을 세우고 올해는 이것을 이루고야 말겠다는 굳은 다짐을 한다. 하지만 다시 현실로 되돌아오면 과거와 별 차이가 없는 삶을 살아가는 경우가 많다. 이럴 때마다 우리는 '롤링플랜'이라는 용어를 기억할 필요가 있다.

롤링플랜(Rolling plan)이란, 최초 세운 계획과 목표를 실제 달성한 실적 간의 차이를 비교하여 정기적으로 비교하여 목표와 계획을 수정하는 것을 말한다. 비교주기는 계획과 목표의 성향에 따라 단기적으로 이루어지기도 하고 길게는 3년에서 5년 단위로 이루어지기도 한다. 이러한 롤링플랜의 장점은 계획과 실적의 격차를 비교하여 계획과 실적의 격차를 줄일 수 있고, 한 걸음 더 나아가 계획이 현실적인 상황과 동떨어져 있다면 현실적인 계획으로 수정하여 실행할 수 있게 할 수 있다.

따라서 노후대비계획을 세웠다면 롤링플랜을 실행하여 최초 세운 계획과 목표를 계속해서 점검하고 실행 가능 하도록 해야 한다. 다만, 계속해서 계획이 수정될 수 있다는 것 때문에 최초의 계획을 대충 세우거나 계획의 신빙성에 문제가 있다는 단점이 따른다. 하지만 노후대비는 수많은 변수와 마주하는 경우가 많으므로 롤링플랜을 통해 본인의 상황에 맞는 계획과 실행을 할 수 있도록 지속해서 점검하고 수정해 나갈 필요가 있다.

2. 노후대비의 수지를 맞출 수 있는 페이고 원칙

나라의 예산에는 한도가 있다. 예산 한도를 설정할 때와 사용할 때는 페이고 원칙을 적용한다. 페이고 원칙(Pay-go)이란, 'Pay as you go'를 줄인 말로 지출을 수입 안에 억제한다는 뜻이다. 즉, '있는 만큼만 지출한다'는 것이다.

우리의 노후대비도 페이고 원칙에 따라 예산계획을 세우고 지출을 할 필요가 있다. 만약 노후에 연금으로만 생활하기 원한다면 지금 저축해야 할 자금 수준을 결정하고 이를 실행하기 위한 계획을 세운다. 그리고 이렇게 쌓인 자금을 기반으로 노후에 발생하는 또는 지급되는 연금 안에서만 자금이 지출되도록 통제한다. 따라서 지급되는 연금 이상으로 지출될 가능성이 있는 것들을 사전에 통제해야 할 필요성이 있으며, 만약 초과할 가능성이 있는 항목이 있다면 별도의 준비를 해야 한다.

우리가 맞이하게 될 노후는 매우 길다. 그리고 그러한 노후를 맞이하기 위해 우리는 오랜 기간 노후대비를 위한 준비를 해야 한다. 준비하는 기간이 길어질수록 우리가 맞이할 수 있는 상황은 계속해서 변동될 수 있다. 그래서 롤링플랜처럼 지속적으로 최초 계획과 목표달성현황을 점검해야 하며, 계획대비 목표가 크게 괴리가 발생하였거나 상황이 변경되었다면 그에 맞는 수정이 필요하다. 그리고 노후에 생활자금 마련에 있어서 페이고 원칙처럼 가용한 예산안에서 노후생활자금을 지출해야 함과 동시에 노후를 위한 충분한 자금 또한 미리 마련해 놓을 필요가 있다. 그래야만 갑작스러운 사고로 인한 큰 의료비 지출과 같은 갑작스러운 상황에도 대응할 수 있다.

014

연금복권에 당첨된
우리의 노후는 어떨까?

연금복권에 당첨되면 월 5백만 원씩 20년간 받을 수 있다.

이 연금복권을 받으면 당장 무엇을 하고 싶은가? 연금복권 지급이 모두 끝남과 동시에 내 생애가 끝난다고 가정해 본다면 월 5백만 원을 20년간 어떻게 사용할 것인가?

5백만 원 이상의 물품 구매는 당장의 소비를 조금 줄이고 일정 기간 모아서 원하는 것을 살 수 있고, 큰돈이 들어가는 것을 사고 싶지 않다면 그 5백만 원 선에서 자유롭게 사용해도 된다. 어떻게 사용할 것인지에 대한 답변은 각자 모두 다를 것이다. 하지만 공통적인 점은 연금복권을 통해 연금이 지급되는 20년 동안에는 적어도 돈 걱정은 하지 않아도 된다는 것이다. 적어도 우리는 '돈 걱정 없는 노후'를 보내는 것을 목표로 한다. 평생 부족하지 않은 만큼의 노후자금이 매월 꼬박꼬박 들어오게 만든다면 노년에 돈 걱정 없는 행복한 노후를 누릴 수 있다. 만약 매월 꼬박꼬박 들어오는 자금이 없다면 가진 돈을 최대한 아껴 쓰기 위해 허리띠를 졸라매는 노력을 하게 될 수도 있다.

직장을 근무하다 퇴직을 하여 오랜 기간 재취업을 하지 못한 분들의 얘기를 들어보면 공통으로 하는 얘기가 있다. 매월 지급되는 월급을 받다가 그 월급이 지급되지 않으니 돈을 쓰는데에 있어서 굉장히 부담스럽다고 한다. 이유는 기존에 모아놓은 자산을 소진하며 살아가야 하는데 언제 다시 일하게 될지 몰라 최대한 아껴 쓰게 된다는 것이다. 그나마 다행인 것은 언젠가는 다시 일자리를 구할 수 있다는 희망이 있다는 것이다. 하지만 노후는 다르다. 노후에는 다시 일을 구하기가 쉽지 않다. 그리고 얼마나 오래 살게 될지 모르는 상황에서 매일매일 줄어드는 자산은 굉장한 부담으로 다가올 수밖에 없다.

'시작이 반'이라는 속담이 있다. 그만큼 시작하는 것이 어렵다는 뜻이며, 시작이 매우 중요하다는 의미이다. 노후대비도 시작이 반이다. 특히나 노후대비는 장기적으로 준비해야 하기 때문에 일찍 할수록 유리하다. 다만 노후대비를 위한 저축으로 인해 당장 누릴 수 있는 것들을 미래로 미뤄야 한다는 단점이 있다. 그리고 오랜 기간 조금씩 조금씩 준비하기 때문에 눈에 보이는 효익이 잘 나타나지 않을 수 있다. 그래서 '노후대비를 지금 한다고 해서 과연 도움이 될까?', '지금 당장 사용할 돈도 없는데?' 등 여러 가지 부정적인 생각이 지배할 수 있다. 하지만 이것을 이겨내어 연금을 준비하고 꼬박꼬박 납입하기 시작한다면 노후대비를 성공적으로 이뤄낼 수 있을 것이다.

복리 금융상품과 단리 금융상품, 어떤 것이 좋을까?

복리로 운용되는 금융상품과 단리로 운용되는 금융상품 중 어떤 것이 더 좋을까? 과거부터 자산을 극대화하기 위해서는 복리의 마법을 활용하라고 하였다. 투자 기간이 장기화 될수록 단리와 복리의 이자 차이가 크기 때문이다. 이자를 지급하는 방식은 단리와 복리로 나뉜다.

단리란 '단순한 이자'라는 뜻으로, 원금에 대해서 사전에 약정한 기간에 정한 이자율만큼 이자를 지급하는 것을 말한다. 예를 들어, 1억 원을 1년에 5%의 이자를 지급하는 예금에 2년 동안 예치한다면 매년 500만 원씩 총 1000만 원의 이자가 발생하게 된다.

복리란 '원금에서 발생한 이자를 원금에 포함해 이자를 지급하는 것'을 말한다. 예를 들면, 1억 원을 1년에 5%의 이자를 복리로 지급하는 예금에 2년 동안 예치한다면 초년도에는 5백만 원의 이자가 발생한다. 그리고 내년에는 발생한 5백만 원의 이자에 5%의 이자가 더 붙어 2년 차에는 525만 원의 이자가 발생한다. 이처럼 기간이 길수록 복리는 중요하다.

아인슈타인 또한 복리에 대해서 '세계의 여덟 번째 불가사의'라고 표현하면서 복리는 인간의 가장 놀라운 발명 가운데 하나로 꼽았을 정도로 복리는 재산을 증식하는 데 있어 중요하다.

복리의 중요성

구분	2%	4%	6%
단리	4,000,000원	8,000,000원	12,000,000원
복리	4,913,281원	12,225,821원	23,102,045원
차액	913,281원	4,225,821원	11,102,045원

(가정: 1천만 원 납입, 20년 예치, 월 복리, 세금 미반영)

■ **복리로 운용하되 안전한 금융기관을 찾는 것이 중요하다.**

위 표의 가정처럼 장기간 복리로 운용한다면 이자가 이자를 만들어 내기 때문에 재산이 증식되는 속도가 점차 빨라진다. 하지만 현실은 가정처럼 오랜 기간 운용하기가 쉬운 환경은 아니다. 돈을 예치한 금융기관이 파산하여 어렵게 증식한 자산이 하루아침에 없어질 수도 있고, 국가적인 위기가 와서 돈의 화폐가치가 하락할 수도 있다. 회사가 발행한 채권에 투자했는데 그 회사가 부도가 나 휴짓조각이 될 수도 있다. 또 세금도 부과된다. 게다가 장기간 운용할 수 있는 복리예금도 찾기 힘들다. 복리의 개념 자체는 좋지만, 복리를 제대로 활용하기는 쉽지 않은 것이다. 또한,

점차 복리를 주는 상품도 사라져 가고 있다. 그러므로 복리 이자를 주는 금융상품을 발견했다면 꼭 자산의 일부분에 편입시킬 필요성이 있다.

만약 복리를 지급하는 금융상품에 가입할 수 없다면 스스로 복리의 구조를 만들어도 된다. 꼭 복리를 주는 금융상품이 아니더라도 이자를 받아 재투자하는 순간 복리의 효과가 나타나기 때문이다. 예를 들어, 매월 이자가 지급되는 채권 또는 금융상품의 경우 이자를 받아 다시 재투자하면 이자에서 또 이자를 발생시킨다. 그러면 복리처럼 이자의 이자가 붙어 점차 자산이 늘어가는 속도는 빨라지게 된다.

복리는 재산의 증식에 있어서 매우 중요한 역할을 한다. 특히나 장기간 준비해야 하는 노후대비에 있어 복리효과는 꼭 필요하다. 따라서 노후대비를 위한 자산은 가급적 복리의 효과가 있는 상품으로 운용하는 것이 좋다.

TIPS

맨해튼을 단돈 24달러에 팔아넘긴 인디언은 더 크게 성공할 수 있었다?

복리의 대표적인 사례로 꼽히는 것은 단돈 24달러에 맨해튼을 팔아넘긴 인디언의 사례이다. 현재 맨해튼은 자본주의의 상징인 월스트리트가 있는 곳으로 유명하다. 1626년, 당시 인디언들은 맨해튼을 넘기는 조건으로 그 당시 24달러를 받았다. 그것도 현금이 아닌 구슬과 장신구 등 현물로 받았다. 현재 맨해튼은 월스트리트가 자리하면서 자본주의의 상징으로 군림하고 있다.

이런 상황만 보면 무지에서 나온 최악의 선택이라고 보일 수밖에 없다. 하지만 24달러를 매년 8%를 복리로 지급해주는 채권을 샀다면 390여 년이 지난 지금 인디언들은 맨해튼뿐만 아니라 LA까지도 살 수 있다고 말한다. 24달러를 8%의 복리로 390년을 계산하면 무려 200조 원에 달하는 숫자가 나오기 때문이다. 하지만 복리가 아닌 단리로 운용했을 때는 불과 1만 달러 수준 밖에 되질 않는다.

그만큼 복리의 힘은 기간이 길어질수록 기하급수적으로 커진다. 노후대비에 있어 꼭 활용해야 할 힘인 것이다.

PART 2

금융상품과 노후대비

016

소득공제도 받고, 공모주에도 투자할 수 있는 코스닥 벤처펀드

　주식투자자 중에는 공모주만 전문으로 투자하는 사람들이 있다. 공모주 투자만의 매력이 있기 때문이다. 공모주란 기업이 주식시장에 상장하기 전에 일반인을 대상으로 청약을 받아 주식을 배정하는 것을 말한다.

　공모주투자 시 가장 아쉬운 점은 청약 경쟁률이 높을 경우 배정받을 수 있는 주식이 그만큼 줄어든다는 것이다. 그래서 경쟁률이 높은 종목은 10,000주를 청약해도 50주도 채 배정받지 못한 경우도 발생한다. 최근 이러한 아쉬운 점을 해결할 수 있는 펀드가 출시되었다.

■ 공모주 우선 배정과 소득공제 혜택까지, 코스닥 벤처펀드

2018년 4월, 노후대비를 앞둔 우리에게 꽤 관심을 가질만한 상품이 출시됐다. 바로 '코스닥 벤처펀드'다. 일반 투자자가 코스닥 벤처펀드에 가입하면 꽤 괜찮은 혜택을 제공하는데, 공모주 우선 배정과 소득공제 혜택을 받을 수 있다.

먼저 공모주 우선 배정 혜택을 제공한다. 한국거래소에 따르면, 2017년 한 해 공모주 수익률은 41.2%에 달했다. 그만큼 공모주 투자를 통한 상장 차익을 기대할 수 있어 VIP 자산가들에게는 선호 대상이었다. 기존에는 진입 금액이 많아야 했고, 고액 자산가들에게 우선 배정 혜택을 주기도 했기 때문에 소액 투자자들은 이러한 혜택을 받지 못했다. 하지만, 해당 펀드에 가입하면 코스닥 신규상장 공모주식의 30%를 우선 배정받을 수 있게 됐다.

둘째는 소득공제 혜택이다. 해당 펀드 가입 시 투자금액의 3,000만 원 한도로 10% 소득공제를 받을 수 있다. 단, 혜택을 받으려면 투자 시점으로부터 3년 동안 의무 보유해야 한다. 물론, 그전에 혜택을 받은 후 해지하게 된다면, 혜택을 받은 부분을 다시 반환해야 한다. 여기서 주의해야 할 점은 투자의무 보유 기간(3년)이 계약 시점이 아닌 펀드 매수 시점으로 계산된다는 점이다. 예를 들어 1개 펀드에 가입한 뒤 그 후 추가로 여러 번 매수하게 된다면 각각의 매수 시점으로 3년을 채워야 해당 금액에 대해 소득공제를 받을 수 있다.

코스닥 벤처펀드는 대한민국 국민 누구나 가입할 수 있다. 특히 노후대비를 앞둔 투자자들에게는 소득공제 혜택뿐만 아니라, 공모주에도 투자할 기회까지 주니 일거양득의 상품이라 할 수 있다. 또한, 펀드 수익률 상승으로 인한 차익도 기대할 수 있다. 아직은 출시 초기이기 때문에 각 상품별 수익률 비교 등이 어렵다. 꼼꼼히 따져보고, 해당 펀드에 관심을 가져보도록 하자.

> **TIPS**
>
> ## 코스닥시장 활성화를 통한 자본시장 혁신방안
>
> 2018년 1월, 정부는 〈코스닥 시장 활성화를 통한 자본시장 혁신방안〉을 발표했다. 목적은 코스닥 시장을 활성화해 창업 생태계를 조성하고, 증시를 활성화하겠다는 것이다. 주요 내용으로는 기관투자자의 코스닥 참여 제고, 시장 자율성·독립성 제고, 상장요건 개편 등이 있다.
>
> 코스닥 활성화 방안 주요내용
>
> | | |
> |---|---|
> | 기관투자자의 코스닥 참여 제고 | 코스피·코스닥 통합지수 개발
3,000억 규모 '스케일–업'[1] 펀드 조성·운용
국내 연기금 코스닥 차익거래 시 증권거래세 (0.3%) 면제 |
> | 시장 자율성·독립성 제고 | 코스닥 위원장 분리선출
코스닥 위원회 권한 대폭 강화 |
> | 상장요건 개편 | 계속사업이익, 자본잠식 요건 폐지[2]
단독 상장요건 신설[3] |
>
> 정부는 위 내용을 실현하기 위한 구체적인 정책으로 2018년 2월 5일, 코스피·코스닥 통합지수인 KRX300을 출범시켰다. 유가증권(KOSPI) 시장

과 코스닥(KOSDAQ) 종목을 통합하여 시가총액 700위 이내, 거래대금 순위 85% 이내인 종목을 심사하여 총 305종목이 KRX300 지수의 구성 종목으로 선정됐다. 이어 3월 26일에는 KRX300지수를 기초지수로 삼는 'KRX300 ETF'가 상장되면서, 상장 첫날에만 설정액 6,216억 원, 하루 거래량 약 500억 원을 넘는 기염을 토해내기도 했다. 또한, 3월에는 시장 자율성 및 독립성 제고의 일환으로 코스닥 위원장과 본부장을 선출했고, 테슬라 요건[4]을 충족한 '카페24'를 상장시켰다. '카페24'의 경우 테슬라 상장 1호라는 상징성으로 올해에만 약 130% 가까이 상승하기도 했다.

---

1 스케일 업(Scale-up) 펀드 : 한국거래소·예탁결제원·한국증권금융 등 증권유관기관과 민간자금이 합쳐 3,000억 원을 조성, 저평가된 코스닥 기업에 집중 투자하는 펀드
2 혁신기업의 경우 이익발생까지 상당한 시일이 소요되고 일부 업종은 초기 대규모 시설투자 및 R&D 비용 등으로 자본잠식도 발생
3 시가총액 1,000억 원 이상 또는 자기자본 250억 원 이상, 법인세차감전계속사업이익 50억 원 시총 300억 이상일 경우 주식시장에 상장 가능토록 완화
4 2017년 1월부터 시행된 제도로 적자 기업이라도 성장성이 있다면 상장기회를 주는 특례상장제도. 미국 전기차업체 테슬라가 적자임에도 불구하고 나스닥 시장 상장을 통해 자금을 조달, 글로벌 기업으로 성장한 사례를 바탕으로 '테슬라 요건'이라 불린다.

017
미래를 위한 투자,
4차 산업혁명 펀드

증권업에 몸담고 있다 보니 주변에서 앞으로 투자할 곳은 어디인가에 대한 질문을 많이 받는다. 이러한 질문에 답변하는 것은 매우 어렵고 조심스럽다. 수많은 변수를 고려해도 틀릴 수 있는 것이 투자전망이기 때문이다. 게다가 '돈'과 직결되는 문제이다 보니 쉽게 의견을 제시하기가 힘든 것이 사실이다. 그럼에도 불구하고 향후 꼭 투자해야 할 곳이 있다면 '4차 산업혁명' 관련 상품을 추천하고 싶다.

4차 산업이란, 2017년 다보스 포럼에서 클라우스 슈밥 세계경제포럼 회장이 발표한 것으로 기존의 1~3차 산업 혁명을 뛰어넘어 첨단 정보통신 기술을 바탕으로 사회·경제 전반에 융합되어 이뤄지는 차세대 산업혁명을 의미한다. 클라우스 슈밥의 저서 《제4차 산업혁명》에 따르면, 4차 산업은 우리에게 피할 수 없는 현실이며 그 어느 때보다 빠르게 사회

전 영역에 걸쳐 다가온다고 한다.

4차 산업의 특징은 초연결(Hyper-connectivity), 초지능(Super-intellegence)으로 기존 산업혁명보다 더 빠르고, 더 넓은 범위에서 영향을 미치는 것이다. 대표적인 산업으로는 사물인터넷(IoT), 빅데이터, 자율주행 자동차, 인공지능(AI), 블록체인 등을 꼽을 수 있다. 클라우스 슈밥은 4차 산업혁명을 통해 기존에 볼 수 없었던 '파괴적 혁신기업(Disruptor)'들이 나온다고 주장한다. 또 이전의 수십 년에 걸쳐 이뤄냈던 기업들의 성과를 단 몇 년 만에 앞지르는 혁신기업들이 탄생할 것이라고 강조하며 에어비앤비, 우버, 알리바바 등을 그 대표적인 예로 설명하고 있다.

4차 산업혁명의 특징

	제1차 산업혁명	제2차 산업혁명	제3차 산업혁명	제4차 산업혁명
시기	18세기	19~20세기 초	20세기 후반	21세기
특징	증기기관 기반의 '기계화 혁명'	전기 에너지 기반의 '대량생산 혁명'	컴퓨터와 인터넷 기반의 '디지털 혁명'	사물인터넷(IoT)과 빅데이터, 인공지능(AI) 기반의 '만물 초지능 혁명'
영향	수공업 시대에서 증기기관을 활용한 기계가 물건을 생산하는 기계화 시대로 변화	전기와 생산조합라인의 출현으로 대량생산 체계구축	반도체와 컴퓨터, 인터넷 혁명으로 정보의 생성/가공/공유를 가능케 하는 정보기술시대의 개막	사람, 사물, 공간을 연결하고 자동화 지능화되어 디지털 물리적 생물학적 영역의 경계가 사라지면서 기술이 융합되는 새로운 시대

(출처 : 미래에셋대우)

4차 산업에 투자하는 방법은 직접 연관이 있는 알리바바, 테슬라 등의 해외주식에 직접투자하는 것이다. 만약 해외주식 직접투자가 꺼려진다면, 이에 해당하는 펀드에 투자하는 것도 하나의 방법이 될 수 있다. 실제로 2017년에는 4차산업에 투자하는 펀드가 많이 출시되었고, 6,000억 원이 넘는 뭉칫돈이 모이기도 했다. 특히, KTB자산운용에서 출시한 'KTB글로벌4차산업1등' 펀드의 경우 출시한 지 약 5개월 만에 설정액 1,000억 원을 돌파하는 저력을 보여 시장을 놀라게도 했다. 실제로 해당 펀드에는 국내외 주식에 모두 투자하며, 8월 초 기준으로 바이두·텐센트·알리바바·아마존 등 대표적인 4차 산업 기업이 상위 편입되어 있다.

'늦었다고 시작할 때가 가장 빠를 때다'라는 명언이 있듯이 해외 기업에 대한 직접투자나 펀드를 아직 해보지 못했다면 지금부터라도 관심을 가져 보도록 하자.

2017년 자금 유입 상위 4차 산업 펀드 현황

펀드명	설정일	2017년
피델리티글로벌테크놀로지(주식-재간접)종류A	2015년 6월 17일	1,975억 원
KTB글로벌4차산업1등주[주식]종류A	2017년 5월 11일	864억 원
삼성픽테로보틱스자H[주식-재간접] Ce	2016년 8월 5일	792억 원
미래에셋G2이노베이터지(주식)종류F	2016년 12월 1일	726억 원
미래에셋글로벌그로스자 1(주식)종류F	2014년 4월 15일	647억 원
NH-Amundi4차산업혁명30[채혼]Class A	2017년 8월 7일	329억 원
동부글로벌자율주행자(H)[주식]C/A	2017년 6월 23일	291억 원

동부글로벌핀테크지(H)[주식]C/A	2017년 9월 15일	240억 원
KTB글로벌4차산업2등주목표전환 1[주식] 종류A	2017년 9월 18일	232억 원
한국투자한국의제4차산업혁명 1(주식)(c)	2003년 12월 31일	96억 원

(자료 : 제로인, 2017.10.16.기준)

투자자의 연령에 맞춰서 알아서 투자해주는 펀드, TDF(은퇴준비펀드)

금융상품에 투자할 때 가장 중요한 것 중 하나는 리스크 관리다. 이것은 부동산, 주식 등 모든 자산에 적용된다고 할 수 있다. 하지만 생업에 종사하는 대부분의 사람들에게 리스크 관리는 매우 어렵다. 리스크 관리를 위해선 수시로 시장 동향을 체크하고 본인의 자산을 점검해야 하는데 생업에 지장을 받지 않고 실행하기엔 현실적으로 어렵기 때문이다. 이런 상황에서 누군가 나 대신, 내 자산을 책임감 있게 리스크를 관리해주면 얼마나 좋을까? 그 출발에서 나온 것이 바로 TDF 상품이다.

TDF는 'Target Date Fund'의 약자로, 특정 시점(Target Date)을 은퇴 시기로 설정하여 그것에 맞게 주식과 채권 비중을 조정해주는 펀드다. 당연히 시간이 지날수록(또는 은퇴 시기가 가까울수록) 채권과 같은 안전자산 비중이 점차 늘어나도록 설계되어 있다. 이렇게 되면 투자자는 해당 펀드에 대한 자산 배분을 고민하지 않아도 된다.

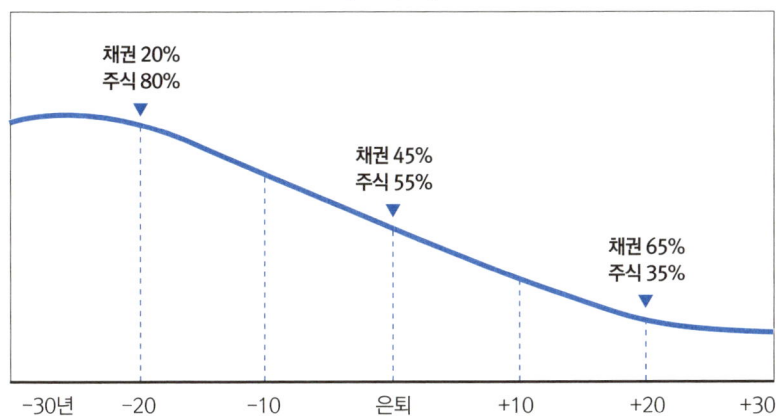

(출처 : 이코노미스트, 2017.05.02. 기사 발췌)

■ **TDF는 연령대에 맞는 투자 노하우에 맞게 설계되었다.**

노후대비의 큰 틀로 볼 때, 일반적으로 20~30대에는 노후준비기로 결혼과 주택구입을 위한 저축에 힘쓰는 시기다. 40~50대에는 본격적인 노후자금을 쌓는 시기로 보험, 부동산 등 분산 투자를 통해 노후를 적극적으로 대비해야 한다. 이 시기에는 수입도 가장 많지만, 자녀 교육으로 인한 지출도 많은 시기다. 60~70대 이후는 노후자금을 사용하는 시기로 이때는 투자보다는 관리가 필요한 시기다. 주로 수입은 줄어들고, 지출이 늘어나기 때문에 쌓아놓은 노후자금 관리를 통해 불필요한 지출은 줄이고, 평안한 노후에 대비해야 한다.

TDF 구조도 노후대비를 위한 연령대별 투자 노하우에 맞춰 설계되었다. 앞의 표를 통해서 알 수 있듯, 평균적인 은퇴 시점을 기준으로 채권과 주식 비중이 자동으로 조정되는 것을 볼 수 있다. 즉, 연령대별 자산 배분과 리밸런싱(Rebalancing), 그리고 위험관리까지 한 번에 되는 것이다.

이러한 장점 때문에 미국은퇴자협회(AARP)에서는 현존하는 최고의 디폴트 옵션 연금 상품으로 TDF를 꼽고 있다. 디폴트 옵션이란, 연금계좌에 돈을 입금하고 아무런 상품도 가입하지 않았을 경우, 자동으로 사전에 정해진 상품에 가입되는 제도를 말한다. 현재 미국에서는 TDF 자산만 1,000조 원이 넘으며, 디폴트 옵션에도 TDF가 설정되어 있어 그 성과를 검증받았다.

TDF 상품은 가까운 은행 또는 증권사에서 가입 가능하며 금액의 제한은 없다. 적립식, 거치식 모두 가능하다. 현재 미래에셋대우, 삼성, 한국투자, KB자산운용 등이 상품을 판매하고 있으며 각 운용사 별로 주식/채권 비중, 보수 등이 서로 다르므로 꼼꼼히 비교하여 선택해야 한다. 단순히 수익률로만 놓고 보면, 6개월 기준으로 미래에셋대우, 삼성, 한국투자 순으로 수익률이 높다.

TDF 운용사별 수익률

펀드명	설정일	3개월	6개월	설정이후
미래에셋전략배분 TDF2045년혼합자산자 종류C-I	2017.03.13	3.85	5.85	13.72

삼성한국형TDF2045H (주혼-재간접)C-F	2016.04.21	3.25	5.55	19.66
한국투자TDF알아서2045 (주혼-재간접)C-F	2017.03.02	4.56	4.83	11.97
하나UBS행복한TDF2025 자(재혼-재간접)C-P	2014.09.25	1.43	3.40	9.99
KB온국민TDF2050 (주혼-재간접)A	2017.07.26	3.62	-	3.88

(출처 : 제로인, 2017.12.12. 기준)

주식처럼 투자할 수 있는 펀드,
ETF(상장지수펀드)

펀드를 주식처럼 거래할 수 있다면 어떨까? 최근 가장 가파르게 자금 유입이 되고 있는 금융상품을 꼽는다면 바로 ETF(상장지수펀드)를 들 수 있다. ETF가 작년 한 해 얼마나 인기 있었는지 말해주는 수치가 있다. 2017년 한 해에만 상장된 ETF 펀드는 74개이고, 전체 설정액은 4조 원 가까이 증가했다.[5] 또한, 전체 순 자산은 약 34조 원에 이른다. 순 자산이 30조 원이 넘기까지 불과 15년이 채 걸리지 않은 것이다.

　ETF는 'Exchange Traded Fund'의 약자로, 직역하면 거래소(Exchange)에서 거래 가능한(Traded) 펀드를 말한다. 즉, 펀드지만 주식과 같이 거래되는 상품이다. 주식거래를 하는 사람이라면 ETF도 동일하게

---

[5] ETF 전체 운용종목 : 325개, 전체 설정액 : 24조 8,382억 ('17년 12월 27일 기준, 출처: KG제로인)

종목으로 상장된 것을 확인할 수 있다.

국내시장에 상장된 ETF, 시가총액순

종목명	현재가 ▲	전일비 ▲	등락률 ▲	NAV ▲	3개월 수익률 ▲	거래량 ▲	거래대금 (백만) ▲	시가 총액(억) ▲
KODEX 200	33,290	▼50	−0.15%	33,382	+5.27%	847,054	28,230	76,917
TIGER 200	33,340	▼55	−0.16%	33,427	+5.34%	312,705	10,444	32,590
KODEX 레버리지	18,165	▼90	−0.49%	18,233	+9.94%	2,962,256	54,010	18,165
KBSTAR 200	33,525	▼45	−0.13%	33,589	+5.54%	63,042	2,116	12,438
KODEX 삼성그룹	7,150	▼5	−0.07%	7,154	+8.08%	8,267	59	11,912
ARIRANG 200	33,540	▼40	−0.12%	33,607	+5.32%	16,067	539	11,018
KODEX 단기채권	100,100	▲5	0.00%	100,103	+0.30%	2,711	271	10,336
KODEX 코스닥 150 레버리지	22,055	▼115	−0.52%	22,116	+90.71%	6,524,446	145,131	10,101
KINDEX 200	33,480	▼70	−0.21%	33,547	+5.37%	115,502	3,872	9,910
KODEX 코스닥 150	15,125	▼45	−0.30%	15,161	+40.340%	1,606,074	24,384	8,621
KODEX MSCL Korea TR	9,880	▼35	−0.35%	9,871	N/A	528,505	5,227	8,111
KOSEF 200	33,635	▼65	−0.19%	33,710	+5.58%	6,617	223	7,719
KODEX 인버스	5,885	▲10	+0.17%	5,922	−5.24%	1,671,933	9,828	7,668
KODEX 단기채권PLUS	100,115	▲5	0.00%	100,116	+0.32%	361	36	7,282
TIGER 단기통안채	100,075	0	0.00%	100,080	+0.31%	250	25	6,285

■ ETF의 장점 : 분산투자, 저렴한 거래비용

ETF는 펀드의 특성을 그대로 가지고 있어서 다양한 종목에 분산투자되어 있다. 즉, ETF 한 종목을 매수하면 자동으로 해당 종목 내에 분산된 여러 개의 종목으로 분산 투자되는 것이다. 게다가 펀드보다 매우 저렴한 거래비용을 가지고 있다. 보통 펀드의 경우 보수가 연 1~2%로 책정되어 있지만, ETF의 운용보수는 연 1% 미만으로 책정된다.

또한, 주식시장에 상장되어 있어 일반 펀드 상품에 비해 복잡한 가입 절차를 신경 쓰지 않아도 되며, 주식시장에서 거래 시 발생하는 증권거래세(0.3%) 또한 내지 않아도 된다. 바꿔 말하면, ETF는 펀드의 불편함과 주식의 편리함을 적절히 결합한 상품이라 할 수 있다.

ETF VS 펀드 VS 주식

구분	ETF	펀드	주식
법적 성격	집합투자증권	집합투자증권	지분증권
거래형태	직접매매	가입	직접매매
거래비용	위탁(거래)수수료 운용보수(1% 미만)	운용보수(1~2%) 중도환매수수료	위탁(거래)수수료 *증권사별 상이
세금	상장 ETF 종류에 따라 다름	소득세(15.4%)	증권거래세(0.3%) *매도 시 부과
유동성	높음	낮음	높음
분산투자	가능	가능	불가

노후대비를 함에 있어서 투자 비용(수수료 등)과 위험(변동성)을 조합하는 것은 대단히 중요하다. 좋은 상품임에도 수수료 등 투자 비용이 많이 들거나 위험이 크다면 적절치 않은 상품일 것이다. 반대로 비용도 저렴

하고 위험도 낮지만, 투자자의 기대수익률에 미치지 못한 상품이라면 그 또한 만족하지 못할 것이다. ETF는 노후대비에 있어 이러한 문제를 해결해주는 좋은 대안이 될 수 있다.

그렇다면, ETF를 거래함에 있어 유의해야 할 점은 없을까?

먼저 ETF는 펀드기 때문에 원금보장이 되지 않는다. 또한, 주식시장에서 거래되기 때문에 내가 투자한 ETF의 수익률을 실시간으로 확인할 수 있다. 주식거래수수료 적용도 동일하게 받는데, 해당 거래수수료는 증권사별로 다르므로 비교해 판단하기 바란다.

ETF는 증권거래세를 부과하지는 않지만, 상장된 증권의 형태에 따라 세금을 매긴다. 다만, 각 종류별로 과세에 따른 차이가 있으므로 이를 반드시 확인해야 할 것이다.

ETF 종류별 과세 차이

주가지수 ETF	매매 차익은 비과세, 보유 기간에 배당금 등 기타수익 발생 시 15.4% 과세	TIGER200, KODEX200 등
주가지수 외 (원자재, 채권 등) ETF	매매차익과 과세가격상승분 중 적은 금액을 과세 * 과세가격상승분 : ETF에서 발생한 모든 이익 중에서 매매차익을 제외한 금액	TIGER 단기통안채, KODEX 단기채권 등
해외상장 ETF	해외주식과 동일하게 취급되어 양도소득세(22%) 과세	iShares MSCI 이머징마켓, SPDR S&P500 ETF Trust 등

ETF(상장지수펀드)의 또 다른 대안, ETN(상장지수증권)

최근 가장 가파른 성장세를 보이는 ETF 상품은 이미 많은 사람이 알고 있는 '인기 상품'이다. 연금계좌 내에서도 ETF 거래가 가능해짐에 따라, 노후대비를 위한 필수 상품이 되어가고 있다. 이에 이어, 최근 ETN 상품도 출시되고 있어 눈여겨볼 만하다.

1. ETF는 자산운용사, ETN은 증권사가 발행 주체

ETN은 'Exchange Traded Note'의 약자로, 상장지수증권(채권)이라고도 한다. ETF와 마찬가지로 거래소에 상장되어 손쉽게 거래할 수 있다. ETF는 자산운용사가 주식이나 실물(원자재) 등의 기초지수를 펀드로 묶어 상품을 구성했다면, ETN은 증권회사가 직접 기초지수와 연동시켜 발행한 파생결합증권이다. 쉽게 말하면 증권사가 투자한 주식, 원자재, 채권 등을 ETN이란 상품으로 투자할 수 있는 것이다. 따라서 ETN은 증권사의 신용도가 중요하다. 증권사가 파산할 경우, 수익률과 관계없이 투자 원금에 대한 손실을 볼 수 있는 점은 유의해야 한다.

ETN과 ETF의 차이

구분	ETN	ETF
형태	파생결합증권	펀드
발행 주체	증권회사 신용으로 발행	자산운용사 발행
수익 구조	기초지수 변동에 비례	
추적 오차	없음	발생 가능
만기	있음 (1~20년)	없음
세금	국내 : 매매차익 비과세 해외 : 배당소득 과세	

2. ETN의 장점 : 해외자산의 신속한 매매, 추적 오차 제로

ETN은 ETF와 동일하게 수수료가 저렴하고, 증권거래세(0.3%)를 내지 않아도 되는 장점이 있다.

그렇다면, ETF와 구별되는 장점은 어떤 것이 있을까?

먼저, ETN은 해외자산에 대한 매매가 우리나라 거래소에서 실시간으로 환전 없이 거래할 수 있다. 보통 해외주식을 매매하기 위해서는 환전

절차가 필요하다. 예를 들어 미국 시장의 경우, 원화를 달러로 환전을 해야 하고 실시간 변동을 위해서는 미국 시장을 우리나라 시각으로 새벽에 봐야 하는 번거로움 등이 있다. 하지만, ETN을 거래하면 이런 걱정이 사라진다. 한국 거래소에 상장되어있기 때문에 환전 없이 원화로 바로 투자할 수 있다. 이렇게 되면 환전수수료와 환 노출 위험 없이 투자가 가능하다.

둘째는 추적 오차(Tracking error)가 없다는 점이다. 추적 오차란, 실제 자산의 가치(순자산가치, NAV)와 시장에서 거래되는 가격(거래가격)의 차이를 말하는데, ETF의 경우 이런 상황이 종종 발생한다. ETF를 운용하는 과정에서 기준지수(벤치마크, BM)를 100% 추종하기란 사실상 불가능하다. 그래서 기준지수와 순자산가치의 차이, 즉 추적 오차를 적게 유지하는 것이 ETF를 운용하는 운용회사의 능력이다.

그렇다면, ETN은 왜 추적 오차가 없을까? ETN은 발행주체인 증권회사가 기초지수의 상승만큼 수익을 지급을 사전에 약속한다. 즉, 운용성과와는 관계없이 사전에 정한 운용보수, 지수이용료 등의 모든 비용(연평균 1%)을 차감한 만큼 지급하기 때문에 추적 오차가 발생하지 않는다. 다만, 일시적인 수급으로 인해 잠시 시장 거래 가격과 자산의 가치가 변동될 수는 있다. 여기서 말하는 자산의 가치는 ETN에서는 지표 가치(IV, Indicative Value)라 한다.

3. ETN의 종류 : 손실제한 ETN, 국내주식, 국내주식형 이외(해외, 원자재) ETN

우리나라에 출시된 ETN 상품은 크게 손실제한, 국내주식형, 국내주식형 이외 ETN으로 나뉜다. 이 중 특이한 것이 손실제한 ETN 상품인데, 말 그대로 손실을 제한시켜 주는 특징이 있다. 만기 시점에 기초지수가 일정 수준 이하로 하락(손실)하더라도 사전에 약정한 최저 상환가격을 지급하게 되어 있는 상품이다.

예를 들어 보자. '미래에셋 K200 Call 1809-01 ETN'은 실제로 거래되는 ETN 상품이다(만기 1년, 손실제한 -2%, 참여율 100%). 즉, 1년이 지난 후 만기에 도달했을 때 기준지수인 K200(Kospi 200)이 가입 당시 최초 기준가보다 아래일 경우, 손실제한은 최대 2%에 한정시킨다는 것이다. 그래서 지수가 아무리 많이 빠져도 2%까지만 손해를 보고 상환된다는 것이다. 실제로 2018년 한 해 신규 상장된 ETN 16개 중 14개가 손실제한 ETN일 정도로 그 인기가 높다.

ETF와 ETN은 주식투자를 망설이는 투자자들에게 좋은 상품이 될 수 있다. 주식처럼 거래되지만 하나의 ETF, ETN 종목을 매수하면 자동으로 분산투자의 효과가 있다. 또한, 매매차익에 대한 비과세일 뿐 아니라, 증권거래세가 부과되지 않아 주식보다 오히려 저렴하다. 무엇보다 내가 관심이 있고, 투자하고 싶던 해외주식, 원자재 등에 투자할 수 있는 장점까지 있다. 손실제한 ETN은 덤이다. 노후대비를 위한 시작, ETN을 지금이라도 시작해보자.

021

변동성 심한 장세에 투자하기 좋은 상품, 중위험·중수익 펀드

대부분의 직장인들의 재테크는 펀드와 주식, 예·적금 등을 본인의 투자성향에 맞게 공격형, 안정형 자산으로 구분하여 적절히 배분한다. 노후대비를 위한 연금, 보험 등도 이에 해당할 것이다. 특히, 변액연금과 연금저축펀드 등 펀드에 주로 투자되는 상품의 경우에는 본인의 투자성향을 고려한 적절한 배분이 무엇보다 중요하다. 해당 자금이 곧 나의 노후자금이기 때문이다.

   노후를 걱정하는 투자자라면, 내가 쌓은 돈에 대해서는 많이 불리기보다 모은 자산을 지키는 것에 더 관심이 많다. 개인연금과 퇴직연금의 경우에는 더욱 그럴 것이다. 그래서 해당 자산으로 투자하는 펀드에 대해서는 더욱 신중히 고려할 것이다. 수익률은 높지 않지만, 안정적으로 채권형 펀드에 투자할 것인가, 위험해도 수익률이 높은 주식형 펀드에 투자할 것인가에 대한 고민은 끝이 없다. 만약 나의 노후를 위한 연금의 펀드 투자를 망설이고 있다면 여기 중위험·중수익 펀드에 관심을 가질 필요가 있다.

■ **상관관계가 낮은 여러 자산에 분산 투자하는 중위험·중수익 펀드**

중위험·중수익 펀드는 기본적으로 변동성이 심한 장세를 대비하기 위해 나온 펀드다. 시장 상황에 민감하게 대응하기 어려운 투자자들을 위해 고안된 펀드라고 보면 되겠다. 해당 펀드는 주식과 채권, 그리고 부동산 등 대체투자상품까지 적절히 섞여 있으며, 각 자산 간 상관관계가 낮게끔 설계한다. 이는, 특정 자산군이 하락해도 다른 자산군이 막아주는 역할을 함으로, 수익률 방어에 유리하다.

중위험 · 중수익 전략을 가진 펀드 종류는 아래와 같다.

중위험·중수익 펀드 전략

구분	내용
목표전환형	목표수익 달성 시 채권형으로 전환하여 운용하는 전략
멀티에셋(인컴형)	다양한 자산(대체투자 포함) 및 글로벌로 자산 배분하는 전략
커버드콜	주식은 매수함과 동시에 콜옵션은 매도하는 전략 *콜옵션 : 미리 정해진 가격에 살 수 있는 권리
롱숏	상승할 것으로 예상하는 주식은 매수, 하락할 것으로 예상하는 주식은 공매도하는 전략 *공매도 : 보유하고 있지 않은 주식을 3일 (결제일) 안에 매도하는 전략 주가 하락 시 시세 차익을 얻을 수 있다.

중위험·중수익 펀드는 주식형 펀드보다 위험은 낮으면서 초과 수익률을 추구할 수 있는 장점이 있다. 신경 쓰지 않아도 각 전략에 맞게 목표 수익률을 달성하게 되면 공격형 자산의 비중을 줄여주거나, 부동산 등 대체 자산에 분산 투자할 수 있는 장점이 있다.

실제로 최근 1개년 간 중위험·중수익 주요 펀드의 수익률을 살펴보면, [인컴형]미래에셋배당과인컴(+4.3%), [커버드콜]마이다스커버드콜(+9.54%), [롱숏]트러스톤다이나믹코리아50(+4.92%) 등으로 결코 수익률 또한 낮지 않음을 알 수 있다. 이를 증명하듯, 작년 한 해 중위험·중수익 펀드는 1조 원이 넘는 자금이 유입되기도 했다.

중위험·중수익 펀드는 노후대비를 위한 좋은 대안이 될 수 있다. 내 연금에 주식형 펀드에 투자하기를 망설이고 있거나, 기존에 보유했던 주식형 펀드의 수익률이 변동성이 커서 망설이고 있는 투자자라면 한 번 투자해보기를 권한다. '돈이 몰리는 곳에 이유가 있다'라는 말을 기억하자.

해당 펀드는 금융기관에 방문 또는 온라인으로 가입 가능하며, 상품명에 중위험·중수익 펀드라고 따로 명시되어 있지 않으므로 직원에게 해당 펀드를 추천받거나 위에 열거한 목표전환, 멀티에셋, 인컴, 롱숏 등으로 펀드 명을 검색하면 쉽게 찾을 수 있다.

세금이 거의 없는 국내주식형 펀드, 무엇이 있을까?

　소득이 있는 곳에는 반드시 세금이 있다. 소득이 지속해서 발생하는 한 세금도 계속해서 따라다닐 것이다. 따라서 이런 세금을 줄이거나 피할 수 있다면, 그만큼 실질 소득을 더 높일 수 있다. 특히나 노후대비를 위해선 장기간의 자금 운용이 필요하기 때문에 세금을 줄이거나 피할 수 있는 방법이 있다면 반드시 알아두는 것이 좋다.

　그러나 많은 사람들이 어떠한 상품에 투자해야 세금을 피할 수 있는지 잘 모른다. 특히, 대중적으로 가장 잘 알려진 펀드 상품에도 어떻게 세금이 책정되는지 잘 모르는 경우가 많다. 성공적인 노후대비를 위해서는 금융상품과 관련한 세금은 어느 정도 알아 두는 것이 좋다.

■ **국내주식형 펀드는 매매차익에 대해 비과세 된다.**

우리에게 가장 친숙하고, 대표적인 금융상품은 적립형으로 가입하는 '국내주식형 펀드'가 있을 것이다. 하지만 국내주식형 펀드가 비과세된다는 사실을 아는 사람은 많지 않다. 가장 친숙한 상품이 사실은 노후대비를 위한 좋은 투자상품인 것이다. 결론부터 얘기하자면, 국내주식형 펀드는 이자·배당 수익을 제외한 매매차익에 대해 '비과세' 된다. 기본적으로 주식형 펀드는 자산의 60% 이상을 주식에 투자하기 때문에, 주식의 배당 수익과 나머지 40% 이하에 투자되는 채권의 매매차익의 비중이 크지 않아 사실상 과세가 되는 부분이 거의 없다고 봐도 무방하다. 이와는 반대로, 해외주식형 펀드나 채권형 펀드, 그리고 실물자산(금, 원유 등)에 투자하는 펀드는 모두 과세된다.

그렇다면 국내에 투자하는 주식형 펀드만 비과세 되는 이유는 과연 무엇일까?

우리나라 현행법상 국내주식에 투자할 경우 배당 수익을 제외한 매매차익에 대해서는 비과세를 적용하고 있다. 물론 매도 시 부과되는 증권거래세나 유관기관수수료 등이 있기는 하지만, 그 비중은 크지 않으므로 사실 주식에 투자할 경우 발생하는 세금은 거의 없다. 따라서, 노후를 대비하고 있다면 주식형 펀드 하나쯤은 보유하여 비과세 혜택을 누리도록 하자.

TIPS

펀드수수료와 보수를 한 번에 비교해 볼 수는 없을까?

펀드 가입을 고려할 때, 수수료와 보수에 대한 금융회사별 비교가 여간 어려운 것이 아니다. 모든 금융기관에 접속해서 알아볼 수도 없는 노릇이고, 일일이 계산하기는 더 쉽지 않다.

금융투자협회에서는 이를 해결하기 위해 펀드를 한눈에 비교할 수 있는 정보를 제공하고 있다. 금융투자협회 전자공시서비스(http://dis.kofia.or.kr)에 접속해보자. 한눈에 국내에서 판매되는 모든 펀드와 보수, 수수료까지 검색과 비교를 할 수 있다.

023

동일한 펀드라도 수수료와 보수가 다르다?
펀드 클래스

직장인 김 군은 3년 전 직장 동료와 함께 같은 주식형 펀드에 가입했다. 최근 수익률이 궁금했던 김 군은 점심시간에 동료와 함께 수익률을 비교해보자고 했는데, 같은 날 동일한 펀드를 가입했음에도 불구하고 약 2% 정도의 수익률 차이가 났다. 어떻게 된 일일까?

김 군은 직장동료와 동일한 펀드에 가입했음에도 불구하고 2% 정도의 수익률 차이가 났다고 말한다. 억울할 수 있겠지만 이런 경우에는 김 군과 직장동료는 다른 클래스 펀드에 가입했을 확률이 높다. 동일한 펀드라도 수수료와 보수가 다른 펀드 클래스, 과연 어떤 차이가 있을까?

■ **펀드는 뒤에 붙는 알파벳**(펀드 클래스)**에 따라 수수료와 보수가 달라진다.**

펀드 가입 시 동일한 펀드라도 어떤 클래스에 가입하느냐에 따라 수수료와 보수가 달라진다. 펀드에 가입한 투자자는 내가 가입한 펀드의 클래스를 쉽게 알아볼 수 있도록 펀드명 맨 뒤에 알파벳을 붙여 구분해 놓았다. 이것을 우리는 펀드 클래스라 부른다. 여러 클래스가 있지만, 대표적인 펀드 클래스는 아래 표와 같다.

펀드 클래스

클래스	내용	특징
A	선취판매수수료(약 1%) + 낮은 보수	장기투자에 유리
C	판매수수료 없음 + 높은 보수	단기투자에 유리
CDSC	체감식 판매보수. (Contingent Deferred Sales Charge) C클래스와 동일하나, 매년 판매보수가 줄어드는 장점이 있음 (단, 초기 판매보수가 A, C클래스에 비해 높을 수 있으므로 주의)	

A 클래스의 경우 펀드 가입 시 약 1% 내외의 수수료를 뗀다. 선취판매수수료가 1%인 펀드를 10,000원에 가입했다면 100원의 수수료를 뗀 9,900원이 내 투자 시작금액이 되는 것이다. 1년 후 10%의 수익이 났다면 9,900원의 10%인 990원이 내 수익금이 된다. 따라서 A 클래스는 장기투자에 유리하다. 먼저 떼는 판매수수료가 있지만, C 클래스보다 매년 내야 하는 보수가 상대적으로 저렴하기 때문이다.

반대로 C 클래스의 경우에는 A 클래스와는 달리 선취판매수수료를 떼지 않지만, 매년 지급해야 하는 보수가 더 높다. 여기서 보수란 판매보수와 운용보수, 사무관리보수 등이 있는데, 판매보수란 펀드를 설계한 자산운용사에서 판매 창구인 금융회사들을 통해 판매를 대행하고 받아가는 보수를 말하며, 운용 보수는 자산운용사에서 펀드를 운용하는 대가로 받는 보수를 말한다. 평균적으로 보수는 1%~2%로 책정된다. C클래스의 경우 매년 총보수가 약 2.5% 정도 부과된다. 반면 A 클래스에 비해 선취판매수수료를 떼지 않으므로 단기투자에 더 유리하다.

어찌 됐든 A 클래스나 C 클래스나 선취판매수수료, 판매보수, 운용보수 등을 떼이는 것은 기분이 좋을 수는 없는 노릇이다. 노후대비를 위해 적립식 펀드 투자를 시작했지만, 매년 수익률과 관계없이 떼이는 보수가 반갑지는 않다. A, C 클래스 말고, 더 아끼는 방법은 없을까?

이에 나온 것이 온라인 전용 클래스다. 온라인 전용 클래스는 보통 A, C클래스 뒤에 알파벳 'e'나 's'가 붙게 되는데, A-e, C-e 등으로 표시된다. 해당 클래스는 금융회사의 창구에서는 가입할 수 없고 각 판매사 홈페이지를 통해서만 가입할 수 있다. 온라인 전용 클래스의 경우 일반 A, C클래스에 비해 보수가 절반 이상 저렴한 장점이 있으므로, 반드시 가입 전 비교해 보도록 하자.

이밖에 'g' 클래스라 불리는 클린 클래스도 있다. 클린 클래스는 창구에서 가입할 수 있지만, 직원 설명이나 도움을 받지 않겠다는 의사표시를 하고 가입하면 된다. 직원의 설명에 따른 비용을 그만큼 제해주는 클래스라 보면 된다. 해당 클래스 또한 온라인 클래스만큼 보수가 절반 이상 저렴하다.

노후대비를 위한 필수 포트폴리오, 발행어음

정부는 지난 2011년 금융투자산업 활성화를 위해 초대형투자은행(IB, Investment Banking) 육성 계획을 밝혔다. 한국판 골드만삭스를 만들겠다는 취지였다.

6년 뒤인 2017년, 정부는 자기자본이 4조 원이 넘는 증권회사를 초대형 IB로 선정했고, 미래에셋대우와 NH투자증권, 한국투자증권, 삼성증권, KB증권이 그 대상이 됐다. 이 중 초대형 IB의 핵심 사업이라 불리는 단기금융업은 한국투자증권 1곳만 인가를 받았다.

단기금융업은 발행어음이라고도 하는데, 만기 1년 정도의 어음(상품)을 발행하여 자금을 조달하는 사업이다. 자기자본의 최대 2배까지 발행어음을 판매할 수 있으며, 조달한 자금의 50% 이상을 반드시 기업 대출이나 비상장기업 투자 등과 같은 기업금융에 사용해야 한다.

노후대비를 앞둔 투자자가 발행어음 상품에 주목해야 하는 이유는 은행 금리 이상을 제공할 뿐 아니라 증권회사의 신용으로 원리금까지 보장해주기 때문이다(연 2.3%, 가입 기간별 차등이자 적용). 아래 실제 판매된 사례를 살펴보자.

2017년 11월에 출시된 한국투자증권의 '퍼스트 발행어음'은 발행 이틀 만에 5,000억이 판매되며 조기 마감되었다. 연 2.3%의 금리를 제공했고, 한국투자증권의 신용으로 발행되어 원리금 지급을 보장한다. 평소 저금리에 목말랐던 투자자들은 이런 상품이 반가울 수밖에 없다. 한국투자증권은 이에 2차로 해당 상품을 모집했고 1, 2차 합계 총 9,000억 원이 모집됐다.

[한국투자증권 퍼스트 발행어음 금리(CMA금리와 비교)]

구간	연수익률(%)
CMA	1.2
7~180일	1.2~1.6
181~270일	2.0
271~364일	2.1
365일	2.3

(출처 : 머니투데이)

앞으로 발행어음 시장은 더 커질 것으로 예상된다. 최종구 금융위원장은 금융위 정례회의를 통해 "이번에는 한 개 증권사에 대해서만 단기금융업 인가를 하지만 금융감독원 심사가 마무리되는 대로 여타 증권사에 대해서도 인가 절차를 진행할 것"이라고 밝혔다. 현재 한국투자증권 1곳만 판매를 하고 있지만, 다른 증권사들도 인가를 받게 되면 지금보다 발행어음 선택의 폭은 더욱 다양해질 것이다. 투자자들의 입장에서는 선택의 폭이 넓을수록 좋다(2018년 5월 30일, NH투자증권 단기금융업(발행어음) 정식 추가 인가).

노후대비를 함에 있어서 위험자산과 안전자산의 비중 조절은 필수다. 일반적인 급여소득자라면 젊었을 때는 위험자산의 비중을 늘리고, 은퇴가 다가올수록 안전자산의 비중을 늘려야 한다. 노후대비는 내 자산을 불리는 것도 중요하지만, 지키는 것도 중요하기 때문이다. 발행어음 상품은 안전자산으로 편입하기에 꽤 매력적인 상품이라 할 수 있다. 증권회사가 파산하지 않는 한 원금과 이자를 모두 보장해주고, 은행의 예·적금과 비교했을 때 경쟁력 있는 금리를 제공하기 때문이다. 혹 예·적금이나 CMA금리에 만족하지 못하는 투자자가 있다면, 일부 투자자금을 발행어음으로 투자하는 것도 고려해 보기 바란다.

TIPS

투자은행(IB)이란 무엇인가요?

투자은행(IB)이란, 기업공개(IPO), 인수합병(M&A), 회사채 발행 등을 주업무로 하는 증권회사의 고유 업무를 말한다. 미국의 골드만삭스와 모건스탠리, 일본의 노무라증권 등이 이에 해당한다.

투자은행(IB)은 다양한 벤처기업에 투자하고 이를 육성하고, 이에 따른 투자 활동으로 얻은 수익을 투자자와 공유할 수 있는 장점이 있다. 미국과 일본 등 선진국에서는 IB 산업을 집중 육성, 이에 대한 투자를 지속하고 있다. 이들의 자기자본 규모는 약 100조 원(골드만삭스, '17년 12월 말 기준)으로, 우리나라의 자기자본 1위 미래에셋대우(7.2조 원, '17년 9월 말 기준)의 약 13배 수준이다.

아직도 강력한 비과세 상품, 브라질 채권

우리나라에서 가장 '핫'한 해외채권을 꼽자면 단연 브라질 채권을 꼽을 수 있다. 브라질 채권 판매 초기 당시, 부자들의 전용 상품이라 불릴 정도로 고액자산가들이 앞다퉈 가입했던 상품이었다. 브라질 채권이 이렇게 매력적이었던 이유는 비과세 혜택과 높은 이자율 때문이었다.

브라질채권은 우리나라와 브라질 간의 조세협약에 의해서 채권투자 시 발생하는 이자소득, 매매차익, 환차익 모두 비과세 혜택을 받을 수 있다(법인의 경우, 이자소득만 과세).

그뿐만이 아니다. 브라질 채권은 말 그대로 채권이기 때문에, 보유 기간에 이자를 받게 된다. 이를 '쿠폰'이라 하는데, 브라질 채권의 쿠폰은 약 7~10% 정도의 수익을 기대할 수 있다.

예를 들어 1억 원을 브라질 채권에 투자할 경우 연 700~1,000만 원의 이자를 받을 수 있다. 또한, 이를 월 지급식으로도 나누어 받을 수 있는데, 이를 환산하면 월 약 80만 원 수준의 이자를 지급받을 수 있게 된다. 비과세 혜택에 매월 지급되는 이자까지 있는데 부자들이 투자를 마다할 이유가 있을까? 판매 초기에는 브라질 채권 투자 붐이 일어날 정도였다. 하지만, 이에 따른 기대감이 컸던 탓일까? 부작용도 만만치 않았다.

■ 비과세 혜택과 높은 이자율, 그만큼 리스크도 따져봐야 한다.

위험과 수익은 비례한다. 브라질 국채도 예외는 아니다. 브라질 채권 투자 시 리스크요인도 따져봐야 할 필요가 있다.

첫째, 환 노출에 따른 리스크다. 브라질 채권에 투자할 경우 원화(KRW)를 브라질 통화인 헤알(BRL)로 환전하여 사게 되는데, 투자할 당시의 환율이 300원이라고 가정해보자. 투자 기간에 브라질 내부 정쟁이 발생하여 환율이 270원(-10%)으로 하락하게 된다면, 내가 보유한 브라질 채권의 평가금액 또한 -10%가 되는 것이다. 실제로 2016년 브라질 대통령이 탄핵을 당하는 사태가 벌어졌었고, 환율은 폭락했었다.

둘째, 채권 가격 자체의 하락 리스크다. 주식을 생각하면 좀 더 이해하기 편한데, 가격 자체가 하락해서 손실을 볼 위험이다. 대표적으로 금리가 변동하는 경우다. 브라질 채권을 투자할 당시의 금리가 5%였는데, 1년 후 시중금리가 1%p 상승하여 6%가 됐다고 가정해보자. 동일한 채권인데, 내가 산 채권은 5% 이자를 받고, 시중에서 판매하는 채권은 6%의 이자를 준다. 채권 투자를 고민하는 사람들은 당연히 6% 이자를 주는 채권을 더 선호할 것이다. 따라서 내가 보유한 채권을 파는 방법은 딱 하나다. 채권 가격을 시중에서 파는 금액보다 할인해서 내놓으면 된다. 결국, 금리 상승은 채권가격이 하락하는 요인 중 하나인 것이다.

셋째, 디폴트 리스크다. 디폴트(Default)란 말 그대로 '채무불이행' 사건이 발생할 경우다. 즉, 브라질이라는 나라의 재정이 악화되어 국가 부도 사태에 직면할 경우, 채권에 대한 보장이 어려울 수 있다. 최악의 경우에는 투자한 원금조차 돌려받을 수 없을 수도 있다. 이에 따라 스탠더드앤드 푸어스(S&P)나 피치(Fitch)라는 신용평가기관에서는 각 국가별로 '신용등급'을 부여하고 있는데 2017년 12월 기준으로 브라질은 BB 등급(S&P기준)을 유지하고 있다.

브라질 채권은 증권사에서 가입 가능하며, 최소가입금액과 수수료(신탁보수) 등은 증권사별로 조금씩 차이가 있으니 서로 비교 후 가입할 필요가 있다.

미래에셋대우에서 판매하는 브라질채권

상품명	미래에셋대우 글로벌채권신탁(브라질 국채)
운용자산	브라질 국채 이표채 (BNTNF)
상품 개요	브라질 국채 이표채(매년 1월, 7월 쿠폰 지급)에 투자하여 비과세 수익 추구 반기 발생 이자에 대해 월 지급 및 재투자 옵션 선택 가능 현재 2021년, 23년, 25년, 27년 이표채 중 선택 가능

상품등급	초고위험(1등급)
신탁보수	선취형 : 선취 2.2% + 연 0.3% / 후취형 : 연 1.0%
최소가입금액	1천만 원
과세	브라질 국채 이자소득, 매매차익, 환차익 비과세(개인)
해지 및 유의사항	- 환율변동에 따른 원금손실 위험(환 노출) - 중도매도 시 채권가격 및 환율 변동에 따라 결제금액이 변동될 수 있음 - 발행국가의 부도 및 재정 상황 악화 등으로 인한 채무불이행 시 투자금액 전부 또는 일부 손실 가능 - 양국 간의 조세협약 및 현지국의 금융시장 제도변경, 금융거래세 신성 등으로 투자 상황이 변경될 수 있음

(출처 : 미래에셋대우)

TIPS

특정 국가에 투자하려면, 국가 신용도부터 봐라!

금융 거래를 하는 모든 국민에게는 각자의 신용등급이 정해져 있다. 신용등급은 본인의 수입 대비 대출금액 비율, 신용카드와 핸드폰 요금 등의 연체 정보 등을 신용평가기관(KCB, NICE 등)에서 점수화하여 1등급부터 10등급까지 정해지게 된다. 해당 신용등급은 나의 모든 금융거래에 영향을 미치게 되며 평생 꼬리표처럼 따라다니기 때문에 이에 대한 적극적인 관리가 항상 필요하다.

국가도 이와 마찬가지다. 한 나라가 전 세계에서 자금을 조달할 때 적용되는 것이 바로 '국가신용등급'이다. 국가신용등급은 각 국가의 정치·경제 상황을 종합적으로 평가하여 등급이 정해지게 되며, 세계 3대 평가기관인 스탠더드 앤드 푸어스(S&P), 피치(Fitch), 무디스(Moody's)에서 그 등급을 정하고 있다. 개인 신용등급이 1~10등급으로 나뉜다면, 국가신용등급은 보통 AAA등급부터 D등급까지 나뉘게 된다(신용평가기관에 따라 등급 상이). 또한, 현재의 등급에서 상향조정 될 가능성이 높으면 '긍정적(Positive, +)', 유지될 경우 '안정적(Stable)', 하향조정 될 가능성이 높으면 '부정적(Negative, -)'이라는 등급 전망이 해당 신용등급 뒤에 표시된다.

[세계 주요국 신용등급 현황]

구분	등급[가]	Moody's	S&P	Fitch
투자등급	AAA (Aaa)	미국, 독일, 캐나다, 호주, 싱가폴	독일, 캐나다, 호주(-), 싱가폴, 홍콩(-)	미국, 독일, 캐나다, 호주, 싱가폴
	AA+ (Aa1)	영국(-)	미국	홍콩
	AA (Aa2)	한국, 프랑스, 홍콩	한국, 영국(-), 벨기에, 프랑스	영국(-), 프랑스
	AA-(Aa3)	대만, 칠레, 벨기에	중국(-), 대만, 칠레(-)	한국, 대만, 벨기에
	A+(A1)	일본, 중국, 사우디	일본, 아일랜드	중국, 칠레, 사우디
	A (A2)			일본(-), 아일랜드
	A-(A3)	말레이시아, 멕시코(-), 아일랜드(+)	말레이시아, 사우디	말레이시아
	BBB+ (Baa1)	태국	멕시코(-), 태국, 스페인(+)	태국, 스페인, 멕시코(-)
	BBB (Baa2)	필리핀, 이탈리아(-), 스페인(+)	필리핀	이탈리아
	BBB- (Baa3)	인도(+), 인도네시아(+), 남아공(-)	인도, 인도네시아, 이탈리아	인도, 인도네시아(+), 필리핀(+), 러시아

투기 등급	BB+(Ba1)	터키(-), 러시아, 포르투갈	러시아, 포르투갈, 남아공(-)	포르투갈(+), 터키, 남아공
	BB (Ba2)	브라질(-)	브라질(*-), 터키(-)	브라질(-)
	BB-(Ba3)		베트남	베트남(+)
	B+(B1)	베트남		
	B (B2)		아르헨티나	이집트, 아르헨티나
	B-(B3)	이집트, 아르헨티나(+)	이집트, 우크라이나, 그리스	우크라이나
	CCC+(Caa1)			
	CCC (Caa2)	그리스(+)		그리스[5]
	CCC-(Caa3)	우크라이나		
	CC(Ca)			
	SD, RD[4](C)			
	D			

1 주요국은 G20, ASEAN, PIIGS 국가 중심
2 괄호안 등급은 무디스 기준
3 국가 뒤 (-)는 부정적 등급전망, (+)는 긍정적 등급전망, (*+)는 긍정적 관찰대상, (*-)는 부정적 관찰대상
4 SD는 선택적 디폴트(Selective Default), RD는 제한적 디폴트(Restricted Default)
5 Fitch는 CCC 이하로는 전망을 부여하지 않음

우리나라의 경우 무디스 기준으로 'Aa2 등급'으로 안정적'인데, 이는 대한민국에 부여된 역대 최고 등급이며 등급 체계에서도 세 번째로 높은 수준이다. 분단국가로써 지정학적 리스크가 있음에도 불구하고 이렇게 높은 등급을 차지한 이유는 그만큼 대한민국의 경제적 가치를 높게 평가하고 있는 것이다. 반면, 앞에서 언급한 브라질의 경우 'Ba2 등급'으로 부정적' 평가를 받고 있다. 이는 투기등급이며, 뒤에 부정적이라는 등급 전망이 붙어 있어 추가로 등급이 하향조정 될 가능성이 있다는 것을 의미한다. 이처럼 특정 국가에 투자할 때는 위의 신용등급을 꼭 참고하여 투자할 필요성이 있다.

채권을 잘 몰라도 투자할 수 있는
전자단기사채, 초단기채권펀드

마치 그런 거야. 수학에서 더하기, 빼기는 할 수 있는데 미·적분을 해 보라고 하면 갑자기 어려워지면서 엄두가 나지 않아. 원리만 알면 사실 어렵지 않을 텐데……. 사실 어려운 게 아니라 익숙하지 않아서 그런 것 같아.

얼마 전 지인과 함께 노후대비를 위한 이야기를 나누던 중 나온 이야기다. 노후대비에 관심이 많은 지인이 주식이나 펀드로의 자산 배분은 꾸준히 알아보며 노력하는데 채권은 쉽게 눈길이 가지 않는다고 한다. 그 이유는 아마 익숙하지 않음에 답이 있을 것이다. 펀드의 구조와 수익률, 수수료·보수 등은 자세히 비교하지만, 우리는 채권의 기본적인 구조조차 잘 알지 못하는 게 현실이다. 채권, 과연 생각만큼 어려울까?

1. 채권(債券, Bond), 돈을 돌려줘야 하는 차용증서

채권은 국가나 기업 등이 발행하는 일종의 차용증서다. 일시에 거액의 자금을 조달하기 위해 채권을 발행하며, 발행 주체는 채권에 투자한 투자자들에게 보유 중에는 이자를, 만기 시에는 원금을 지급하도록 약속한다. 이 약속에 대한 내용이 채권에 담겨있는 것이다. 자금 조달이라는 점에서는 주식과 같지만, 이자와 원금에 대한 지급이 보장된다는 점에서는 채권이 가진 특징이라 할 수 있다. 보통 발행 주체에 따라 국채·회사채 등으로 나뉘며, 이자 지급방법에 따라 이표채·할인채 등으로 나뉜다.

2. 채권의 가격은 금리와 연동되어 있다.

일반적으로 채권의 가격은 금리와 반대 방향으로 움직인다. 금리가 상승하면 채권가격이 하락하고, 금리가 하락하면 채권가격이 상승한다. 또한, 만기에 따라 가격이 달라지기도 하는데, 채권의 잔존만기가 길면 길수록 가격 변화가 크다. 이를 '듀레이션(Duration, 투자자금 평균 회수 기간)'이라 부른다. 듀레이션이 크면 클수록 금리변화에 따른 가격변동이 커진다. 이뿐 아니라 채권의 신용등급, 경제 대내외 요인 등에 의해 채권가격은 주식과 같이 매일 변동된다. 따라서 채권 투자자에게는 같은 채권이라도 그 수익률이 매일 달라질 수 있다.

3. 시장 변동성을 회피할 수 있는 단기 채권, 전자단기사채

　채권이라고 전부 안정적인 것만은 아니다. 만기가 긴 채권을 투자할 경우 자금의 유동성이 막힐 수도 있다. 또한, 중도에 환매도 가능하지만, 시장에 판매할 경우 원금 손실을 볼 수도 있다. 이러한 리스크를 피하기 위해 만기 1년 미만의 단기 채권이 대안으로 떠오르고 있다. 특히, 만기 1년 미만의 채권을 종이가 아닌 '전자'로 발행하는 채권의 인기가 늘고 있는데, 이를 '전자단기사채'라 불린다.

　일명 '전단채'라 불리는 전자단기사채는 2003년 단기 자금 활성화를 위해 도입되었다. 발행 최소 금액 1억 원 이상, 만기 1년 이내 및 원리금 전액 일시 지급 등의 조건을 갖춘 채권만 전자단기사채를 발행할 수 있다. 2017년, 한국예탁결제원은 '전자단기사채 발행금액이 1,000조 원을 돌파했다'고 밝힌 바 있다.

　전자단기사채는 무엇보다 만기가 짧은 것이 가장 큰 장점이다. 금리 상승에 따른 채권 가격 하락(할인) 리스크를 방어할 수 있어 시장 변동성에 대비할 수 있다. 특히, 최근 미국 기준금리 인상이 지속적으로 예상되는 상황에서는 만기가 긴 채권에 투자하는 것은 부담이 될 수 있다.

　채권의 수익률과 만기는 발행하는 주체에 따라 다르므로 꼼꼼히 비교해 봐야 한다. 중점적으로 봐야 할 것은, 발행사의 신용도(파산 시 원금손실 위험)와 금리(만기 시 수익률) 등을 따져봐야 할 것이다. 또한, 전단채는 예금자 보호가 되지 않는 점도 유념해야 한다.

4. 금리 +α, 초단기채권펀드

일단 채권 자체에 투자하는 것 자체를 꺼린다면, 채권형 펀드도 좋은 대안이 될 수 있다. 펀드에 가입만 해도, 주식형 펀드와 마찬가지로 펀드 내 채권에 고루 분산되는 효과를 누릴 수 있다. 최근 시장의 변동성이 커지면서 채권형 펀드로 돈이 몰리고 있다.

초단기채권은 만기가 6개월 안팎의 짧은 채권으로 구성돼있다. 따라서, 미국의 기준금리 인상 등의 시장 불확실성에도 영향을 크게 받지 않는다. 다른 투자자산이 시장의 변동성으로 영향을 받을 수 있기 때문에 가장 변동성이 낮은 초단기채펀드에 투자하는 현상으로 판단된다. 초단기채권펀드는 환매수수료 없이 수시로 입출금이 가능하고, 정기예금 이상의 수익률을 기대할 수 있는 것이 가장 큰 장점이다. 2018년 4월 4일 기준으로 초단기채펀드에 약 7조 원 가까운 돈이 몰렸다.

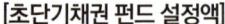

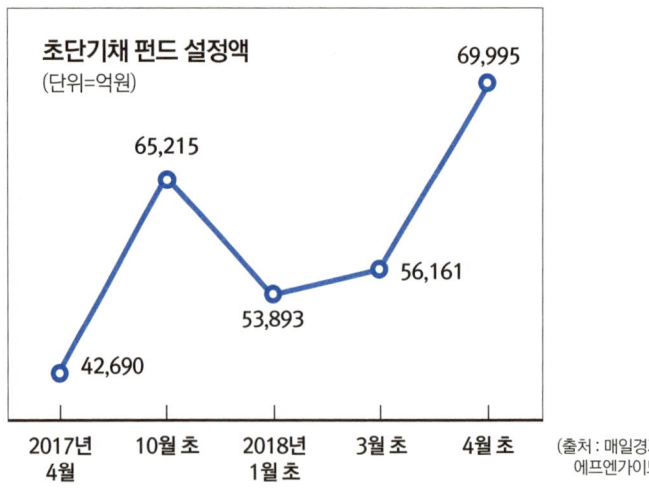

[초단기채권 펀드 설정액]

노후대비는 '지키는 투자'로 시작된다. 언제까지 돈을 벌 수 있을지 모르는 상태에서 단단하게 노후를 준비하는 것이 필요하다. 그런 의미에서 볼 때 채권에 일부 투자금액을 배분하는 것은 좋은 대안이 될 수 있다. 리스크가 큰 투자를 싫어하지만 예금 이자에 만족하지 못한다면, 전자단기사채나 초단기채권펀드에도 관심을 가져보자.

부자들만 아는 노후대비 상품,
TIPS (물가연동채권)

지난 2009년 미국발 금융위기 이후 한동안 양적 완화와 금리 인하로 초저금리를 유지하였다면 이제는 성장세로 돌아서며 미국을 중심으로 각국의 기준금리를 인상하고 있다. 전문가들은 '초저금리 시대의 종언'을 말하고 있다. 한마디로 경제가 나아지고 있다는 뜻이다. 하지만, 금리 상승은 노후를 준비하는 사람들에게 달가운 뉴스라고는 할 수 없다. 생활과 직접적으로 연계되어 있는 대출금리에 영향을 끼치기 때문이다.

그렇다면, 금리가 상승하는 시기에 적절한 투자처는 없을까? 주식보다 안전한 채권에, 그리고 국가가 원금보장까지 해주고 물가 상승 시 수익률이 높아지는 '물가연동채권'이 그 대안이 될 수 있다.

1. 물가에 따라 원금과 이자가 변동되는 물가연동채권

물가연동채권이란, 투자한 금액에 물가상승률을 반영하여 이에 대한 이자를 지급하는 채권을 말한다. 물가에 연동이 되어 있기 때문에, 채권에 투자한 원금과 이자는 물가에 따라 변하게 된다. 보통 6개월마다 이자가 지급되고, 정부에서 발행한 국채이므로 물가연동국채(TIPS, Treasury Inflation Protected Securities)라고도 불린다.

물가연동채권이 일반 채권과 다른 점은, 위의 영어 약어에서 볼 수 있듯 'Inflation Protected' 즉, 물가 상승을 방어해준다는 점이다. 일반적으로 채권가격은 금리 상승 시에 하락하는 구조를 가지고 있다. 물가연동채권도 채권이기 때문에 금리 상승 시 그 가격이 하락하지만, 물가의 변동분을 반영하여 원금을 재계산, 이에 따라 이자를 지급하도록 설계되어 있다. 따라서, 채권 가격이 하락하더라도 물가 상승에 따른 원금과 이자의 증가로 헤지(Hedge)가 가능하다. 쉽게 설명하면, 금리가 올라서 채권 가격이 빠지더라도 그만큼의 물가 상승에 따른 원금과 이자 증가분으로 상쇄된다는 점이다. 따라서 물가연동채권을 가장 투자하기 좋은 시기는 금리는 안정적인데 물가가 상승할 때이다.

2. 물가연동채권의 투자지표, BEI

일반 투자자가 물가연동채권에 투자하기 위한 시점을 잡기란 쉽지 않다. 물가지표를 매일 추적할 수도 없고, 현재 시기가 좋은 시점인지 아닌지 판단하기도 어렵다. 그럴 땐 BEI 지표를 참고하는 것도 좋은 방법이다.

BEI란 Break Even Inflation Rate의 약자로, 기대물가상승률을 말한다.

    기대물가상승률이란, 말 그대로 앞으로의 물가가 얼마나 상승할지 기대되는가를 의미하는 것으로 일반국채와 물가연동채권의 금리 차이를 말한다. 예를 들어, 일반국채금리가 5%이고 물가연동채권이 3%라 가정하면, BEI는 2%가 된다. 물가연동채권금리 3%가 BEI인 2%보다 높으므로 물가연동채권에 투자하기에 매력적이라 판단되는 것이다. 좀 더 쉽게 말하면, 물가연동채권이 BEI보다 높을 때 투자하면 좋다는 것이다.

> 기대물가상승률(BEI) = 10y 국채수익률 − 10y 물가연동채권수익률
> BEI 〈 물가연동채권수익률 → 물가연동채권 저평가(매력적)

3. 물가연동채권의 장점 : 절세혜택

    물가연동채권의 장점은 위에서 언급한 것처럼 국가가 원금을 보장해주고, '인플레이션 헤지' 기능이 있어 물가가 상승하는 시기에 투자하기 좋다는 점도 있지만 가장 큰 장점은 역시 절세혜택일 것이다.

    물가연동채권은 이자수익에 대해서만 과세되고, 원금의 변동분에 대해서는 비과세 대상이다. 따라서 원금 상승분은 전액 비과세 되는 장점이 있다. 또한, 이자수익은 분리과세로 신청이 가능하므로 고액자산가들에게 좋은 투자 대안이 될 수 있다. 단, 2014년 말 세법 개정으로 인해 2015년 1월 전에 발행된 물가연동채권만 비과세 적용이 되므로 이를 유

의해야 한다. 물가연동채권은 만기가 10년인 장기채권이기 때문에 '18년 5월 기준 2010년 발행분부터 2013년도에 발행한 채권까지 다양하게 시장에서 매수가 가능하다.

물가연동채권에도 위험요인이 있다. 기본적으로 만기 10년인 장기채권이기 때문에, 중도에 매도 시에는 금리에 따라 원금손실이 발생할 수 있다. 따라서 물가연동채권에 투자한다면, 만기까지 보유하려는 생각으로 투자하는 것이 좋다.

주가가 출렁일 때 투자하면 좋은 상품, ELS / DLS

주식 투자는 큰 수익을 가져다줄 수도 있지만, 반대로 큰 손실을 가져다 수도 있다. 그만큼 큰 변동성을 감당해야 하는데, 이것을 이겨내기란 쉬운 것이 아니다. 그도 그럴 것이, 주식 투자를 하면 아무래도 내가 투자한 돈이 실시간으로 변하기 때문에 때로는 생업에도 큰 영향을 미칠 수밖에 없는 것이다.

그렇다면, 이런 주식의 변동성을 줄이면서 일정 수준의 수익을 달성할 수 있는 금융상품은 없을까? 수익성과 안정성, 이 어려운 두 마리 토끼를 한 번에 잡기는 쉽지 않다. 하지만 일정 조건 하에서는 특정상품으로 두 마리 토끼를 잡는 것이 가능하다. 그 상품이 바로 ELS/DLS 상품이다.

| 기초자산
(주식, 지수, 채권 등) | **안정성** 기초자산인 주식과 채권에 투자한 평가손익에 이자를 합하여 일정 수준의 보장 원금을 확보하여 안정성을 추구한다. |
|---|---|//

+

파생상품 (옵션, 스왑, 선물 등)	**수익성** 파생상품의 경우 기초자산의 변동에 따라 수익이 발생하며 이를 통해 정기예금 대비 2~3배의 시대 수익을 추구한다.

(출처 : 네이버)

1. ELS와 DLS는 어디에 투자되느냐(기초자산)에 따라 다르다.

ELS와 DLS는 각각 그 약자가 'Equity Linked Securities', 'Derivative Linked Securities'로 직역하면 ELS는 '주가연계증권', DLS는 '파생결합증권'이 된다. 즉, ELS와 DLS는 각각 어느 자산에 '연계'되어 있느냐에 따라 종류가 구분된다. 나뉜다. 기본적인 상품 구성은 동일하다. 상품별로 사전에 정해진 조건에 따라, 주가 또는 파생상품 가격의 변동으로 초과수익을 거두거나 하락 시에는 원금 보장 또는 제한적인 투자손실만을 감당하여 그 위험을 줄일 수 있는 것이 특징이다.

2. 주가지수에 투자하는 ELS, 파생상품에 투자하는 DLS

ELS는 주가를 기초자산으로 하는 상품으로, 크게 지수 자체에 투자하는 경우와 개별 주식으로 투자하는 경우로 나뉜다. 예를 들면, 우리나라 KOSPI나 미국의 S&P500에 투자하는 ELS를 '지수 ELS', 삼성전자나 현대차에 투자하는 ELS를 '개별주식 ELS'라 한다. 투자하는 기초자산은 증권사별로 다양하게 구성되어 있으므로, 각 증권사 홈페이지 또는 ELS 비교사이트를 통해 확인할 수 있다.

　DLS는 ELS와 달리 '파생상품'이 기초자산인 상품이다. DLS는 가치가 책정될 수 있는 자산이라면 무엇이든 기초자산으로 설정이 가능하다. 금, 유가 등이 대표적인 상품이다. 단, 해당 기초자산들은 주가지수에 비해 그 변동성이 크므로 투자 시 유의할 필요가 있다.

3. 주가지수에 투자하는 ELS, 파생상품에 투자하는 DLS

　ELS와 DLS는 그 수익구조가 일반 상품과는 좀 특이하고 복잡한 구조를 지니고 있다. 각 상품별로 '상환조건'이 정해져 있는데, 해당 상환조건을 달성해야 수익을 지급하도록 설계되어 있다(상품 구조에 따라 Knock-Out, Step-Down형 등으로 나뉜다).

　ELS와 DLS 가입 시 고려해야 할 것은 상환조건만이 아닌데, 이를 정리하면 아래 표와 같다.

구분	주요 내용
기초자산	투자되는 자산을 의미한다. ELS의 경우 주가(지수 또는 종목), DLE의 경우 파생상품(금, 유가 등)이 이에 해당한다.
만기(조기상환주기)	일반적으로 1년, 3년 만기 등으로 나뉜다. 단, 조기상환주기가 매 3, 6개월 등으로 나뉘어 있어 조기상환조건을 충족하게 되면 그 즉시 계약은 종료되고 수익이 지급된다. 만약, 그렇지 않다면 다음 조기상환주기를 기다리게 된다. (만기까지 보유 시 만기수익률 지급) ex) 3년 만기 연 8% 이자 지급 ELS의 경우, 6개월 만에 조기상환을 충족할 경우 6개월 이자 4%를 원금과 함께 지급하고 계약 종료

상환조건	3년 만기(조기상환기간 6개월)의 ELS/DLS인 경우, 6개월마다 조기상환기회를 부여하게 된다. 상환조건은 각 상품별로 다르며, 가입 시 기준금액 대비 가격을 비교해 정하게 된다. 예를 들어, 가입 기준 가격이 1000원인 ELS/DLS의 조기상환조건이 '95-90-85-80-75-60'을 가질 경우, 첫 6개월은 95%(950원), 그다음 6개월은 90%(900원) 순으로 가입 가격 대비 해당 조건가격 위에만 있게 되면, 조기상환조건이 충족되며 이자를 지급하게 된다. 일반적으로 시간이 지날수록 조기상환 될 확률이 높아지며, 이자율 또한 상승한다.
조건충족 수익률	상환조건이 충족될 때 지급되는 수익률을 말한다. 연 6%의 상품일 경우, 만기 시까지 보유해 상환조건을 충족하면 이자는 18%가 된다. 반대로, 6개월 만에 조기상환조건을 충족하여 상환이 되면 3%의 이자를 지급한다.

4. 월 지급식 ELS/DLS

ELS/DLS가 노후대비를 위한 좋은 상품인 이유 중의 하나는, 추후 받을 수익에 대해 매월 지급이 가능하다는 점이다. 월 지급식 ELS/DLS 상품이 많은 인기를 끄는 것도 이 이유 중의 하나일 것이다. 월 지급식 ELS/DLS 상품은 가입 기간의 상품수익률에 따라 매월 일정 금액을 지급해 주는 방식인데 수익이 나면 관계없지만, 만기 시 손실이 나면 기존에 받은 월 지급금액까지 계산되어 차감되는 경우가 있으므로 이를 유의해야 한다.

ELS와 DLS 상품은 다른 금융상품과는 매우 복잡한 구조를 지니고 있어서 반드시 가입 전 충분한 상담을 통해 상품 내용을 숙지하는 것을 추천한다. 만기도 3년 가까이 되며 원금 손실의 가능성도 충분히 있으므로 이를 반드시 따져보기 바란다.

※ 투자자 숙려제도

투자자가 투자상품의 구조와 위험 등을 충분히 숙지하고 투자 결정을 할 수 있도록 청약 이후 숙려기간(2영업일 이상)을 부여하는 제도를 말한다. '17년 4월부터 시행됐으며, ELS의 경우 투자자 숙려제도 상품에 포함이 된다. 숙려제도 대상은 만 70세 이상 고령투자자, 투자성향 부적합투자자 등을 말한다.

TIPS

ELS / ELD / ELF, 이게 다 무슨 소리야?

ELS와 DLS는 안정성과 수익성을 적절히 섞은 상품으로 노후를 대비하기에 적절한 상품이라 할 수 있다. 그러나 상품에 대해 알아보면 ELS, DLS 말고도 ELS/ELS/ELF 등 아주 비슷하지만 다른 상품들을 보게 되는 경우가 있다. ELS와 ELF, 그리고 ELD는 발행 주체와 투자형태 등에 따라 그 구성이 다르다. 해당 상품 가입을 망설이고 있다면, 아래 표를 통해 각 상품별 특징을 먼저 비교해보기 바란다.

ELS/ELF/ELD 상품 비교

	ELS (Securities)	ELF (Fund)	ELD (Deposit)
발행 주체	증권사	자산운용사/투신사	은행
투자형태	파생결합증권	집합투자증권	정기예금
원금보장	X	X	O
예금자 보호	X	X	O
과세	배당소득세	소득원천에 따라 배당소득세 또는 이자소득세	이자소득세
판매기관	증권사, 은행	증권사, 은행, 보험사, 운용사	은행

(출처 : 한국투자증권)

하루만 맡겨도 이자가 나오는
CMA / MMF / MMDA

○○전자에서 근무하는 A 고객은 1월, 작년에 대한 성과로 약 2,000만 원 정도의 성과급을 받았다. 늦어도 6월에는 전세자금대출을 갚아야 하는데, 약 5개월간 단기간 목돈을 굴릴 방법이 없을지 궁금해한다.

누구나 한 번쯤은 단기적으로 사용해야 하는 목돈이 생겼을 때 그 자금을 어떻게 운용해야 할지 고민해 본 적이 있을 것이다. 조금이라도 이자는 받고 싶지만, 정기예금이나 금융상품에는 가입할 정도의 기간은 되지 않고, 금리가 거의 없는 단기예금에 예치하자니 아쉬운 것이다. 목돈을 가진 사람이라면 당연히 조금이라도 이자를 더 받고 싶을 것이다.

성공적인 노후대비를 위해서는 장기적인 자금 운용이 중요하지만, 단기적으로도 안전하게 수익을 내는 방법을 알아두는 것도 중요하다. 이런 상황에서 우리가 고려해 볼 수 있는 금융상품은 CMA, MMF, MMDA를 들 수 있다.

이 세 가지 상품의 공통점은 바로 수시입출금이 가능하면서 일정 수준의 이자를 받을 수 있다는 것이다.

CMA, MMF, MMDA

구분	CMA	MMF	MMDA
상품명	종합자산관리계좌	머니마켓펀드	수시입출식예금
판매기관	증권회사 (종금사)	은행, 증권회사	은행
확정금리제공	O	X	O
세금	이자소득세	배당소득세	이자소득세
예금자 보호 여부	X (종금형CMA는 보호대상)	X	O

1. 하루만 맡겨도 이자가 나오는 CMA

CMA란 'Cash Management Account'의 약자로 '현금관리계좌'를 말한다. '종합자산관리계좌'라고도 불린다. CMA는 '하루만 맡겨도 이자를 지급한다'라는 장점 때문에 증권회사를 거래하는 고객들에게 인기가 높다. 마땅한 투자처가 없을 때 CMA에 잠깐 예치해도 이자가 붙기 때문이다. 2018년 2월 기준 CMA 평균 금리는 약 연 1.50% 수준이다.

일반적인 정기예금의 경우 특정 기간을 채워야만 이자를 지급하는 데 반해 CMA는 매일 매일 이자가 지급된다. 따라서 고객은 CMA 계좌에 목돈을 넣어두면, 매일 계좌를 조회할 때마다 이자가 붙는 것을 조회할 수 있다. 투자자 입장에서는 이자가 붙는 재미가 생긴다.

또 하나의 장점은 수시입출금이 가능하다. 이자가 붙은 부분도 언제든지 출금할 수 있고 기간에 상관없이 언제든지 추가 금액 입금이 가능하다. 또한, 공과금, 인터넷뱅킹 등 은행과 동일한 업무가 가능하며, 최근에는 증권사에서 CMA 계좌를 기반으로 체크/신용카드도 사용할 수 있어 그 효용이 커지고 있다. CMA에서 발생한 이자는 이자소득세(15.4%)로 과세한다.

한 가지 팁을 주자면, 최근 저금리 기조가 지속되며 CMA 금리 또한 1%대로 내려왔다. 하지만, 증권사별로 CMA 우대금리를 제공하는 이벤트를 정기적으로 진행하고 있으니 해당 상품에 가입하기 원한다며 이를 놓치지 않도록 하자. CMA는 모든 증권사에서 가입할 수 있다.

2. 운용실적에 따라 이익금을 받을 수 있는 MMF

MMF는 'Money Market Fund'란 약자에서도 알 수 있듯 펀드 상품이다. 자산운용사가 MMF에 투자할 고객들을 모아 펀드를 구성하여 1년 미만의 단기국공채, 양도성예금증서(CD), 기업어음(CP) 등에 투자한다. 여기서 나오는 수익을 배분하는 것이 MMF의 운용 방식이다.

여타 다른 펀드와 MMF가 다른 점은, 수시입출금이 가능하다는 것이다. 하루만 돈을 맡겨도 이자가 붙는 것은 CMA와 동일하다. 다만, MMF는 펀드이기 때문에 발생한 이익은 이자소득세가 아닌 배당소득세로 과세된다(15.4% 원천징수, 이자소득세와 동일). MMF는 은행과 증권사 모두 가입할 수 있다.

3. 예금자 보호되는 MMDA

은행에서만 판매되는 MMDA(Money Market Deposit Account)는 예금자보호가 되는 상품이다. 대신 MMF와 달리 확정금리를 제공하며, 금리는 예치하는 금액에 따라 차등 적용된다. 예치금액이 많을수록 더 많은 금리를 제공하는 방식이다. MMDA는 CMA와 마찬가지로 예치된 금액으로 공과금이나 신용카드, 자동이체 등의 업무가 가능하며, 발생한 이자는 이자소득세(15.4%)로 과세된다.

TIPS

CMA에도 여러 가지 상품이 있다면서요?

CMA는 상품에 따라 다시 4가지 유형으로 나뉜다. 큰 그림에서 보면 모두 동일한 CMA 상품이지만, 투자방식이나 예금자 보호 여부 등에 다소 차이가 있으므로 이를 비교하여 투자에 참고하기 바란다.

CMA 유형 비교

구분	RP형	종금형	MMF형	MMW형
투자방식	국공채, 우량회사채 등에 투자	수익증권, CP, CD 등에 투자	자산운용사가 단기국공채, CP, CD 등에 투자	증권사가 채권, CP, CD 등에 투자
예금자 보호 여부	X	O	X	X
특징	약정 기간에 따라 이자 차등 지급	예금자 보호	익일환매	Wrap 상품

부자들의 자산관리계좌, 랩 어카운트

펀드가 너무 많아서 어떤 펀드에 투자해야 할지 잘 모르겠습니다. 주식시장은 변동성이 너무 크고 잘 몰라서 투자하기가 꺼려집니다. 안전자산과 위험자산을 적절히 분배하라는데, 어떻게 투자하면 제 노후가 좀 더 보장될 수 있을까요?

노후대비를 앞둔 투자자라면 이런 고민은 한 번쯤 해봤을 것이다. 사실 수많은 금융상품 중에서 자신의 성향과 딱 맞는 상품을 고르기란 쉽지 않다. 바로 이런 경우에 랩 어카운트 서비스를 이용해보자.

랩 어카운트(Wrap Account)는 Wrap(포장)과 Account(계좌)의 합성어로 금융회사(금융투자업자)가 고객의 투자성향에 맞춰 포트폴리오 관리, 거래 집행 등을 제공하는 서비스를 말한다. 쉽게 말해 전문가가 알아서 주식·펀드·채권 등에 투자해주는 종합자산관리계좌인 것이다. 법률적으로는 투자일임업이라고도 하지만, 엄밀히 말하면 투자일임업과 랩 어카운트는 조금 차이가 있다.

자본시장법 6조 7항에 따르면, 투자일임업은 "투자자로부터 금융투자상품에 대한 투자판단의 전부 또는 일부를 일임받아 투자자별로 구분하여 그 투자자의 재산상태나 투자목적 등을 고려하여 금융투자상품 등을 취득·처분, 그 밖의 방법으로 운용하는 것"을 말한다. 즉 이러한 주식일임 업무에 추가로 주식중개 업무까지 결합한 것이 랩 어카운트가 된다. 이러한 특징 때문에 랩 어카운트 가입자는 증권회사의 투자일임업자를 통해 자산관리를 포함한 주식중개업무까지 'One-Stop 서비스'가 가능하다.

1. 랩 어카운트는 투자자에게 맞춤형 서비스를 제공한다

가입 초기 당시 랩 어카운트는 높은 가입 금액 때문에 부자들만의 전유물로 여겨졌다. 2013년만 해도 최소 5천만 원이 가입금액이었던 것에 반해, 지금은 최소 1,000만 원부터 가입 가능한 Wrap 상품들이 출시되고 있다. 실제 2017년에 출시한 KB증권의 'KB 에이블 일임형 종합자산관리' 계좌의 경우 최소가입금액을 1,000만 원으로 낮추면서 두 달 만에 잔고가 1,000억을 돌파하기도 했다.

랩 어카운트의 가장 큰 장점은 무엇보다 투자자 개인별 맞춤형 서비스가 제공된다는 점이다. 앞의 투자자 사례처럼, 생업에 종사하면서 일일이 모든 금융투자상품에 대해 시장 상황을 따져가며 투자하는 것은 매우 힘든 일이다. 전문가를 통해 상담을 받고, 본인의 투자성향에 맞게 맡겨 놓으면 투자자는 모바일과 유선 등으로 내 자산이 어떻게 운용되는지 확인만 하면 된다.

두 번째는 투자의 유연성을 확보할 수 있다. 일반적으로 펀드의 경우, 가입 후부터 해지하기까지 투자자의 의견이 반영되지 않는다. 사실상 해지 의견만 낼 수 있을 뿐이다. 하지만, 랩 어카운트는 그렇지 않다. 상품 가입부터 내 계좌의 상품 투자 비중 등 모든 것을 전문가와 상의하여 정할 수 있다. 그만큼 시장에 빠른 대응이 가능하다.

랩 어카운트의 종류

구분	내용
자문형 Wrap	투자자문사와 증권사가 투자 조언만 제공
일임형 Wrap	증권사가 실제 운용까지 진행 (본사운용랩, 지점운용랩 등)

2. 랩 어카운트의 수수료, 세금

Wrap Account는 엄연한 금융투자상품이다. 증권회사와 일임계약을 맺고, 이에 대한 수익과 손실 모두 투자자에게 귀속되므로 이에 대한 각별한 주의가 필요하다. 또한, 증권회사별로 상품 구성이 전부 다르고 수수료도 천차만별이다. 여기서 말하는 수수료란, Wrap Account를 관리를 목적으로 받는 서비스 수수료(Fee)를 의미한다. 평균적으로 1~2%의 수수료를 부과하는데, 이는 증권회사별로 다르므로 이에 대한 비교도 필요하다.

랩 어카운트의 세금은 어떠할까? 흔히 별도의 상품으로 착각하여 세금도 따로 적용받는다고 생각할 수 있겠지만, 그렇지 않다. 기본적인 금융상품과 동일한 세금이 적용된다. 예를 들어, 주식은 이자·배당소득세가 적용되고 채권은 매매 차익에 대해서는 비과세, 이자에 대해서는 15.4% 과세 된다. 별도의 세금이 정해져 있는 것이 아니고, 랩 어카운트 내 보유한 상품별로 해당 과세가 적용된다고 보면 된다.

금융투자협회에 따르면 일임형 랩 어카운트의 잔액은 2017년 10월 말 기준 약 109조 원으로 사상 최고치를 기록했다. 인기가 있는 상품은 반드시 이유가 있다. 노후대비를 망설이고 있는 투자자라면, 금융전문가가 개인별로 맞춤형 서비스를 제공하는 것은 매력적일 수밖에 없을 것이다. 가입 문턱까지 낮아진 랩 어카운트, 노후대비를 위한 좋은 대안이다.

최대 5백만 원까지 비과세 가능한
ISA(개인종합자산관리계좌)

우리나라의 금융상품 절세혜택이 있는 상품을 분석해 보면 주로 고액을 납입할 경우가 소액을 납입하는 경우보다 절세혜택이 상대적으로 많다는 것을 확인 할 수 있다. 상품을 판매하는 금융회사의 이익을 따진다면 당연한 일이겠지만, 이래서는 비과세 상품은 부자들만을 위한 상품이란 비판에서 벗어나기 힘든 것이 현실이다.

이런 부분에서 ISA(개인종합자산관리계좌, Individual Savings Account)는 서민을 위한 '비과세 통장'이라는 점에 의의가 있다. ISA는 2016년 근로자와 자영업자, 농어민의 재산형성을 위해 도입됐다.

ISA의 가장 큰 강점은 하나의 통장에서 우리나라에 존재하는 대부분의 금융상품을 넣을 수 있다는 것이다. 개인연금과 IRP는 주로 펀드로만 운용할 수 있지만, ISA의 경우 예·적금은 물론 주식, 펀드, ELS 같은 파생상품까지도 투자할 수 있다. 운용 유형은 가입자가 직접 상품을 선택하여 운용하는 신탁형과 전문가가 운용을 맡기는 일임형으로 구분된다. 수수료는 일임형이 신탁형보다 더 비싸다.

ISA는 2016년 정부에서 '만능통장'이라는 이름으로 야심 차게 내놓았지만, 시장에서는 큰 반응을 이끌지 못했다. 상품 수익률이 높지 못했던 것도 문제였지만, 가입 대상자별 까다로운 가입 절차 그리고 금융회사 간 과다 경쟁으로 인한 실제 가입 목적이 아닌 허수계좌 개설 등이 주요 문제였다고 할 수 있다.

정부에서는 이러한 논의를 수용, 2017년 12월 세법 개정안이 국회에서 통과되어 '신ISA'가 출시되었다. 먼저 비과세혜택을 200만 원에서 400만 원까지 늘리고 중도인출도 가능토록 했다. 신ISA는 2018년 12월 31일까지만 가입이 가능하다. 시중에 있는 금융상품 중에 400만 원까지 비과세 혜택을 주는 상품은 찾기 힘들다. 노후대비를 위한 목돈 쌓기에 좋은 상품이다. 소득이 있는 누구라도 신ISA 가입이 가능하니 이에 관심을 가져보도록 하자.

항목	주요 내용
가입자격	소득이 있는 사람 누구나 단, 직전년도 금융소득종합과세 대상자는 제외
일임형 Wrap	5년 단, 총급여 5,000만 원 이하 또는 청년(15~29세)은 3년
중도인출가능여부	가능 단, 납입원금 내 인출 시에만 세금추징 없음

비과세 혜택	ISA 계좌 내 금융소득에 대해 최대 400만 원 까지 비과세 (일반형 : 200만 원, 서민형 : 400만 원) * 비과세한도 초과되는 수익은 9.9% 분리과세 * 서민형 : 총급여 5,000만 원 이하 근로자, 종합소득 3,500만 원 이하 사업자

금(金)도 주식처럼 거래가 가능하다고?

흔히 우리는 금은방에 가서 금을 사곤 한다. 단순 투자 목적이라기보다는 주로 돌잔치 등 경조사에 필요할 때 구입한다. 사실 많은 사람들이 금 투자에 관심은 있지만, 실제로 투자를 하는 사람은 많지 않다.

금 투자를 실행하지 못하는 가장 큰 이유 중 하나는 금을 투자할 때 따르는 가장 큰 리스크인 보관의 어려움이다. 즉 금을 투자하기 위해 구입해도, 어디 둘 곳이 마땅치 않은 것이다. 그럼에도 불구하고, 계속해서 금에 대한 수요가 멈추지 않는 이유는 안전자산으로의 대표성을 지니기 때문이다.

전쟁, 경제공황 등 세계 경제가 불안하다는 언론 보도가 나오기 시작하면, 여지없이 금값은 오르기 시작한다. 화폐가치의 기준으로 삼는 환율의 변동성은 커지지만, 금은 오히려 가격의 변동이 상대적으로 적다.

이는 공급과도 관련이 있는데, 화폐는 국가의 필요에 따라 그 공급량이 조절 가능하지만, 금은 누가 원한다고 마음대로 찍어낼 수 있는 것이 아니기 때문이다. 따라서 금은 앞으로도 계속해서 안전자산의 대안으로 유지될 가능성이 높다.

보관의 어려움은 있지만, 금에 대한 투자의 니즈가 있는 투자자들을 위해 한국거래소에서는 금을 실물단위로 주식매매처럼 거래할 수 있는 제도를 마련해 두었다.

2014년 3월부터 시작된 금 거래시장은 주식처럼 매매도 가능하고 주식과 동일하게 매매로 인해 발생하는 소득에 대해 전액 비과세 혜택을 부여하는 것이 가장 큰 특징이다. 또한, 보관에 따른 비용이나 분실의 위험이 전혀 없으며, 필요 시 1kg 단위로 금 실물출고도 가능하다. 단, 실물출고 시에는 10%의 부가가치세가 부과되는 점을 알아두자

먼저, 금 거래를 위해서는 가까운 증권사 영업점을 방문하여 '금 현물 전용계좌'를 개설해야 한다. 간단히 금 거래 약관 등의 거래설명서를 교부 받은 후 바로 HTS나 유선(지점, 고객센터)을 통해 거래 가능하다. 다만, 증권사별로 거래가 지원되는 채널이 상이할 수 있으므로 고객센터 등을 통해 반드시 확인 후 거래해야 함을 잊지 말자. 참고로 금 거래시장에서 거래되는 금은 순도 99.99%, 중량 1kg이 한 종목이다.

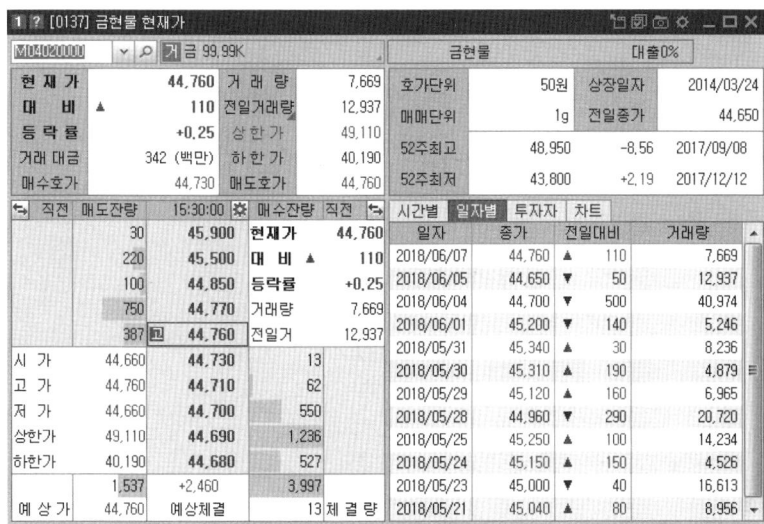

[미래에셋대우 금현물 현재가 화면]

상품개요

구분	내용
종목명	금 99.99K, 미니 금 100g
거래시간	시간단일가 : 09:00 ~ 10:00 접속매매 : 10:00 ~ 14:30 종가단일가 : 14:30 ~ 15:00
매매단위	1g
가격 호가단위	10원
세금	매매차익 비과세 실물출고 시 부가가치세 10% (Kg 단위)

(출처 : 미래에셋대우)

내 노후자산을 지키는
또 하나의 방법, 신탁

성공적인 노후대비를 위해서는 노후자산 준비가 선행되어야 한다. 하지만, 향후에 발생할 수 있는 혹시 모를 상황에 대비하여 노후자산을 지키는 방법 또한 매우 중요하다. 모아 놓은 재산 때문에 자녀 간의 분쟁이 발생하거나, 질병이나 사고로 인해 내 노후자산을 관리하지 못하게 되는 상황 등 만일의 사태에 대비하여 이런 일을 예방할 수 있는 안전장치를 만들어 놓을 필요가 있는 것이다. 이런 문제를 일정 부분 해결해 줄 수 있는 상품이 있다. 바로 신탁상품이다.

신탁(信託)의 한문을 풀어보면, 믿을 신(信)에 맡길, 부탁할 탁(託)의 의미가 있다. 말 그대로 금융회사에 자신의 재산을 맡기고, 이를 관리해달라는 의미다. 그리고 계약에 따라 향후 수익자에게 그 재산을 지급하도록 한다.

신탁은 기본적으로 3면 계약의 구조를 가진다.

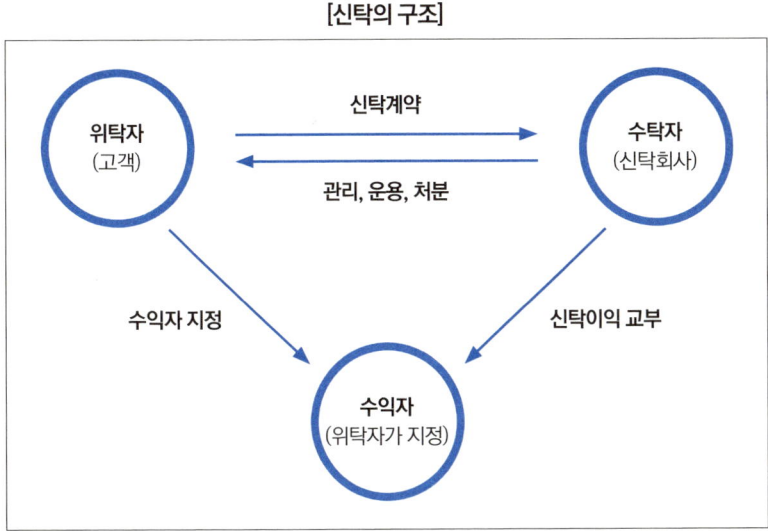

(출처 : 네이버)

먼저, 위탁자인 고객의 신탁재산을 수탁자인 금융회사에 맡기게 되고 이를 위해 계약을 맺는다. 이를 신탁계약이라 한다. 신탁계약에는 신탁재산의 관리뿐 아니라, 향후 신탁재산을 받게 될 수익자를 지정하게 되는데 위탁자가 이를 지정한다.

그렇다면, 굳이 금융회사에 계약을 맺어가며 신탁계약을 맺는 이유는 무엇일까? 이는 신탁의 고유 특성 때문이다.

신탁계약의 특징	
이중소유권	신탁재산의 소유권이 형식적으로는 수탁자, 실질적으로는 위탁자에게 있다.
독립성	신탁재산은 수탁자의 고유재산과는 구별되어 관리된다(수탁자의 상속재산 아님).
상계금지	신탁재산과 수탁자의 고유재산 간 채무는 서로 상계하지 못한다(분리된다.).
강제집행 금지	신탁재산에 대한 압류 등의 강제집행, 경매 등을 할 수 없다.
유한책임	신탁행위로 인해 수익자에게 부담하는 채무에 대해서는 신탁재산만 책임진다.

위의 특징을 보듯, 신탁계약은 위탁자의 재산으로 구분되며 해당 재산에 대한 압류 등의 강제집행을 할 수 없다. 또한, 수익자에게 부담하는 채무에 대해서도 한정적인 책임만을 지게 되어 있다. 이와 더불어 서두에 언급했던 것처럼 혹시 모를 상황에 대비키 위해 미리 신탁계약을 맺어 사전에 이를 방지하고자 하는 목적도 있다. 이처럼 신탁은 노후자산을 지키는 데 효율적인 상품이 될 수 있다.

이 인기를 증명하듯 은행에서는 신탁상품을 그 특징에 맞게 출시하고 있으며 이에 따른 수익도 만만치 않다. 금융감독원에 따르면 시중 6개 은행(KB, 우리, 신한, KEB하나, NH, 기업은행)의 3분기(2017년 1~9월) 신탁 운용업무 누적수익은 7,185억 원으로 2016년 연간수익 6,668억 원을 뛰어넘었다. 3개 분기 만에 연간수익을 넘은 것이다.

신탁의 종류와
이해하기

신탁의 가장 큰 장점 중 하나는, 고객에 필요에 맞춰 다양한 상품으로 신탁상품을 구성할 수 있다는 점이다. 이는 여러 명의 투자자를 모아 재산을 운용하는 펀드의 개념과는 달리, 고객 1명에 대한 개별운용이 이뤄지기 때문이다. 오직 위탁자(고객) 맞춤형 상품이라 할 수 있다. 재산의 범위는 현금, 부동산, 증권, 지적 재산권(지식 재산권) 등 거의 모든 재산에 있어 신탁계약을 맺을 수 있다. 그렇다면, 대표적인 신탁의 종류는 어떠한 것이 있을까?

신탁은 크게 신탁을 받는 재산의 종류에 따라 금전신탁, 재산신탁, 상속신탁, 종합재산신탁으로 네 가지로 나뉜다.

먼저, 금전신탁은 말 그대로 금전(증권, 대출, 어음 등)을 맡겨 운용 후 수익자에게 금전으로 지급한다. 운용방법을 지정하느냐의 여부에 따라 특정금전신탁과 불특정금전신탁으로 나뉜다.

둘째, 재산신탁이다. 재산신탁은 동산, 부동산, 주식, 채권 등의 재산을 맡기는 것을 말하며 그 종류에 따라 부동산신탁, 증권신탁, 금전채권신탁 등이 있다.

셋째는 상속신탁이다. 상속신탁에는 사망 이후에 미리 계약한 대로 자산을 상속받는 유언대용신탁과 다수의 수익자를 사전에 정해진 순서대로 정해진 조건에 따라 상속받는 수익자 연속신탁이 있다. 최근 이 상속신탁에 대한 관심이 높은데, 이는 자신의 노후를 철저히 준비하려는 사람들이 증가하면서, 혹시 모를 가족 간의 분쟁을 미리 막기 위함이 반영된 것으로 보인다. 또한, 유언 등을 남기기 위해 그 절차가 복잡한 것에 비해 신탁계약을 통해 유언과 동일한 효과를 볼 수 있다는 장점이 있다.

넷째는 종합재산신탁이다. 이는 한 개의 신탁계약으로 위의 재산들을 묶어서 종합적으로 관리해주는 신탁상품이다. 특정 재산에 한정되지 않고 여러 재산권들을 묶을 수 있어 편리할 뿐 아니라, 고객의 요구에 맞춰 신탁상품 조합이 가능하여 종합금융서비스가 가능하다.

신탁은 노후를 준비하면서 혹시 모를 상황에 대비할 수 있을 뿐 아니라 자녀들을 위한 재산을 계약에 따라 사전에 정해진 대로 지급할 수 있는 장점이 있다. 또한, 금융기관에 맡겨 내 재산을 관리해 주는 서비스까지 받을 수 있다. 이처럼 성공적인 노후대비를 위해 신탁상품도 꼭 알아두어야 할 필요성이 있다.

TIPS

반려동물을 위한 펫신탁, 치매를 대비하는 '치매안심신탁'

최근 신탁에 대한 관심이 급증하면서, 금융기관에서는 다양한 신탁상품을 출시하고 있다. 이 중 이색적인 신탁상품이 있어 소개하고자 한다.

국민은행은 '펫신탁'을 출시했다. 반려동물을 기르는 고객(위탁자)이 금융기관에 미리 반려동물을 위한 자금을 맡기고, 본인이 사망한 후 반려동물을 돌봐줄 새로운 주인(수탁자)에게 그 자금을 지급하는 구조다. 반려동물을 위한 양육비뿐 아니라 의료비를 위한 일부 중도인출 기능까지 넣어 자금을 보다 탄력적으로 운용하는 구조를 만들었다.

KEB하나은행의 '치매안심신탁'도 특이하다. 고령화가 가속화되면서 치매 인구가 증가하자 나온 상품이다. 가입자인 고객이 본인의 치매를 대비하기 위함이 목적이다. 치매가 오기 전이나 초기에 가입자(위탁자)는 미리 자신의 자산관리와 상속설계를 준비할 수 있다. 추후 병원에 입원하게 되면, 이를 금융기관에서 계속 관리해주는 장점이 있다.

주식 투자에도
세금이 있다고?

일반적으로 증권시장이 활황을 보이면 개인투자자의 주식투자가 증가한다. 잘만 투자하면 큰 시세차익을 기대할 수 있으며, 시세차익에 대해 세금도 부과되지 않기 때문이다. 소위 말하는 'High Risk, High Return', 즉 고위험/고수익의 대표적인 상품이라 볼 수 있다. 주식 투자는 위험하다고 생각하는 '주식기피족'들이 있는 반면에, 저금리가 지속되는 상황에서 투자할 건 주식과 부동산밖에 없다고 하는 '주식예찬론자'들까지 다양하게 분포된 것이 주식이 아닐까 싶다.

　주식은 흔히 대표적 비과세 상품이라고 하지만, 아예 세금이 없는 것은 아니다. 이것은 과세의 종류가 조금 다르기 때문인데, 주식 거래 시 납부해야 할 세금은 딱 두 가지만 기억하면 된다. 배당소득세와 증권거래세가 바로 그것이다.

■ 주식 투자 시 발생하는 세금 : 배당소득세, 증권거래세

먼저, '배당소득세'는 투자하고 있는 회사에서 배당이 발생했을 때 납부해야 하는 세금을 말한다. 보통 상장기업들은 6개월(반기) 또는 1년(온기) 단위로 배당을 실시하는데, 각 배당기준일까지 주식을 보유하고 있으면 자동으로 배당 대상이 된다. 또한, 배당소득세는 원천징수되기 때문에 배당금이 입금되면 투자자가 입금내역을 확인하여 배당소득세가 얼마나 발생했는지 알 수 있다.

'증권거래세'는 거래 시에 발생하는 세금으로, 코스피(KOSPI)의 경우 거래대금의 0.15%, 코스닥(KOSDAQ)은 0.3%를 부과한다. 코스피(KOSPI) 시장에서는 농어촌특별세가 0.15% 가산되므로 사실상 내는 세금은 0.3%로 동일하다. 특이한 점은, 증권거래세는 매수할 때는 발생하지 않고, 주식을 매도할 대만 세금이 원천징수된다. 즉, 특정 종목을 매도할 때만 0.3%가 원천징수 된다. 해당 증권거래세는 나라마다 다르므로, 해외 주식에 투자할 경우 그 나라의 증권거래세는 미리 알고 투자하는 것도 투자전략이 한 부분이다.

최근, 정부의 코스닥 활성화 방안으로 나온 정책 중에 하나로 '증권거래세 인하'가 언급되고 있다. 주변 국가인 중국의 경우 0.1%이고, 싱가포르 0.2%, 대만 0.1% 등 우리나라보다 낮은 증권거래세를 부과하고 있는 국가들이 많다. 또한, 미국과 일본의 경우에는 주식 투자로 손해를 본 종목에는 세금을 걷지 않고, 이익이 난 종목에 대해서만 양도세를 부과하는 '선진국 방식'도 있음을 알아두자.

036

소득공제와 세액공제, 도대체 어떤 차이가 있나?

근로자라면 '소득공제', '세액공제'에 대한 말을 많이 들어보았을 것이다. 하지만 대부분의 사람이 소득공제와 세액공제의 정확한 의미에 대해서 잘 알지 못하고 이를 혼란스러워할 때가 굉장히 많다. 요즘은 연말정산 시 국세청 홈택스(Home Tax)를 통해 몇 번의 클릭만으로 편하게 신청이 가능해졌다. 그러나 내가 받을 수 있는 세액·소득공제 혜택이 무엇인지 잘 알아두면 미리 준비할 수 있고 대응할 수 있다.

■ **소득공제 : 과세표준, 세액공제 : 산출세액**

세금을 내는 모든 사람에게는 '과세표준'이 정해져 있다. 과세표준이란, 세액계산의 기초가 되는 금액으로 해당 과세표준에 세율을 곱하면 내가 납부해야 할 산출세액이 나온다. 즉, 『과세표준 X 세율 = 산출세액』인 것이다. 그러므로 내가 납부해야 할 세금을 줄이기 위해서는 2가지 방법이 필요하다. 위에 언급한 것처럼, 과세표준을 줄이거나 산출세액을 줄이면 된다. 여기서 바로 소득공제와 세액공제의 차이를 알 수 있다. 간단히 말하면 소득공제는 과세표준을 줄여주고, 세액공제는 산출세액을 줄여준다.

먼저, 소득공제는 과세의 대상이 되는 소득 중에서 일정 금액을 공제하는 것이다. 즉, 내 세금을 매기기 전에 일정 금액을 빼주는 것이 바로 소득공제이다. 따라서 과세표준은 줄어들게 된다. 즉. 대표적인 소득공제로는 인적공제, 연금보험료공제, 주택청약종합저축공제 등이 있다. 소득공제는 과세표준 자체가 줄어드는 효과가 있기 때문에, 높은 세율을 적용받는 고소득자에게 유리하다. 아시다시피 과세표준은 고소득자가 더 많이 납부해야 하는 기준을 가지고 있으므로 소득공제는 고소득자에게 더 유리한 측면이 있다.

2018년 과세표준

과세표준	세율 (지방소득세 10% 포함)
1,200만 원 이하	6.6%
1,200만 원 ~ 4,600만 원	16.5%
4,600만 원 ~ 8,800만 원	26.4%
8,800만 원 ~ 1억 5천만 원	38.5%
1억 5천만 원 ~ 3억 원	41.8%

3억 원 ~ 5억 원	44%
5억 원 초과	46.2%

　세액공제는 이미 세금산출을 다 끝낸 상태에서 산출된 세액을 공제해주는 것으로, 세금 자체를 줄여주는 효과가 있다. 즉, 세액공제액만큼 납부할 세액이 줄어들게 된다. 단, 과세표준이 변하지는 않기 때문에 과세표준이 작아 낮은 세율을 적용받는 사람들에게 더 유리한 측면이 있다. 대표적인 세액공제 항목으로는 자녀공제, 연금저축계좌공제, 의료비공제, 기부금공제 등이 있다.

종합소득과 금융소득 종합과세, 무슨 차이가 있을까?

개인사업자든 근로자든 우리가 버는 돈에는 항상 귀신같이 따라다니는 게 있다. 바로 '세금'이다. 오죽하면 미국의 정치가이자 저술가인 벤저민 프랭클린은 '죽음과 세금 빼고는 이 세상에 확실한 건 없다'라는 명언까지 남겼을 정도다.

많은 세금 중 우리에게 가장 밀접하고, 노후대비를 위해 중요한 세금에 대해 알아보도록 하자.

1. 소득이 발생하는 모든 것에 과세를 매기는 종합소득세

종합소득세는 개인이 발생한 모든 소득을 종합하여 공제 및 누진세율을 적용한 세금을 말한다. 즉, 내가 벌어들인 모든 소득의 집합이라고 보면 된다. 종합소득에는 총 6가지가 있는데, 이자·배당·사업·근로·연금·기타소득 금액이 있다.

종합소득의 종류

구분	내용
이자소득	예·적금 등 금융상품의 이자. 이자 수령액 전액을 소득으로 본다
배당소득	주식 배당 등. 배당금 수령액 전액을 소득으로 본다
사업소득	총수입 - 필요경비(장부상)
근로소득	총급여(연봉) - 근로소득공제
연금소득	총연금 - 연금소득공제
기타소득	기타소득 수입액 - 필요경비

위의 표와 같이 이자와 배당소득은 전액을 소득으로 간주하며 사업·근로·연금·기타소득은 그 항목에 따라 필요경비를 인정해준다. 특히, 연금소득의 경우에는 노후대비를 그 목적으로 하고 있어서 혜택으로 일부 금액을 경비로 인정, 연금소득공제를 받을 수 있다. 근로소득도 근로소득공제를 통해 일부 소득에 대해 필요경비를 인정하고 있다. 예외적으로, 퇴직소득세 양도소득세는 종합소득에 포함되지 않는다(소득세법 제4조 1항).

위의 모든 소득을 합한 후 공제 등의 필요경비를 제하면 종합소득금액이 되는데, 추가로 공제되는 항목이 더 있다. 바로 종합소득공제라는 항목인데, 해당 소득으로 가정의 생계를 유지한다는 명목으로 인적공제, 연금보험료공제 등의 추가 공제를 받을 수 있다.

일반적으로 근로소득자는 매년 2월 연말정산, 자영업자는 5월 종합소득세 신고를 통해 종합소득세를 납부하게 된다.

2. 2천만 원이 넘으면 부과된 금융소득 종합과세

종합과세는 모든 소득이 있는 사람에게 적용되지만, 금융소득 종합과세는 특정 기준에 해당하는 사람에게만 적용되는 점에서 다르다. 이는 금융소득이 많은 사람들에게 과세를 하여 부의 재분배를 이루고자 하는 목적에서 출발한다.

먼저 여기서 말하는 금융소득이란 이자와 배당소득을 의미한다. 기존에는 부부합산 연 4,000만 원이 넘는 경우 종합과세를 했으나, 2002년 개인별 과세를 변경되었고 2013년에는 개인별 금융소득 기준금액도 4,000만 원에서 2,000만 원으로 하향 조정되었다. 정부 입장에서는 과세를 하는 대상이 더 늘어나 세수를 늘릴 수 있게 되었다.

그렇다면, 금융소득 종합과세는 어떻게 계산이 될까?

▶ 연 2천만 원 금융소득 × 14% + (2천만 원 초과 금융소득 + 타 소득의 과세표준) × 종합소득세율(6%~42%)

2018년 종합소득세율

과세표준	세율	누진공제액
1,200만 원 이하	6%	-
1,200만 원 ~ 4,600만 원	15%	1,080,000원
4,600만 원 ~ 8,800만 원	24%	5,220,000원
8,800만 원 ~ 1.5억 원	35%	14,900,000원
1.5억 원 ~ 3억 원	38%	19,400,000원
3억 원 ~ 5억 원	40%	25,400,000원
5억 원 초과	42%	35,400,000원

예를 들어보자. A라는 사람의 총 금융소득은 8천만 원이고, 사업소득의 과세표준은 1억 원이다. A의 금융소득 종합과세 금액은 얼마가 될까?

▶ 2천만 원(금융소득) × 14% + [(금융소득초과분) 6천만 원 + (타 금융소득) 1억 원] × 38% − (누진공제) 1,940만 원 = 4,420만 원
∴ A의 종합소득세 = 4,420만 원

위의 계산에 따라, A 고객은 해당 소득에 대한 신고를 5월에 완료하여 세금을 납부하면 된다. 근로자와 자영업자와 관계없이, 모든 금융소득 초과분에 대한 신고는 5월에 한다.

연말정산,
준비는 11월부터 대비하라!

직장인들이라면 1년 중 본인의 업무 외적인 일로 가장 바빠지는 순간이 '연말정산'을 위한 준비가 아닌가 싶다. 연말정산 준비를 할 때마다 이것저것 챙겨야 할 것도 많고, 대체 어디서부터 손대야 할지 모르는 직장인들이 많다. 다행히 최근 정부에서도 이러한 직장인들의 애환을 이해했는지 여러 다양한 의견을 반영하여 연말정산을 위한 편의 서비스가 많이 제공되고 있다.

이 중에서 꼭 챙겨야 할 것들은 무엇인지 알아보도록 하자.

1. 국세청에서 제공하는 '연말정산 미리 보기 서비스'를 반드시 사용하자.

보통 연말정산은 12월 말에 진행하여, 이에 대한 결과를 차년도에 알수 있게 되어 있다. 하지만, 국세청에서 11월부터 올해 소득에 대한 '13월의 보너스'를 얼마나 받을 수 있을지 미리 계산해 볼 수 있도록 서비스를 제공하고 있다. 단, 기간상 9월까지의 공제 정보만을 제공하므로 10월~12월까지의 공제 항목은 본인이 예상액을 입력해야 한다.

[국세청 홈택스, 회원 연말정산 미리보기]

국세청 회원은 홈택스에서 공인인증서 로그인 후 연말정산간소화(연말정산 미리보기) 메뉴를 통해 이용할 수 있으며, 메인 화면의 바로가기 아이콘을 통해서도 서비스를 이용할 수 있다. 또한, 최근에는 국세청에서 모바일로도 연말정산 서비스를 제공하기 시작했다. 모바일 '홈택스'를 설치하여 본인의 공인인증서로 로그인을 하면 연말정산 공제요건, 한도, 신고내역 등을 확인해 볼 수 있다. 하지만, 가장 중요한 서비스인 예상 세액과 환급액 계산 등은 PC로만 가능하므로 이를 참고하도록 하자.

2. 세액공제 혜택을 볼 수 있는 상품들의 추가납입은 미리미리 챙겨두자.

주변에 많이 실수를 하는 것 중 하나가, 본인이 세액공제 상품에 가입되어 있음에도 불구하고 연말에 시기를 놓쳐 추가납입을 하지 못해 공제를 받지 못한 경우를 많이 접했다. 특히, 개인연금과 IRP의 경우 최대 700만 원까지 세액공제 혜택을 볼 수 있으므로, 연말이 지나기 전에 여윳돈이 있다면 소액이라도 해당 계좌에 납입하여 추가적인 공제 혜택을 반드시 받도록 하자. 연금은 근로소득자에게 재직 중에는 세액공제 혜택을, 퇴직 후에는 소중한 노후 자산임을 항상 기억하자.

(퇴직연금 DC에 가입되어 있다면 본인의 퇴직연금에 추가납입을 해도 세액공제 혜택을 받을 수 있다.)

이와는 별도로 연말정산 시 챙겨두면 좋은 몇 가지 팁을 소개하고자 한다. 많이 아는 내용들도 있겠지만, 아래 항목들을 미리 알아두고 준비하도록 하자.

연말 정산 시 세액 공제를 더 받을 수 있는 주요 항목들

항목	혜택
월세	월세지급액의 최대 12% 세액공제 (총급여 7,000만 원 이하, 무주택 세대주, 월세액 750만 원 한도, 전용면적 85㎡ 이하 주택만 해당) * 총 급여 5,500만 원 이하 : 12% 5,500~7,000만 원 이하 : 10%
전세자금대출상환액	원리금상환액의 40% 소득공제 (연 300만 원 한도)
주택마련 저축 납입금액	납입액의 40% 소득공제 (연 300만 원 한도)
체크카드	사용금액의 30% 소득공제 (Cf. 신용카드 : 15%)
전통시장, 대중교통비용	최대 100만 원 소득공제
안경, 렌즈 구입비	연 50만 원 소득공제

3. 매년 달라지는 연말정산 제도를 사전에 확인하여 준비하자.

　세금이 일반 사람들한테 어려운 이유 중 하나는 용어의 어려움도 있지만, 매번 달라지는 제도도 그 이유 중 하나일 것이다. 연말정산도 다르지 않다. 매년 달라지는 제도 때문에 혜택을 받지 못하는 사람이 되지 말고, 똑 부러지게 준비해서 당당하게 받아내자. 매년 달라지는 연말정산에 가장 잘 대응할 수 있는 방법은, 먼저 본인이 해당 내용에 대해 꼼꼼히 준비하는 것이 우선이다. 요즘 같이 정보의 홍수 속에 살고 있는 우리에게는, 조금만 신경을 쓰면 충분히 매년 달라지는 제도에 면밀히 대응할 수 있다. 국세청 홈택스(www.hometax.go.kr)나 금융감독원 파인(fine.fss.or.kr)도 매우 중요한 정보를 얻을 수 있는 곳이니 생각 날 때마다 들어가 보도록 하자.

TIPS

세금에도 포인트가 있다? 납세 포인트 제도

국세청은 개인 납세자들이 세금납부에 대한 보람과 자긍심을 느낄 수 있도록 2004년부터 '납세 포인트' 제도를 시행하고 있다. 납부한 세금에 비례하여 포인트가 적립되며, 적립된 포인트는 세금 징수유예 또는 납부 기한을 연장하는 데 사용할 수 있다. 일시적으로 자금 압박을 받는 사람들이라면 해당 포인트를 이용하여 혜택을 받아보자.

대상은 소득세를 납부하는 모든 국민이며, 적립되는 세금은 종합소득·양도소득·원천징수 되는 소득세 등이 해당한다(원천징수 이자·배당 소득은 제외). 부여기준은 자진 납부한 세액 10만 원당 1점을 부여하되, 환급세액은 그만큼 차감된다. 혜택을 이용하기 위해서는 누적 포인트 100점 이상부터 사용 가능하며, 누적 포인트 1,000점 이상이면 세무서에 전화 또는 팩스로 민원증명을 발급·의뢰하여 택배로 받아볼 수 있다. 그뿐 아니라 세무서 '모범납세자 전용창구'를 이용할 수 있는 혜택도 부여받게 된다. 납세 포인트 조회는 국세청 홈택스(www.hometax.go.kr)에서 조회 가능하며, 로그인 후 My NTS 내 '세금포인트'를 클릭하여 확인할 수 있다.

[국세청 홈택스 내 My NTS 화면]

맞벌이 부부를 위한
노후대비 방법

우리나라의 맞벌이 부부는 참 억울한 점이 많다. 자녀를 키우기에도 벅찬 현실과 열심히 모은 돈은 내 집 마련은커녕 노후대비도 버거운 게 현실이다. 이런 상황 속에서 과연 우리는 노후대비를 할 수 있을까?

맞벌이 부부를 위한 노후대비 방법, 몇 가지를 소개하고자 한다.

1. 고정비와 변동비를 명확히 구분하라.

노후대비의 기본은 들어오는 돈보다 나가는 돈을 최대한 막아야 하는 것에서부터 시작된다. 가계부를 쓰고 있다면, 한 달 치의 소비패턴을 먼저 분석해보자. 많은 시간이 필요하지 않다. 우선 고정비와 변동비로 구분해 보자. 고정비는 말 그대로 한 달에 꼭 나가는 비용, 예를 들어 통신비, 관리비, 은행 예·적금, 연금저축 등을 말한다. 여기서 저축을 고정비로 본 이유는, 줄일 수 있는 돈으로 보지 않기 때문이다. 즉, 고정비는 줄일 수 없는 돈이라 생각하면 된다.

줄여야 할 돈은 변동비다. 변동비란 말 그대로, 굳이 쓰지 않아도 될 돈 또는 월에 특정한 이슈로 인해 발생한 비용을 말한다. 예를 들어, 의류비, 외식비, 경조사비 등이 이에 해당한다. 해당 비용은 충분히 줄일 수 있는 부분이다.

간단한 예로 5천 원짜리 커피를 하루에 한 잔씩 줄이면 한 달에 얼마를 아끼게 될지 생각해보자. 무려 15만 원이다. 고정비와 변동비 구분을 한 번 해보면, 꽤 많은 부분이 변동비에 지출되고 있음을 깨닫게 된다. 변동비를 줄이는 것이 노후대비를 위한 첫걸음이다.

2. 주거래은행을 똑같이 하고, 거래실적 또한 합산하라.

은행은 기본적으로 주거래고객에게 대출금리 인하, 예·적금 우대이율, 수수료 면제 등의 유용한 기능을 제공한다. 맞벌이 부부라면 은행을 이용하지 않을 리 없으니 이 부분을 적극적으로 활용하자. 가족관계증명서와 신분증만 있으면 된다. 가까운 은행 영업점을 방문하여, 은행 거래실적 합산을 요청하면 된다.

만약, 서로 주거래은행이 다를 경우에는 계좌정보통합관리서비스(www.payinfo.or.kr)를 통해 일원화시키도록 하자.

3. 부부 동시 가입으로 보험료 할인 혜택을 받자.

부부의 경우, 같은 종류의 보험에 가입할 때 피보험자를 2인으로 하면 각자 가입했을 때 보다 약 1~10% 보험료가 저렴하다. 우리가 잘 아는 실손의료비보험(실비보험), 상해보험, 운전자보험 등이 이에 해당한다.

단, 각 보험사마다 차이는 있으므로 가입할 보험의 보험료 할인이 가능한지 확인할 필요가 있다. 또한, 보장성보험의 경우 납입금액의 최대 100만 원까지 세액공제가 가능하므로 이 부분도 꼭 놓치지 말자.

TIPS

은행의 우대혜택을 적극 활용하라

은행은 기본적으로 고액 자산가들에게 많은 혜택을 주고 있다. 고액 자산가들에게 혜택을 주는 것은 은행 입장에서도 어찌 보면 당연한 일이지만, 일반 고객들에게도 혜택을 받을 수 있는 방법들이 있으니 이를 적극 이용하도록 하자.

1) 주거래 고객제도를 이용하라

은행은 기본적으로 고객의 예금, 대출, 신용카드 거래실적에 따라 포인트를 산출하여 금리 및 수수료 우대 등 다양한 혜택을 제공하고 있다. 여러 개의 은행을 이용하는 것보다는 한 개의 은행을 주거래 은행으로 정하여 급여이체, 대출, 신용카드 등을 통해 혜택을 받도록 하자. 각 은행 사이트에 접속하면 자신의 등급을 알 수 있으므로, 시간을 내어 조회해 보도록 하자.

2) 가족실적 합산을 요청하라 (위에 언급한 내용)

3) 예·적금 담보대출 활용

보통 우리가 은행에서 이용하는 대출은 주택담보, 신용대출 등이 있다. 하지만 본인의 예, 적금을 담보로 대출을 받는 방법도 있음을 알아두자. 예, 적금 담보대출은 본인의 신용도에 영향을 미치지 않을뿐더러, 다른 대출 상품에 비해 상대적으로 저렴한 금리로 제공 받을 수 있다. 은행에서 해당 내용을 적극 홍보하지 않는 이유는 당연하다. 신용대출, 주택담보대출 등이 예, 적금 담보 대출에 비해 훨씬 많은 수익을 가져갈 수 있기 때문이다. 대출이 꼭 필요하다면, 예·적금 담보대출을 활용하는 방법도 있다는 점을 알아두자.

노후대비의 기본은 내 자산의 파악부터!
계좌통합관리 서비스, '내 계좌 한눈에'

흔히 자산관리의 기본은 수입보다 '지출에 대한 관리'라고들 한다. 벌어들이는 소득은 대부분 예측이 가능하다. 하지만, 지출은 그렇지 않은 경우가 많다. 지출을 관리하고 통제하는 것은 매우 중요하다. 불필요한 지출을 줄일 수 있다면, 그 만큼 자산은 늘어날 수 있기 때문이다. 소득은 갑작스럽게 늘이거나 줄이기 어렵지만 지출은 우리의 노력 여부에 따라 충분히 가능할 수 있다.

금융결제원은 계좌통합관리서비스인 '내 계좌 한눈에' 서비스를 시작했다. 내 계좌 한눈에 서비스는 이런 지출관리에 필수적인 서비스이다. 이곳저곳에 분산된 내 금융정보는 사실 웬만한 꼼꼼한 성격이 아니고서야 관리하기 힘들다. 하지만, 한 번에 모든 정보를 제공하는 서비스에서는 관리의 편리함이 생긴다. 또한, 내가 잊고 있었던 금융자산에 대해서도 언제든지, 그리고 즉시 돌려받을 수 있다는 부분에서 큰 장점이 있다.

해당 서비스가 제공되기 전에는 은행 잔고, 가입 보험 등의 확인을 하려면 각 금융기관 사이트에 일일이 접속해서 확인해야 하는 불편함이 있었다. 그러나 이제부터는 내 계좌 한눈에 사이트(www.payinfo.or.kr)를 통해 본인이 가입된 모든 정보를 한 번에 볼 수 있게 됐다. 또한, 해당 서비스는 모바일로도 지원이 가능해져 사용이 더욱 편리해졌다.

지원 가능 서비스는 다음과 같다.

계좌통합관리 서비스 '내 계좌 한눈에'

구분	내용
계좌통합조회	은행, 우체국 등 금융기관 내 보유한 통장 및 잔고조회 (즉시 해지, 이관 가능)
보험가입정보조회	가입된 보험(보장성/실손보험) 및 해지내역조회 가능 (조회 전용)
카드발급정보조회	가입된 카드 내역 및 발급일자 확인 가능 (즉시 해지는 불가)
대출정보조회	대출기관 및 금액, 대출발생일자 조회 가능 (조회 전용)
자동이체조회	금융기관에 등록된 자동이체 조회 (즉시 해지 가능)

TIPS

'내 보험 찾아줌' 서비스

손해보험, 생명보험협회에서 제공하는 '내 보험 찾아줌 서비스'는 내가 가입된 보험뿐 아니라 중도·만기 보험금이나 배당금 등 보험금 계약 현황까지 조회할 수 있다. 또한, 되돌려 받을 수 있는 미청구 보험금도 확인 가능하여 숨어 있는 보험금을 발견할 수도 있다. 해당 서비스는 http://cont.insure.or.kr에 접속하여 확인할 수 있다.

블록체인,
가상화폐의 중심

2017년과 2018년 초까지의 가장 큰 이슈 중 하나를 꼽자면 가상화폐와, 블록체인 기술을 꼽을 수 있다. 블록체인 기술은 4차 산업혁명의 가장 중심이 될 기술이고, 많은 전문가들은 블록체인을 통해 다양한 산업들이 발전할 수 있다고 전망한다. 하지만, 이러한 전망에도 불구하고, 사회에는 아직도 '블록체인=가상화폐'로 생각하는 사람이 대다수이며 거품에 불과하다는 막연한 오해가 있다. 블록체인과 가상화폐는 뗄 수 없는 관계임에는 인정하지만, 가상화폐의 투기 광풍과 블록체인 기술과는 반드시 구별해서 봐야 한다.

또한, 노후대비를 위해 블록체인에 대한 안목을 기르는 것도 중요하다. 그 이유는, 앞으로 블록체인 기술은 점점 더 구체화 되고, 실생활에 밀접하게 사용될 기술이기 때문이다.

그렇다면, 블록체인 기술에는 어떠한 특징이 있을까?

1. 해킹이 불가능하다.

몇년 전, 한 금융기관과 신용정보회사가 해킹을 당해 수많은 사람들의 개인정보가 유출된 사건이 있었다. 고객들의 개인정보를 위탁받은 기관과 단체들은 이를 엄격하게 관리해야 할 의무가 있음에도 불구하고, 유출된 개인정보에 대해서는 그에 상응하는 책임을 지지 않아 큰 문제가 되었다. 그리고 이로 인한 2차 피해는 고스란히 고객이 떠 앉을 수밖에 없게 된다. 우리가 맡긴 개인정보, 블록체인 기술은 이런 부분을 원천 봉쇄한다.

아래 그림을 보도록 하자.

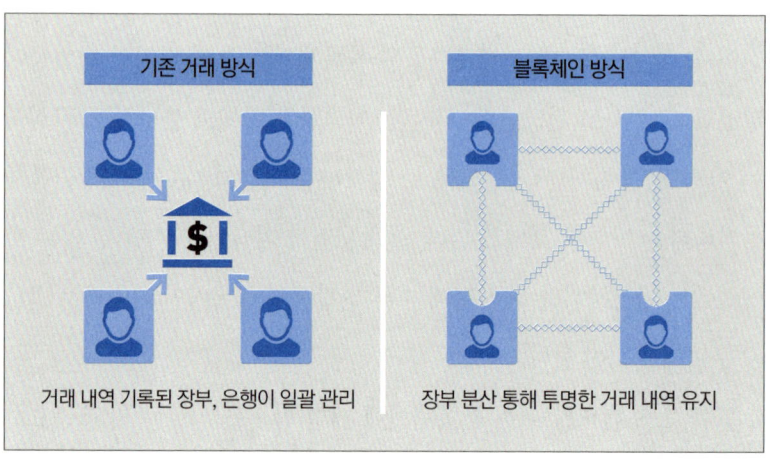

위와 같이 특정 거래내역이 발생하면, 블록체인 방식 내에서는 참여자

모두에게 분산되어 거래 내역이 통보된다. 이를 분산원장방식이라 하는데, 만약, 해커가 해킹을 통해 특정 거래 내역을 바꾼다면 다른 참여자들에게 기존에 통보된 거래 내역과 불일치되므로 접근할 수가 없게 되는 것이다. 위변조가 불가능한 것이다. 흔히 가장 안전하다고 불리는 은행 등의 금융기관은 분산원장방식이 아닌 은행을 중심으로 하는 통제 중심의 거래 방식이기 때문에, 은행이 해킹을 당하면 개인 고객들은 속수무책으로 당할 수밖에 없다.

2. 참여자들은 참여의 보상을 받는다.

블록체인 내 참여자들은 거래를 감시하는 감시자인 동시에, 거래를 일으키는 고객이기도 하다. 블록체인 생태계 내에서는 이 참여자들이 없으면 무용지물이기 때문에 참여자들에게 일종의 보상(incentive)을 지급한다. 그것이 바로 가상화폐(또는 암호화폐)인 것이다. 수많은 사람이 이 원리와 해당 화폐의 가치를 모른 채 단순히 거래소를 통해 가상화폐에 투자하여 돈을 벌 수 있다는 막연함에 사로잡혀 있는데, 이제는 그럴 시기가 오지 않을지도 모른다.

반면 블록체인의 한계도 있다. 바로 처리속도의 문제다. 예를 들어 블록체인 기술이 초기에 개발될 때 당시에만 해도 참여자는 그렇게 많지 않았다. 하지만, 지금은 참여자들이 기하급수적으로 늘어나면서 해당 처리속도도 급격히 떨어졌다. 따라서, 특정 거래가 발생했을 때 참여자들에게 해당 정보를 제공하는 시간 및 승인하는 시간까지 상당히 오래 걸릴 수밖에 없다. 이를 극복하기 위해 블록 처리 용량을 확대하거나, 느린 거래 속도와 높은 전송수수료를 한번에 해결할 수 있는 라이트닝 네트워크(Lighting network) 시스템을 도입하는 등의 개발을 진행하고 있다. 아직은 보이지 않는 길이지만, 블록체인이 우리 삶을 어떻게 바꿀지 지켜보도록 하자.

> **TIPS**
>
> ## 가상화폐 붐, 향후에는 상상도 못 하게 커질 수 있다
>
> 대다수의 사람들에게 익숙한 '비트코인(Bitcoin)'은 가상화폐(Virtual Currency)의 대표적인 한 종류이며, 디지털 화폐(Digital Currency), 암호화폐(Crypto Currency) 등으로도 정의된다. 가상화폐에 대한 정확한 정의는 아직 내려지지 않은 상태이다. 일반적으로 암호를 사용해 새로운 코인을 생성, 거래를 진행하기 때문에 암호화폐(cryptocurrency)라 부른다. 이밖에 디지털화폐, 전자화폐 등이 있다. 우리나라 정부에서는 화폐라는 말을 붙이지 않고 '가상통화'로 부른다. 사실 가상화폐라고 말하기에 앞서 '가상'과 '화폐'라는 단어가 성립하는지부터 따져봐야 한다.
> 화폐란, 기본적으로 다음과 같은 기능을 가진다.
>
> **화폐의 기능**
>
> | | |
> |---|---|
> | 가치척도 | 화폐의 단위에 따라 모든 재화·서비스의 가치를 가격으로 표시한다. |
> | 교환수단 | 거래의 기능으로 특정의 재(財)와 화(貨)를 교환한다. (물건과 화폐를 교환) |
> | 지급수단 | 가치나 교환수단을 가지면 곧 장래의 지급을 표시하는 수단으로 이용된다. |

가치보장 수단	화폐를 보유함으로 언제 어디서나 그 대가를 기대할 수 있다. (구매력)

(출처 : 두산백과)

즉, 위 4가지의 기능을 가지지 않으면 화폐라 인정하기 어렵다는 것이다. 그렇다면, 가상화폐는 화폐로 볼 수 있을까? 가장 대중적인 비트코인을 예로 들어보자. 현재 비트코인으로 화폐만큼은 아니지만, 특정 재(財), 물건으로 교환 가능한 곳이 존재한다. 많지는 않지만, 일부 레스토랑, 잡화점 등에서 거래가 가능하고, 심지어 부동산 거래도 가능하게끔 지원하고 있다고 한다. 가치와 교환, 그리고 지급으로의 수단을 가지고 있다는 것이다. 하지만 전 세계 어디서나 사용 가능하지 않다는 것에는 한계가 분명히 존재한다.

그러나 가상화폐가 '탈중앙화'의 부분에서는 정부와 은행 등의 통제를 받지 않는 기존 화폐의 기능을 넘어서는 순기능을 달성할 수 있다는 의견들도 있다. 아직은 시기상조일지는 모르지만, 앞으로 블록체인기술과 가상화폐시장이 어떻게 변화되는지 관심을 가지면 좋을 것 같다.

가상화폐 시총 상위

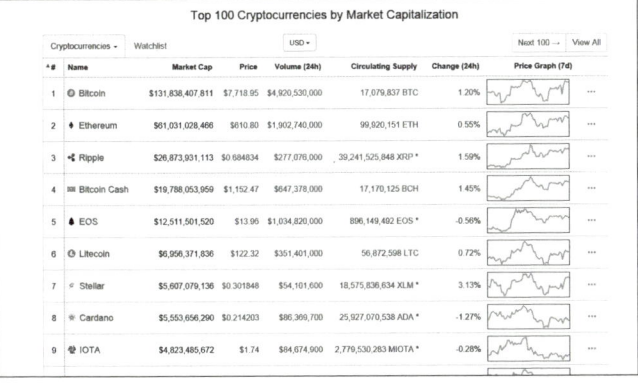

(출처 : www.coinmarketcap.com)

PART 3

연금과 노후대비

말 많은 연금,
정말 필요한 걸까?

근로자들의 생활 수준은 일반적으로 매월 받는 월급에 가장 큰 영향을 받는다. 벌어들이는 수입에 맞춰 소비가 이뤄지기 때문이다. 그래서 소득이 높으면 생활 수준 또한 올라가고, 소득이 낮으면 생활 수준은 그만큼 하락한다. 물론, 축적된 자산이 많다면 월 소득이 생활 수준에 미치는 영향은 줄어들 것이다.

노후에도 마찬가지이다. 노후의 생활 수준은 매월 정기적으로 창출되는 소득수준에 따라 결정될 가능성이 높다. 매월 창출되는 소득이 높다면 노후의 생활 수준이 높아질 것이고, 반대로 소득이 적다면 생활 수준은 낮아질 것이다. 따라서 노후의 생활 수준을 높이기 위해서는 연금이 꼭 필요할 수 있는 것이다.

흔히 우리나라 노후의 미래를 일본과 비교하곤 한다. 일본은 2007년, 이미 65세 이상 인구가 20% 이상을 차지하는 초고령사회에 진입했다. 2018년 기준으로 65세 이상 비율은 27.8%다. 전체 인구 10명 중 3명은 65세 이상이라는 것이다. 이에 따라 국민연금 수령 시기도 늦추고, 노인들을 위한 일자리도 늘어났다. 하지만 노후생활을 위한 자금이 부족해 '노후파산'으로 이어지는 사례가 급증하고 있다.

NHK에서 제작한 〈노후파산〉에 따르면, 일본 노인 약 200만 명이 홀로 사는 고령자로 생활보호를 받지 못한 채 연금으로만 생활하고 있는데, 이들이 질병으로 입원이나 수술을 하게 되면 바로 노후파산으로 이어진다고 경고하고 있다. 이것은 우리에게 시사하는 바가 크다. 전문가들은 우리나라는 2025~2026년에 초고령화 사회에 진입할 것으로 예측하고 있다.

이러한 상황을 앞두고, 우리는 우리의 노후를 어떻게 준비해야 할까?

누구나 노후에 많은 연금을 받을 수 있다면 좋다는 것은 알지만 연금에 쉽게 가입하지 못하는 경우가 많다.

첫째는 '연금에 가입할 만큼 현재 나의 여유가 충분치 않다'고 생각되는 것이다. 즉 '현재의 삶'이 더 중요하다고 생각하는 점에 있다. 노후를 준비하기에는 현실의 벽이 너무 높다는 것이다. 그것을 반증하듯, 출산율은 매년 최저치를 기록하고 결혼을 포기하는 20~30대는 계속 증가하고 있다.

둘째는 '연금 상품에 대한 막연한 어려움'이다. 국민연금과 퇴직연금까지는 그래도 이해하겠는데, 연금저축과 연금보험 등 상품명도 비슷하고 그 종류 또한 다양해서 정확히 어떠한 차이가 있는지 이해하기가 쉽지 않다는 것이다. 또한, 어떤 상품에 투자를 해야 할지도 정해야 하고, 각 상품별 세금과 수수료 등 비용적인 부분도 복잡하니 가입을 고민하다가도 이내 포기하고 만다.

하지만, 분명히 알아두어야 할 것은 이제는 국민연금과 퇴직연금으로는 평안한 노후를 보내기는 힘들 수 있다. 기존의 은퇴세대와는 달리, 우리가 앞으로 보내야 할 노후는 완전히 다른 세대를 지내야 할지 모르기 때문이다.

앞으로의 노후는 미리 준비한 사람과 그렇지 않은 사람과의 차이가 굉장히 벌어질 것이다. 일본의 사례처럼 정부 차원의 지원도 중요하지만, 나 스스로 내 노후를 지키는 것이 선행돼야 할 것이다. 인생의 3분의 1 이상을 보내야 하는 노후, 내 노후는 누가 책임져 주지 않는다. 일본처럼 '노후파산'이 되지 않기 위해, 지금부터 조금이라도 노후준비를 시작하도록 하자. 그리고 그 시작은 가장 기본적인 3층 연금이라 불리는 '국민·퇴직·개인연금'의 준비부터다.

공적연금과 사적연금은 어떤 차이가 있을까?

고객들과 상담을 진행하다 보면 금융 관련 단어들은 즉각적으로 이해하기 어려운 단어들이 많다는 생각이 든다. 그래도 이전보다는 이해하기 쉬운 단어들로 많이 바뀌었지만, 아직도 바로 이해하기 어려운 용어들이 많이 쓰이고 있다. 그 중 대표적인 것이 '공적연금'과 '사적연금'이 아닌가 싶다. 공적·사적연금의 '공'과 '사'는 흔히 우리가 알고 있는 공사(公私), 즉 '공과 사를 구분하다'에 쓰이는 단어와 동일하다.

그렇다면 왜 연금에 '공(公)'과 '사(私)'의 단어가 붙어서 쓰일까? 바로 '연금자산을 누가 운용하느냐'의 차이 때문이다.

1. 공적연금은 '국가'가 자산을 운용한다.

공적연금은 연금을 운용하는 주체가 '국가'이며, 대표적인 공적연금으로 국민연금, 군인연금, 공무원연금, 사학연금 등이 있다. 공적연금의 가장 큰 특징은 가입자의 의사와 관계없이 법률에 따라 가입이 강제된다는 점이다. 그래서 공적연금을 다른 말로는 특정직업 또는 자격에 의해 연금 수급권이 있는 '직역(Special Occupation)연금'이라고도 불린다.

공적연금의 가입은 강제이지만, 분명히 좋은 측면도 있다. 국가가 연금의 운용 주체이기 때문에 투자에 대한 책임을 전부 국가가 책임지게 되어 있다.

공적연금의 가입이 강제적인 이유는 그 출발 자체가 사회 보험적 성격을 지니고 있기 때문이다. 사회 보험적 성격을 지니고 있다는 것은 국가적인 차원에서 공적연금을 통해 인구노령화에 따른 비용을 분배·절감하고, 계층 간 불평등을 완화하여 소득재분배를 달성하겠다는 것이다.

하지만 이러한 사회 통합적인 정책이 많을수록 노후를 대비하는 개개인의 삶은 개선될 것이나 이에 따라 부담해야 하는 국가의 살림도 넉넉지 않으니 그 득실을 잘 따져보아야 할 것이다.

다음은 우리나라의 대표적인 공적연금의 특징들을 모아둔 것이다.

구분	국민연금	군인연금	공무원연금	사학연금
시행연도	1988년	1963년	1960년	1975년
목적	국민·군인·공무원·사립학교 교직원의 퇴직, 사망, 요양 시 그 가족의 생활안정과 복리 향상에 기여하기 위함			
대상	국내 거주 18세 이상 ~ 60세 미만 국민	직업 군인	국가·지방 공무원, 법관, 경찰관 등	사립학교 교직원, 국립대학병원의 임상교수, 직원 등
가입 예외 대상	군인·공무원·사학연금법을 적용 받는 자	-	선거에 의해 취임하는 공무원 (국회의원, 지자체장 등)	명예교수, 시간강사, 기간제교사 등
종류	·사업장가입자 ·지역가입자 ·임의/임의계속 가입자	·퇴역연금/일시금 ·상이연금 ·유족연금/일시금 ·재해보상금	·단기급여 (요양·부조) ·장기급여 (퇴직·유족·장해 등)	·퇴직연금 ·유족연금 ·재해보상금
비고	상시 1명 이상 근로자 사용하는 사업장은 당연적용	가입대상에 해당하지 않은 군인이 복역 중 사망·사고를 당했을 경우 사망·장애 보상금을 지급	2001년도부터 급여 부족분에 대해 국가 및 지자체가 전액 보전하는 형태로 전환	2016년 사학연금 법개정으로 국립대병원 직원은 사학연금법 적용

2. 사적연금은 '가입자'가 직접 운용한다.

사적연금은 공적연금과 달리 '가입자 본인'이 운용 주체가 된다. 우리가 충분히 잘 알고 있는 퇴직연금과 개인연금이 바로 사적연금의 대표적 상품이다.

사적연금은 공적연금의 특징인 사회 보험적 성격과는 그 출발이 다른 특징을 가지고 있다.

첫째, 가입의 강제가 없다. 개인연금의 경우에는 가입이 자유롭고, 퇴직연금 역시 퇴직연금제도에 가입된 회사를 제외하고는 강제로 가입하지 않아도 된다.

둘째, 투자한 금액에 대한 책임이 가입자 본인에게 있다. 공적연금의 경우, 연금 부족분에 대해 정부 및 지자체가 보전하도록 법률로 명시되어 있지만, 사적연금은 그렇지 않다. 사적연금은 사회보험의 성격이라기보다는 가입자 본인의 노후대비를 위함이 주목적이기 때문에 연금 재원에 대한 원금초과이익·손실의 가능성이 있다. 따라서 투자한 금액에 대해서 가입자가 철저히 관리해야 한다. 국가는 그 대신 사적연금에 가입한 가입자들에게 세제 혜택을 부여하여 가입을 독려하고 있다. 앞에서도 말했듯이, 국가적인 측면에서는 인구 고령화에 따른 비용을 줄이는 것이 중요한 과제이기 때문이다.

원금보전에 대한 책임이 가입자 본인에게 있다고 해서 무조건 나쁜 것만은 아니다. 초과수익을 달성할 수 있는 기회가 있기 때문이다. 본인이 조금만 금융상품에 관심을 가지고, 개인연금과 퇴직연금에 꾸준히 납입하며 자산을 배분하면 충분히 초과수익을 달성할 수 있다. 고객 상담의 경험을 살려보면 그런 케이스가 굉장히 많았다. 따라서 신입사원이거나 나이가 젊을수록 사적연금에 빨리 가입하는 것이 평안한 노후보장의 지름길이라 할 수 있겠다. 그만큼 적립할 수 있는 시간이 많이 주어지기 때문이다.

셋째, 세액공제의 혜택도 추가로 받을 수 있는데, 개인연금과 퇴직연금을 합하여 최대 700만 원까지 세액공제를 받을 수 있다(개인연금 최대 400만 원, 퇴직연금 최대 700만 원). 따라서 직장인이라면 반드시 사적연금을 통해 노후보장뿐 아니라 세액공제의 혜택도 꼭 받을 수 있도록 하자.

사적연금의 세액공제 한도와 공제율 (단위 : 만원)

총급여	연금저축	IRP	총 세액공제 한도	세액 공제율 (%)
5,500만 원 이하	400			16.5
5,500만~1억 2,000만 원 이하	400	700	700	13.2
1억 2,000만 원 초과	300			13.2

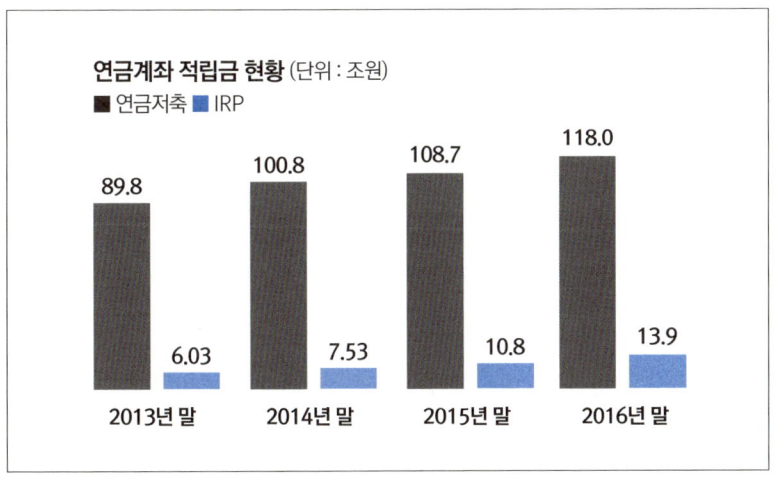

(출처 : 금융감독원)

044

세제적격연금과 세제비적격연금, 도대체 무슨 말일까?

직장인 A 씨는 노후대비를 위한 시작으로 개인연금에 가입하려고 금융기관을 방문했다. 국민연금, 퇴직연금은 이미 가입돼 있고, 개인연금만 가입하면 노후대비에 좀 더 보탬이 될까 싶었다. 더군다나 직장인들은 세액공제까지 받을 수 있다고 하니 이보다 더 좋은 상품은 없다고 생각했다. 그런데 개인연금 말고 세제비적격연금에도 가입하라고 권한다.

노후대비에 나름 관심이 있어 뉴스도 찾아보고 책도 읽어봤지만, 세제비적격연금 상품이란 말은 처음 듣는다. 직원에게 세제비적격연금은 어떤 상품인지 물어보니, 개인연금은 세제적격연금이고 연금보험이 세제비적격이라고 설명한다. 개인연금은 세제적격연금이라니 이게 또 무슨 말인가? 도무지 이해할 수 없어서 가입을 미루고 발걸음을 돌렸다.

앞의 사례에서처럼 세제적격과 세제비적격연금이란 단어를 처음 듣게 되면, 관련 업계 종사자가 아니면 사실 쉽게 이해하기 힘들다. 개인연금과 같은 의미를 지니고 있음에도 불구하고, 세제적격연금이라고 바꿔 말하면 다른 상품으로 혼동할 수 있는 오해를 불러일으킨다.

세제적격연금과 세제비적격연금, 과연 어떤 차이가 있을까?

세제적격연금과 세제비적격연금의 차이는 세금혜택의 차이에 따라 구분된다. 가장 큰 차이점은 납입할 때 세금 환급 여부와 연금을 수령할 때 부과되는 세금이다. 세제적격연금은 납입하는 동안 세액공제혜택이 부여되며, 연금수령 시 연금소득세를 부과한다. 앞에서 언급한 개인연금이 대표적인 상품이다. 세제비적격연금은 납입하는 동안 세액공제혜택은 없으나 연금을 수령할 때 비과세 혜택이 부여된다. 보험회사의 연금보험이 대표적인 상품이다.

세제적격연금으로 세액공제와 저율의 연금소득세 혜택을 받기 위해선 5년 이상 납입해야 하고, 55세 이후에 10년 이상 연금으로 수령해야 한다. 그렇지 않을 경우 5.5% ~ 3.3% 저율의 연금소득세가 아닌 16.5% 기타소득세가 부과될 수 있다. 세제비적격연금으로 비과세 혜택을 받기 위해선 10년 유지와 함께 기타 요건을 충족하여야 한다. 요건을 충족하지 못할 경우 이자소득세가 부과될 수 있다.

이처럼 세제적격연금과 세제비적격연금은 각각의 장단점이 있으므로 두 상품의 차이점을 알고 본인에게 맞는 연금으로 가입할 필요가 있다.

세제적격연금과 세제비적격연금 비교

항목	세제적격(연금저축보험)	세제비적격(연금보험)
세액공제	연간 최대 400만 원	불가
세금	연금소득세(5.5%~3.3%) 해지 시 기타소득세(16.5%)	이자소득세 (요건 충족시 비과세)
납입한도	연간 1,800만 원	한도 없음
연금 수령 가능 시점	55세	45세

045
국민연금을
꼭 가입해야 할까?

한때 국민연금에 대한 의구심이 커지는 사건이 있었다. 바로 수급권에 관련된 문제였는데, 핵심은 '내가 납부한 국민연금을 돌려받지 못할 수 있다'는 의심이 커지면서부터였다. 실제로 이때 국민연금 탈퇴 가입자 수가 급격히 증가하는 현상이 발생했었으며 정부는 이에 대한 심각성을 인정, 적극적인 대응을 했었다.

그렇다면, 과연 국민연금은 꼭 가입해야 할까? 사실, 국민연금은 본인의 의사와는 관계없이 가입이 강제되는 연금이라 불필요한 질문일 수도 있지만, 내 노후의 가장 근본이 되는 연금이므로 꼭 알아두는 것이 좋다. 국민연금은 다른 금융상품과는 차별화 된 특징이 있다.

1. 사회 전체의 비용을 감소시킨다 (소득재분배기능).

모든 국민이 국민연금 가입의 강제성을 띠는 이유를 설명하자면, 향후 발생하게 될 사회 전체의 비용을 감소시킬 수 있기 때문이라고 말할 수 있다. 많은 통계에서도 설명하듯이, 우리나라는 2026년경이면 초고령사회(65세 이상 인구 20% 이상)에 돌입할 것으로 예상한다. 이것은 굉장히 심각한 문제다. 저출산과 더불어 초고령사회의 진입은 나라의 노동력을 잃는 것과 다름없다. 경제 성장의 동력이 사라진다는 얘기다. 초고령사회로의 진입은 막을 수 없지만, 정부는 국민연금제도를 통해 대응할 수 있는 힘을 마련하려 하는 것이다.

국가는 빈곤 해소에 대한 문제를 조세 등을 통해 해결해야 하는 의무가 있다. 만약 국민연금 가입이 자율화되면, 추후 초고령화 사회에 따른 노후빈곤, 고독사 등에 대한 사회문제를 해결하는 비용이 증가할 수밖에 없다. 그렇게 되면, 성실하게 본인의 노후를 준비한 사람은 노후를 준비하지 않은 사람들을 위해 비용을 지불해야 하는 상황이 발생하게 되는 것이다. 그래서 정부는 최소한으로 국민연금 가입의 강제를 통해 이를 줄이고자 하는 것이다.

2. 국가가 반드시 보장한다.

국민연금은 국가가 지급을 보장하기 때문에 국가가 망하지 않는 이상 반드시 지급된다. 예전 국민연금 이탈 사태가 발생했을 때에 가장 많이 나왔던 질문이 '적립된 기금이 점점 소진되고 있다. 결국, 내 은퇴 후 받을 돈이 없어지는 것 아니냐?'라는 것이었다. 하지만 이는 잘못된 것으로 판명됐다. 기금이 소진된다 하더라도, 그해 연금지급에 필요한 재원을 그해에 걷어 바로 지급하는 부과방식으로 전환해서라도 정부는 연금을 지급한다. 실제로 대부분의 선진국에서는 현재 우리나라처럼 적립방식으로 지급하다가, 연금제도가 성숙하면서 부과방식으로 변경했다. 또한, 전 세계적으로 공적연금제도를 시행하고 있는 나라가 총 170여 개국에 달하고, 연금지급을 중단한 사례는 단 한 차례도 없었다.

3. 물가가 오르면, 내가 받는 연금액도 늘어난다.

국민연금은 물가 상승분을 반영해주는 장점이 있다. 국민연금에 따르면, 1998년도에 100만 원의 소득으로 연금에 가입되어 있다면 이를 2016년 가치로 재평가할 경우 약 581만 원의 소득액으로 인정된다. 따라서 국민연금은 이를 반영하여 계산한다는 것이다. 또한, 국민연금은 매년 4월 전국소비자물가변동률에 따라 연금액을 조정, 이를 지급한다. 특히, 2018년에는 국민연금제도 도입(1988년) 이후 처음으로 최고 수령 금액이 200만 원을 돌파한다. 이에 국민연금공단 관계자는 "민간연금은 물가상승률을 반영하지 않아 연금 수령 시기에 실질 가치가 떨어질 수밖에 없는 데 반해 국민연금은 물가상승률을 매년 반영해 훨씬 유리하다"라고 설명했다.

소비자물가상승률 변동에 따른 연금인상비율 및 수령액

년도	2014년	2015년	2016년	2017년	2018년
연금액 인상비율	1.3%	1.3%	0.7%	1.0%	1.9%
월 수령액 (만원)	163.18	165.31	166.46	168.13	170.03

▶ 월 수령액 : 1998년도에 국민연금을 매월 100만원씩 수령한다고 가정할 경우

(출처: 통계청, 국민연금공단)

TIPS

내가 받을 수 있는 국민연금은 얼마나 될까?

국민연금에서는 은퇴 후 매월 얼마나 연금을 받을 수 있는지 계산서비스를 제공하고 있다. 바로 '내 연금 알아보기' 서비스다. 내가 납입한 국민연금, 은퇴 후 얼마나 받을 수 있는지 궁금하다면 국민연금(www.nps.or.kr)에 접속하여 '내연금 알아보기'를 통해 알아보도록 하자.

국민연금 내 연금 알아보기

(출처 : 국민연금공단)

국민연금은
죽어도 나온다!

국민연금의 가장 큰 장점 중 하나는, 살아 있는 동안은 매월 지급되는 연금으로 노후 생활에 버팀목이 되고, 설사 불의의 사고를 당한 경우에도 계속해서 연금을 수령할 수 있다는 점이다. 이렇게 지급할 수 있는 이유는 유족연금제도가 포함되어 있기 때문이다. 그렇다면 유족연금은 어떤 조건하에 얼마를 받을 수 있게 될까?

   유족연금의 목적은 유족의 생활을 보장하기 위함이며 이를 받게 되는 경우는 국민연금 가입자 또는 가입자였던 사람이 사망하는 경우에 해당하며 그 유족에게 연금이 지급된다. 여기서 유족이란 배우자, 자녀, 부모 등이 포함되는데 우선순위는 다음과 같다.

유족연금 우선순위

순위	대상	비고
1순위	배우자	-
2순위	자녀	만 25세 미만이거나 장애등급 2급 이상
3순위	부모 (배우자 부모 포함)	만 61세 이상이거나 장애등급 2급 이상
4순위	손자녀	만 19세 미만 또는 장애등급 2급 이상
5순위	조부모	만 61세 이상이거나 장애등급 2급 이상

(출처 : 국민연금공단)

특이한 점은 1순위 배우자의 경우, 사실혼도 인정된다는 점이다. 통상 상속에서는 사실혼 관계를 인정하지 않지만, 국민연금의 경우 사실혼 관계도 유족으로 인정하여 유족연금을 지급한다. 단, 법원 또는 다른 기관이 사실혼을 판단할 수 있는 근거가 있어야 한다.

유족연금의 수령금액은 가입자(또는 사망자)의 가입기간과 가입기간 중 소득수준에 따라 결정된다. 2018년 기준, 국민연금공단에서 제시한 수급요건 및 금액은 다음과 같다.

유족연금 수급요건 및 금액

수급요건	
사망일 2016.11.30 전(前)	사망일 2016.11.30 후(後)
- 노령연금수급권자 - 국민연금 가입자 　(단, 가입 기간 1년 미만의 경우 　가입 기간에 발생한 질병 또는 부상으로 　사망했을 때만 한함)	- 노령연금수급권자 - 가입기간 10년 이상인 가입자(였던 자) - 장애등급 2급이상의 장애연금 수급권자 - 연금보험료를 납부한 기간이 가입대상 　기간의 1/3 이상인 가입자(였던 자)

가입 기간	연금액
- 가입 기간 10년 이상인 가입자(였던 자) - 장애등급 2급 이상의 장애연금 수급권자	- 사망일 5년 전 ~ 사망일까지의 기간 동안 3년 이상 연금보험료를 납부한 가입자(였던 자) 단, 전체 가입대상기간 중 체납기간이 3년 이상인 경우는 유족연금을 지급하지 않음.
가입 기간	연금액
10년 미만	기본연금액 40% + 부양가족연금액
10년 이상 ~ 20년 미만	기본연금액 50% + 부양가족연금액
20년 이상	기본연금액 60% + 부양가족연금액

(출처 : 국민연금공단)

　다만 유족연금 수령기준이 까다로워 이에 대한 논란은 끊이지 않고 있다. 실제 2017년 국정감사 결과, 2014년부터 2017년 상반기까지 연금을 수령한 지 1년도 되지 않아 숨진 가입자는 4,363명인데 이 중 813명은 유족연금 대상자가 없어 연금이 소멸한 것으로 조사됐다. 이뿐 아니라 가입자의 가입금액, 납입횟수, 60세 이상의 부모에 대한 실제 부양 여부, 사망원인 등 심사절차 또한 매우 까다로워 유족연금 수령에 불편을 겪고 있다.

　물론, 부정수급자를 예방하는 조치라고는 하지만 당장 유족연금이 없으면 생활이 곤란한 가정들도 있기 때문에 유족연금 수령에 대한 제도적 개선이 조금은 필요해 보인다.

소득이 없는 우리 가족, 국민연금 가입 필요할까?

정기적인 월급을 받는 근로자에게 국민연금 가입 종류에 대해 물어보면, 십중팔구는 강제 가입되는 제도에도 종류가 있느냐고 되묻기 마련이다. 국민연금은 가입자의 직업 및 상황에 따라 사업장가입자, 지역가입자, 임의가입자, 임의계속가입자 총 네 가지로 구분된다.

국민연금 가입자 형태

가입자 형태	보험료 (기준소득월액 대비)	상세내용
사업장가입자	가입자 4.5% 사업장 4.5%	4대 보험이 적용되는 직장에 다니는 의무가입자 (18세 이상 60세 미만의 사용자 및 근로자)

PART 3 연금과 노후대비

지역가입자	가입자 9%	- 자영업자·농민 등 소득은 있지만, 사업장가입자가 아닌 의무 가입자. (사업장가입자가 아닌 사람은 모두 지역가입자) - 단, 소득 활동을 하지 않는 27세 미만은 지역가입자가 될 수 없음 (예외 : 장애연금 등 다른 공적연금 대상자, 기초생활수급자 등)
임의가입자	가입자 9%	- 사업장·지역가입자 외에 소득은 없지만, 가입을 희망하는 자 (60세 이전에 본인 희망에 의해 가입·신청 가능) - 소득활동을 하지 않는 27세 미만도 임의가입자 대상 (예외 : 장애연금 등 다른 공적연금 대상자, 기초생활수급자 등)
임의계속가입자	가입자 9%	최소 가입 기간 10년을 채우지 못했거나, 연금을 더 내고 싶은 자 (65세까지 임의계속가입자 가능)

여기서 한 가지 궁금증이 생길 수 있다. '나는 급여소득자라 회사를 통해 국민연금을 납입하고 있지만, 소득이 없는 내 배우자도 과연 가입해야 할까?' 국민연금 의무가입자는 소득이 있는 사업장가입자와 지역가입자로 한정된다. 본인 의사에 상관없이 강제로 가입되는 것이다. 하지만 소득이 없다면 국민연금 의무 가입대상이 아니므로 가입할 의향이 없다면 가입하지 않아도 된다. 그러나 국민연금은 혜택이 많으므로 임의로 가입하는 가입자들이 늘어나고 있는 상황임을 알아두자.

다만 소득이 없는 배우자까지 국민연금에 가입하여 납부하는 것은 쉽운 일이 아니다. 대부분의 국민들은 당장 내 집 마련의 꿈도 포기하고 있는 것이 현실이다. 오죽하면 내 집 마련을 '꿈'이라고 할까.

그럼에도 불구하고 조금이라도 소득에 여유가 생긴다면, 노후대비를 위해 소득이 없는 내 가족을 위한 국민연금 가입을 추천한다. 국가에서 지급을 보장해주고, 물가상승률까지 반영해주는 연금은 현존하는 연금 중에 가장 좋은 조건으로 연금을 받을 수 있기 때문이다. 본인과 가족의 평안한 노후를 위해 조금이라도 여유가 있을 때 국민연금 가입을 검토해 보도록 하자.

[국민연금 가입자, 2017년 9월 기준]

임의가입자 33만
임의계속가입자 34만
지역가입자 777만
전체 가입자 2184만
사업장가입자 1340만

자료 : 국민연금공단

(출처 : 농민신문, 2018.01.15. 기사)

국민연금 고갈,
정말 현실화되는 것일까?

오래전부터 국민연금의 고갈에 대한 이슈는 끊임없이 제기되어 왔다. 1988년 국민연금이 처음 도입된 이래로 2017년 9월 기준 국민연금 가입자 수는 2,184만 명에 달하고 적립기금은 612조 4,457억 원으로 일본, 노르웨이 국부펀드에 이어 세계 3대 연기금에 속할 정도로 그 규모가 상상을 초월한다.

그런데, 왜 자꾸 국민연금 고갈에 대한 이슈가 불거져 나오는 것일까?

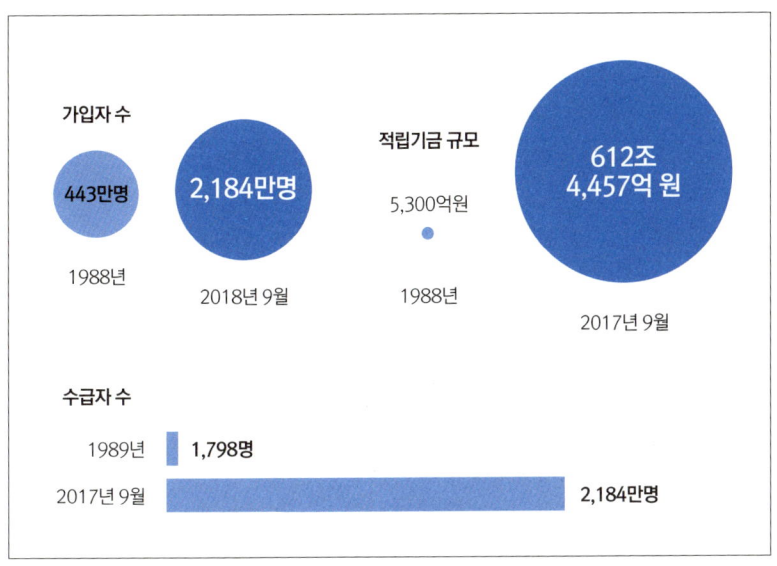

[국민연금 30년 변화]

■ 국민연금 고갈에 대한 주장 : 납입과 수급의 불균형, 기금운용 수익률, 보험료율

먼저 납입자와 수급자의 불균형에 대해 알아보자. 생각보다 간단하다. 쉽게 말하면, 국민연금을 내는 사람보다 받아가는 사람이 계속해서 증가하면 연금은 고갈될 수밖에 없다. 그 이유는 저출산과 초고령화 사회로의 진입 때문이다. 매년 초만 되면, 그해에 태어나는 아기 사진을 신문 1면에서 보지만, 바로 이어서 저출산에 대한 문제를 제기하곤 한다.

사실 저출산에 대한 문제는 굉장히 심각하다. 나라에 일할 사람이 없어진다는 얘기고, 이는 경제성장을 멈추게 한다. 국민연금의 관점에서 보면, 이런 식의 구조로 계속 진행되게 되면 결국 내는 사람보다 받는 사람은 지속적으로 증가할 것이고 연금은 고갈될 수밖에 없다. 따라서 정부는 저출산 문제와 고령화 사회 문제를 해결하려 끊임없이 노력하는 것이고, 계속 이런 상태가 지속된다면 결국 '연금을 더 내고, 늦게 받고, 적게 받는' 방향으로 개정이 이루어질 가능성이 높다.

둘째는 기금운용 수익률이다. 아래 '기금 운용 현황 표'를 보면 2016년까지 약 4% 중반대의 수익률을 꾸준히 기록해 왔고, 2017년에는 코스피가 2,500pt를 돌파하면서 7.45%의 상당한 수익률을 기록했다. 이대로만 수익률이 꾸준히 유지된다면, 기금이 고갈될 가능성은 없겠지만 감사원은 이에 대한 문제를 제기했다.

감사원 보고서에 따르면, 기금운용 수익률이 1%p 하락하면 5년, 2%p 하락하면 기금 고갈 시점이 9년이나 단축되는 것으로 나타났다. 여기에 위의 첫째 이유까지 겹치게 되면 그 고갈 속도는 점점 더 가속화될 것이다. 또 하나의 문제는, 기금투자 수익률 목표와 실제 수익률 간의 차이가 계속해서 발생했다는 점이다. 다음 '최근 기준운용수익률 추정 및 실적치' 표를 보게 되면 2015~2016년에는 목표 수익률 추정치와 실제 수익률 간 약 2% 넘는 괴리가 발생한다. 만약 이러한 괴리가 계속된다면 국민은 수익률에 대한 불만을 떠나 국민연금에 대한 신뢰를 저버리는 행위가 될 수 있다는 점을 반드시 유의해야 한다. 다행히 올해는 수익률이 7.45%(추정치)로 목표 추정치에 근접 또는 초과하는 수익률을 달성했다.

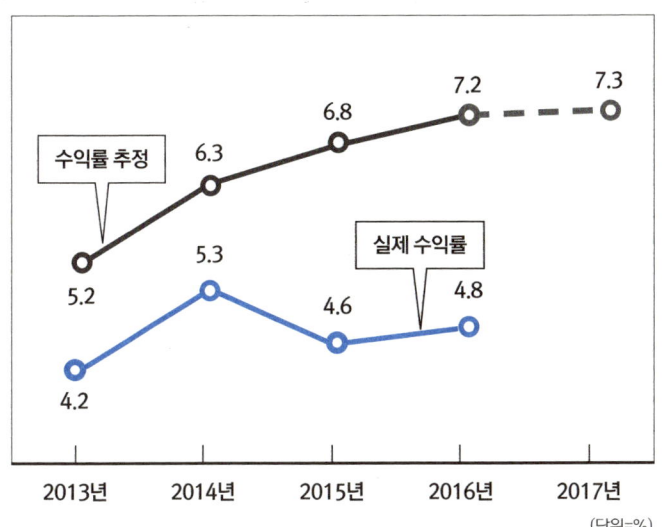

[최근 기준운용수익률 추정 및 실적치]

(단위=%)
(자료 : 한국납세자연맹)

국민연금 기금 운용 현황

	2013년	2014년	2015년	2016년	2017년
운용 자산	427	470	512	558	617
국내주식	84(19.7%)	84(17.9%)	95(18.6%)	102(18.3%)	130(21.1%)
해외주식	44(10.3%)	57(12.1%)	70(13.7%)	86(15.4%)	109(17.7%)
국내 채권	239(56.0%)	261(55.5%)	270(52.7%)	283(50.7%)	289(46.8%)
해외 채권	18(4.2%)	22(4.7%)	22(4.3%)	23(4.1%)	23(3.7%)
대체 투자	40(9.4%)	47(10.0%)	55(10.7)	64(11.5%)	63(10.2%)
수익률	4.20%	5.26%	4.58%	4.76%	7.45%

*( )는 비중

(자료 : 감사원, 국민연금공단)
(단위 : 조원)

셋째는 연금 보험료율이다. 쉽게 말하면, 내 소득 대비 내가 부담해야 하는 연금액의 비중이다. 이와 궤를 같이하는 용어가 하나 있는데, '소득대체율'이다. 소득대체율은 국민연금 급여액이 생애 평균 소득에서 차지하는 비율을 의미한다. 예를 들어, 월평균 소득이 200만 원인 사람이 국민연금으로 매월 100만 원을 받는다면 이 사람의 소득대체율이 50%가 되는 것이다. 이 소득대체율이 높아질수록, 기금 고갈은 앞당겨질 것이고 이를 막기 위해서는 국민연금개혁이 필요하다.

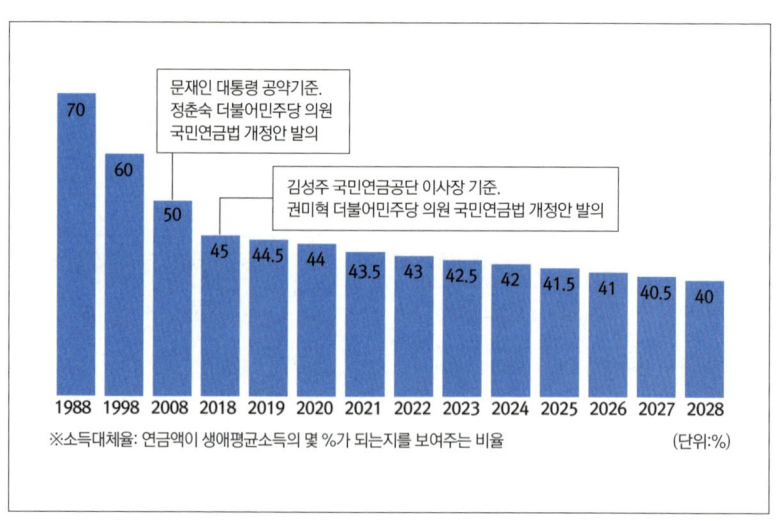

[국민연금법에 명시된 소득대체율 변화]

[소득대체율 인상에 따른 추가 재정 소요]

	국민연금 수급자 수 (명)	권미혁 의원안 (45%)	국민연금 수급자 수 (50%)
2018~2020년	510만 21	3549억원	7089억원
2021~2030년	770만 6499	25조 1978억원	50조 3955억원
2031~2040년	1027만 3127	94조 260억원	188조 520억원
2041~2050년	1242만 6799	202조 6989억원	719조 2610억원
2051~2060년	1358만 2183	359조 6305억원	405조 3978억원
2018~2060년 연평균		18조 1192억	36조 2385억원

(단위:%)

기금 고갈 시점

정부 제3차 재정계산(2013)	국회 예산정책처	한국납세자연맹
2060년	2058년	2051년

※보험료 인상없이 소득대체율을 45~50%로 유지할 경우 2046~2053년 고갈(국회 예산정책처)

(출처 : 국민연금공단, 국회 예산정책처)

　국민연금고갈을 최대한 늦추기 위해서는 국민연금개혁이 필요하다. 하지만 쉽지 않은 것이 현실이다. 국민연금 전문가가 10명만 모여도 국민연금개혁에 관한 의견 합치가 안 된다는 우스갯소리가 있다. 모두 국민연금이 옳게 바뀌도록 하는 의견을 제시하지만, 주장하는 바가 조금씩 다르기 때문이다. 전문가들 사이에서도 이렇게 의견 합치가 어려운데 국민들의 동의를 얻기는 더더욱 쉽지 않은 것이다.

　위의 표를 보더라도 국민연금 고갈은 더 이상 남의 이야기가 아니다. 시간이 지날수록 고갈 시점은 점점 다가오고 있고, 현실화 되고 있다. 그렇다고 기금운용 수익률과 보험료를 계속적으로 높일 수도 없는 노릇이다. 국민연금개혁, 우리의 노후를 위해 반드시 해결돼야 하는 과제일 것이다.

국민연금도
세금을 내야 할까?

국민의 노후 생활 보장을 위해 설계된 국민연금에 세금이 부과된다고? 언뜻 보면 아이러니한 상황일 수 있지만, 국민연금을 수령 받게 되는 순간부터 소득세를 납부해야 한다. 사실 2002년 이전까지는 노령연금[6]에 대해 별도의 소득세가 부과되지 않았다. 그 대신 납입금액에 대한 소득공제도 없었다.[7] 그러다가 2002년부터 국민연금 가입자는 매년 납부한 보험료에 대해 소득공제를 받을 수 있게 되면서부터 이에 따른 연금 수령 시 소득세를 납부하게 됐다. 언뜻 보면, 조삼모사라고 생각할 수 있겠지만, 하나하나 살펴보면 그렇지 않다.

---

6 국민연금에 가입하고 일정 기간 이상 연금을 납부한 사람이 노령에 도달했을 때 지급받는 연금이라 해서 노령연금이라 한다.

7 공적연금(국민연금, 공무원연금 등)은 2002년부터 납입한 보험료에 대한 공제를 받기 시작함

1. 소득이 있을 때 공제를 받고, 연금을 수령할 때 세금을 내는 것이 더 유리할 수 있다.

소득세를 납부하게 되는 시점이 연금을 수령하는 시기에는 소득이 적다. 반면 국민연금을 납부할 시기에는 한창 소득이 높을 때다. 쉽게 말하면, 국민연금을 납부하는 시기에는 소득이 높으므로 세금을 내는 것보다 소득공제를 받는 것이 더 유리하고, 오히려 소득이 적은 노령연금을 수령하는 시기에 납세를 하는 것이 더 유리할 수 있다는 것이다. 이것은 당장에 별 차이가 없어 보일 수 있지만, 실제 노령연금을 수령하는 시기가 된다면 꽤 유리한 '혜택'이 될 수 있다.

결론적으로 말하면, 2002년 이후부터는 국민연금을 포함한 공적연금 보험료는 납입할 때 내던 세금을 연금으로 수령할 때 내라는 것이다.

2. 노령연금은 과세대상 연금소득이다.

그렇다면, 과연 세금을 얼마나 낼까? 먼저, 노령연금에 대한 소득세를 '과세대상 연금소득'이라 하는데, 매년 1월부터 12월까지 받은 총 연금액이 그 해의 '과세대상 연금소득'이 된다. 여기서 근로소득과 같이 각종 공제를 차감하면 되는데, 연금소득공제·인적공제·표준세액공제가 이에 해당한다.

먼저 연금소득공제는 공제 혜택이 가장 크다. 최대 900만 원까지 받을 수 있는데, 과세대상 연금소득이 350만 원 이하일 경우 전액이 공제되고 그 이상은 공제액이 다르니 다음 표를 참고하기 바란다.

연금소득공제(소득세법 제47조의 2)

총연금액	공제액
350만 원 이하	총 연금액
350만 원 초과 ~ 700만 원 이하	350만 원 + (350만 원 초과 금액의 40%)
700만 원 초과 ~ 1,400만 원 이하	490만 원 + (700만 원 초과 금액의 20%)
1,400만 원 초과	630만 원 + (1,400만 원 초과 금액의 10%)

인적공제는 본인, 배우자, 부양가족 등 근로소득과 연말정산과 동일하게 적용되고, 표준세액공제는 근로소득이 없으면 7만 원이 공제된다. 이렇게 되면 노령연금에 대한 세금이 최종 산출된다. 실제 다른 소득이 전혀 없고, 공적연금만 받는 은퇴자의 경우 과세대상 연금소득이 연간 770만 원이 되지 않으면 소득세는 내지 않아도 된다.

국민연금은
어떻게 수령하는가?

국민연금은 나이가 들거나 장애, 사망으로 인해 소득이 감소할 경우 이를 보장해주는 사회 보험적 성격을 지니고 있다. 매월 연금을 지급받는 연금 급여와 일시금으로 지급 받는 일시금 급여가 있는데 상세 내용은 아래 표와 같다.

급여 구분	연금 수령 종류	내용
연금 지급	노령연금	국민연금의 기초가 되는 연금 노후 소득보장을 위한 급여 (수급 나이가 되면 지급)
	장애연금	장애로 인한 소득감소에 대비한 연금
	유족연금	가입자 또는 수급권자의 사망으로 유족의 생계 보호를 위한 연금

일시금 지급	반환일시금	연금을 받지 못하거나, 가입할 수 없는 경우 청산적 성격으로 지급하는 급여
	사망일시금	유족연금 또는 반환일시금을 받지 못할 경우 강제부조적·보상적 성격으로 지급하는 급여

먼저, 노령연금은 가입 기간이 10년 이상이고 수급연령이 됐을 때 평생 동안 매월 지급받을 수 있는 연금이다(60세~65세, 출생연도에 따라 상이). 노령연금은 국민연금의 가장 기초가 되는 연금으로, 출생연도에 따라 수급개시연령이 조금씩 다르다. 고령화가 가속화되고, 국민연금의 수급권자가 늘어날수록 수급개시연령은 점점 더 늦춰질 수 있다.

2018년 기준 수급개시연령은 아래와 같다.

수급개시연령

출생연도	노령연금	조기노령연금[8]	분할연금[9]
1952년생 이전	60세	55세	60세
1953~56년생	61세	56세	61세
1957~60년생	62세	57세	62세
1961~64년생	63세	58세	63세
1965~68년생	64세	59세	64세
1969년생 이후	65세	60세	65세

출처 : 국민연금

8 조기노령연금 : 노령연금 나이가 되기 전 본인이 신청하면 조기에 받을 수 있는 연금. 단, 이 경우 월 연금액이 노령연금보다 적을 수 있음(55세 이후부터 신청 가능).

9 분할연금 : 이혼한 배우자가 혼인 기간에 해당하는 연금액을 나누어 지급받는 연금. 이 경우, 혼인기간 중 국민연금보험료 납부 기간이 5년 이상이어야 함. 분할연금은 ①이혼, ②배우자였던 사람의 노령연금수급권 취득, ③ 본인의 60세 도달의 3가지 요건이 갖춰줬을 때 지급 가능

장애연금은 신체적, 정신적 장애가 있을 때 소득이 감소하는 부분을 보전해주기 위한 급여로 장애 정도(1급 ~ 4급)에 따라 지급받는 연금이다. 단, 2016년 11월 30일 전일 경우에는 가입 중 발생한 질병이나 부상에 한해서만 장애연금이 지급된다. 장애등급 결정과 심사는 국민연금공단이 담당하고 있으며 적정한 심사를 위해 공단 내 자문 의사를 위촉하고 있다.

유족연금은 국민연금에 가입한 가입자가 사망하면 그의 유족들에게 가입 기간에 따라 금액을 지급하여 안정된 삶을 살 수 있도록 보장하기 위한 연금이다. 단, 모든 가입자에게 유족연금을 지급하는 것은 아니다. 주로 노령연금을 이미 수령하고 있던 가입자나 장애등급 2급 이상의 장애연금 수급권자, 가입 기간 10년 이상인 가입자(였던 자), 연금보험료를 납입한 기간이 가입 대상 기간의 3분의 1 이상인 가입자(였던 자)일 경우에만 해당한다. 자세한 사항은 국민연금공단 홈페이지(www.nps.or.k)에서 확인할 수 있다.

국민연금도
대출받을 수 있다? 실버론

노후를 준비하면서 가장 걱정되는 점은 '소득이 없을 때 어떻게 연금으로만 살 수 있을까' 하는 문제다. 최근 국민연금에서 50대 이상 고령자가 생각하는 개인 기준 노후 적정 생활비를 조사한 결과, 적정생활비는 월 145만 원, 최소생활비는 104만 원이라고 한다. 소득이 없을 때 내 노후는 과연 안녕할 수 있을까?

국민연금과 개인연금, 퇴직연금 흔히 '3층 연금'이라 불리는 상품을 차근차근 준비했어도 노후에는 질병이나 상해 등으로 목돈이 나갈 확률이 꽤 높다.

일본 NHK 스페셜 〈노후파산〉에서도 이 점을 집중적으로 다뤘다.

"그래도 연금으로는 살 만해요. 하지만 아파도 무서워서 병원에 가지 못합니다. 그렇게 큰돈을 낼 여력이 없습니다."

도쿄에 사는 다시로 씨의 이야기다. 이것은 일본에만 국한되지 않는다. 초고령화 사회를 앞둔 우리에게 당장 현실이 될 수 있다.

국민연금공단에서는 이를 대비하기 위해 '노후긴급자금대부(실버론)' 서비스를 운용하고 있다. 만 60세 이상의 국민연금 수급자에게 국민연금 기금을 활용해 긴급 생활안정자금을 저리로 빌려주는 서비스다. 노후의 생활안정이 주목적으로 2012년 5월부터 시행됐다. 실버론은 최대 750만 원까지 빌릴 수 있으며 2018년 4월 12일을 기준으로 실버론 이자율은 2.5%로, 변동금리로 적용된다(4/1~6/30).

노후긴급자금대부 실버론 이용 현황

년도	이용자(명)	이용금액(억)
2013	7,095	272
2014	7,198	276
2015	7,528	341
2016	6,747	342

(단위 : 명, 억 원)

위의 표처럼 실버론의 이용자 수와 이용금액은 계속 증가하고 있다. 실버론의 대출 용도를 살펴보면 이용자의 약 60% 정도가 전·월세 자금으로 38% 정도가 의료비로 사용됐다. 약 98%의 이용자가 가계자금과 의료비로 사용한 것이다. 수치로만 봐도 우리나라의 노후는 가계와 의료비가 가장 부담이 되는 점임을 명확하게 알 수 있다. 이러한 통계 때문인지는 몰라도 우리나라의 '내 집 마련'은 삶의 가장 중요한 목표가 되는 반증이 아닐까 싶다.

실버론 이용자는 최대 5년간 원금균등 분할상환 방식으로 매달 받는 국민연금에서 원천 공제하는 방식이다. 따라서 대출상환율이 매우 높다. 혹시나 하는 일들을 위해 대비하려면 노후긴급자금대부 실버론을 알아두면 좋을 것이다.

052
국민연금 수령을 연기할수록
연 7.2%, 최대 36% 더 받는다!

국민연금은 노후의 가장 기본적인 생활자금이다. 최근 국민연금에도 양극화 현상이 발생하고 있다. 소득이나 재산이 충분한 가입자들은 나중에 연금을 더 받기 위해 수령 시기를 늦추고 있는 반면, 재산이 없거나 앞으로 발생할 수익이 없는 가입자들은 오히려 국민연금을 조기에 수령 받기 위해 '조기노령연금' 신청이 증가하고 있다.

'조기노령연금'은 가입기간 10년, 만 60세 이상의 국민연금 가입자 중 신청에 한하여 최대 5년 앞당겨 연금을 지급받는 제도를 말한다. 당장의 소득이 없기 때문에 불가피한 선택이기는 하지만, 1년마다 급여액이 약 6% 정도 깎여 '손해연금'으로 불리기도 한다. 5년을 앞당겨 받으면 30% 손해를 보게 되는 것이다. 또한, 조기노령연금을 받는 수급자가 증가하면, 정부의 부담 또한 가중될 수밖에 없다. 다행히 앞당겨 받는 것은 손해라는 인식이 확산되면서 조기노령연금 신규 수급자는 점점 줄고 있다.

조기노령연금 신규 수급자

2013년	2014년	2015년	2016년	2017년
84,956명	40,257명	43,447명	36,164명	36,665명

(출처 : 국민연금공단)

1. 연기연금은 늦게 받을수록 연 7.2%의 연금액을 더 받는다.

조기노령연금과는 반대로 연금 수령 시기를 늦추는 방법도 있다. 연기연금이 바로 그것인데 말 그대로 국민연금 수급 시기를 늦추는 방법이다. 가입자가 원하면 노령연금 수급 연기가 가능하며 1회에 한하여 최대 5년까지 늦출 수 있다. 이렇게 되면, 1년당 7.2%의 연금액을 더 받을 수 있게 된다. 최대 5년까지 늦추게 되면 노령연금을 36%나 더 받을 수 있게 되는 것이다.

국민연금공단에 따르면 작년 한 해 연기연금에 신청한 신청자는 2만여 명에 달한다고 한다. 또한, 일반적인 노령연금 평균 연금액은 월 49만 원인데 반해 연기연금을 신청한 수급자의 평균 연금액은 월 88만 원에 달한다고 한다. 그만큼 연금 수급 시기를 늦추면 보다 평안한 노후생활을 보장받을 수 있다.

2. 연기연금은 노령연금 감액을 피할 수 있다.

연기연금의 또 하나의 좋은 점은 노령연금 감액을 피할 수 있다는 부분이다. 여기서 말하는 노령연금 감액이란, 연금 수급 시 연금소득 외에 다른 소득이 있다면 연금 수령금액이 감액되는 제도를 말한다.

다른 소득이 있다는 이유로 노령연금을 감액한다는 부분은 어떻게 보면 억울할 수 있다. 내가 열심히 일했을 때 급여의 일부분을 노후를 위해 몇십 년간 납입해 왔는데, 막상 수급대상이 되었을 때 소득이 있다는 이유로 국민연금을 감액하여 지급하게 된다면 누구나 억울할 것이다.[10]

이는 국민연금의 재분배 기능 때문인데, 한 사람에게 너무 많은 돈이 가는 것을 막자는 취지에서 나왔다. 삭감 대상은 최근 3년간 국민연금 전체 가입자의 평균 소득을 초과하는 수급자에 한하는데, 2018년 현재 227만 원이 넘는 경우 삭감 대상이 된다.

월평균 소득금액을 초과한 소득금액 (2018년 기준 227만 516원)	노령연금 감액분
100만 원 미만	초과 소득의 5%
100만 원 이상 ~ 200만 원 미만	5만 원 + 100만 원 초과 소득의 10%
200만 원 이상 ~ 300만 원 미만	15만 원 + 200만 원 초과 소득의 15%
300만 원 이상 ~ 400만 원 미만	30만 원 + 300만 원 초과 소득의 20%
400만 원 이상	50만 원 + 400만 원 초과 소득의 25%

▶ 최근 3년간의 국민연금 전체 가입자의 평균소득월액 : 2018년 기준 2,270,516원

---

10 미국, 캐나다, 이탈리아, 오스트리아 등 일부 선진국은 감액제도가 오히려 노동의 동기부여를 저하시킨다며 이를 폐지했다. 이들은 연금을 감액하는 것보다, 연금과 소득을 더해 세금을 매기되 합이 올라갈수록 세율이 올라가게 하는 게 좋다고 말했다.

연기연금은 위의 노령연금 감액을 피하는데 좋은 수단이 될 수 있다. 소득이 몇 년 내로 줄어들거나 없어질 예정이라면, 연금 수급은 최대한 뒤로 미루면서 감액 제도를 피할 수 있다. 또한, 계속해서 소득이 발생한다 할지라도 연금 수급을 최대 5년 뒤로 미루면 36%까지 더 받을 수 있기 때문에 노령연금 감액분을 상쇄시킬 수 있다.

금융상품 중에 연 7.2%를 더 얹어주는 상품은 없다. 노령연금은 연기만 해도 돈을 벌 수 있는 좋은 상품이다. 당장에 급한 상황이 아니라면, 연금을 연기하여 혜택을 누리도록 하자. 만약, 연금을 꼭 받아야만 하는 상황이라면 부부가 모두 국민연금에 가입되어 있을 경우, 한쪽만 노령연금을 받고 다른 한쪽은 연기연금을 신청해 이를 분배하는 것도 좋은 방법이다.

국민연금을 납부하지 못했다면, 추후납부제도를 활용하자!

경제적 어려움으로 국민연금을 납부하지 못했을 경우, 미래의 노후는 힘들어질 수 있다. 노후대비의 탄탄한 3층 소득보장체계(국민·퇴직·개인연금) 중 가장 기본이 되는 국민연금이 흔들리면, 최소한의 보장조차 받기 힘들어질 수 있다.

1. 추후납부제도는 국민연금을 납부한 이력이 있는 모든 사람에게 적용된다.

정부에서는 이런 사람들을 위해 '추후납부제도'를 마련했다. 추후납부제도란, 국민연금에 가입되어 있었으나 실직 등으로 보험료를 납부할 수 없었던 기간(납부예외기간)이 있거나, 과거 연금보험료를 납부하다가

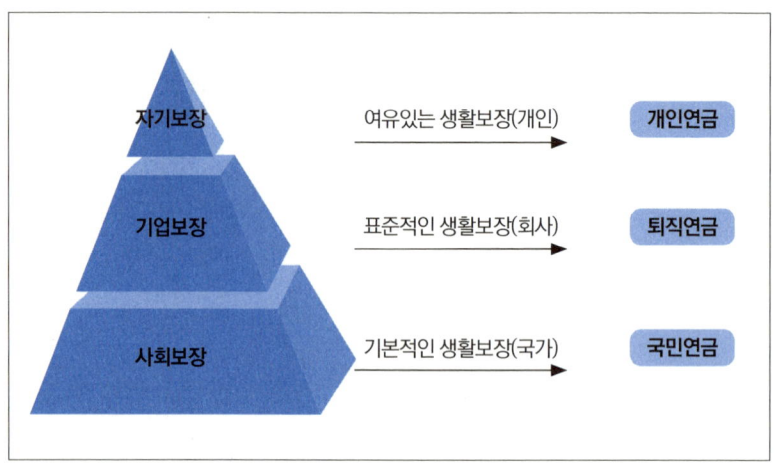

가입대상에서 제외되었던 기간(적용제외기간)이 있을 경우 추후 이를 납부할 수 있도록 하는 제도다.

과거에는 직장폐쇄, 실직 등으로 연금보험료를 내지 못한 사람에게만 적용하다가, 2016년부터는 국민연금을 한 번이라도 납입한 이력이 있는 모든 사람에게 추후납부제도를 가능하게끔 그 대상을 확대했다. 이로 인해 경력단절여성이나 무소득 배우자도 과거 보험료 납부 이력이 있으면 추후납부가 가능해졌다. 이를 증명하듯, 2017년 기준으로 추후납부를 신청한 사람은 여성이 전체의 66%로 남성보다 2배가 많았다. 나이별로는 노후를 준비하는 50, 60대가 88%로 거의 대부분을 차지했다.

2. 2018년 국민연금법 개정으로 추후납부 기간도 확대됐다.

2018년 1월 25일, 국민연금공단은 법 개정을 통해 추후납부 기간을 확대했다. 기존의 반환일시금을 돌려주고 가입자격을 회복하게 되면, 반환일시금 반납 이전의 적용 제외 기간에 대해서도 추후납부를 할 수 있게 된 것이다. 반환일시금이란, 국민연금에 가입했던 사람들이 납입했던 보험료를 돌려받는 것을 말하는데, 가입자가 사망하거나 이민을 하는 등 조건을 만족할 경우 보험료를 돌려받을 수 있었다. 1999년도 이전에는 직장을 퇴직한 후 1년만 지나도 연금보험료를 돌려받았다. 따라서 이번 법 개정을 통해 해당자들은 반환일시금 반납 이전 기간에 대해서도 추후납부가 가능해지면서 국민연금을 수령액이 늘어나는 효과도 얻게 되는 것이다. 추후납부는 여러모로 가입자들에게 좋은 노후대비의 수단이 된다. 기존에는 경제 사정의 어려움이나 실직 등으로 납입하지 못했거나 경력단절, 반환일시금 대상자로 인해 추후납부 대상자로 인정받지 못했다면, 이제는 추후납부를 통해 내 노후를 다시 보장받을 수 있는 기회가 될 수 있다. 추후납부를 통해 납입기간이 인정된 만큼 연금액이 늘어나는 효과를 얻을 수 있다.

　추후납부를 하는 방법은 간단하다. 국민연금공단에 전화하여 납부 의사를 밝히고, 납부 방법을 선택하고 직접 납부하면 된다. 납부 방법에는 일시납 또는 60개월 분할 납부 중 하나를 선택하면 된다. 납부할 보험료는 기존 중단된 기간에 해당하는 보험료이면 좋겠지만, 국민연금공단에서는 현재 납부하고 있는 보험료를 기준으로 산정됨을 원칙으로 하고 있다.

　유의할 점은 국민연금 자격 상실 시에는 추후납부를 할 수 없다는 점이다. 연금수령나이에 도달하는 경우가 자격 상실의 대표적인 예로, 추후납부를 고려하고 있다면 이를 고려하여 반드시 사전에 납부하여 신청하도록 하자.

퇴직금제도와 퇴직연금제도의 차이는 무엇일까?

만약 당신이 누군가로부터 급여를 받고 있다면, 당신은 퇴직금 또는 퇴직연금에 가입돼 있다고 보면 된다. 근로소득자라면 당연히 가입돼 있어야 하고, 국민연금과 더불어 노후대비에 가장 필수적인 돈(金)이 바로 퇴직금이다.

어떠한 금융상품이든 상품명 뒤에 '연금'이 붙는다면 '연속해서 받아야 할 금액'임을 잊지 말자. 퇴직연금 또한 연속해서 받아야 할 금액이며, 평안한 노후대비를 위해서는 특별한 일이 아니면 일시에 받아서 쓰지 않는 것이 좋다. 연금은 본래의 취지를 최대한 살리는 것이 'Well-노후'의 출발이다. 이 부분을 고려한다면, 왜 퇴직금제도가 퇴직연금제도로 변경되고 있는지에 대해서도 쉽게 이해할 수 있을 것이다.

[우리나라의 퇴직급여제도]

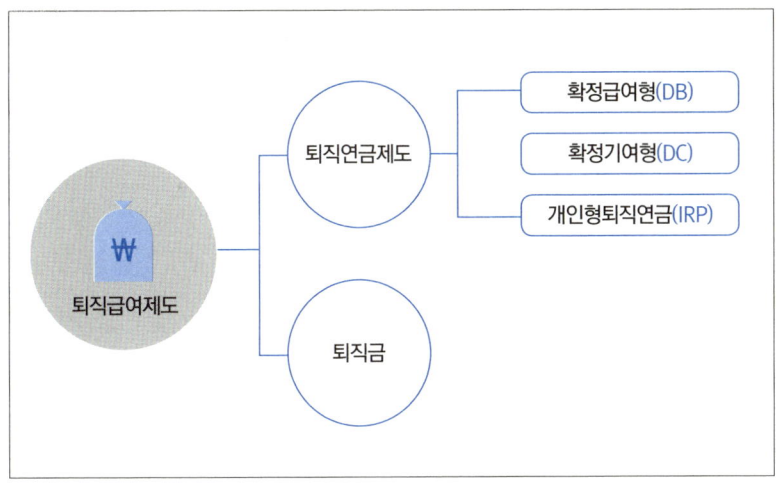

(출처 : 고용노동부)

현재 우리나라의 퇴직급여제도는 위 표와 같이 퇴직금제도와 퇴직연금제도로 나뉘어 있다. 도입 시기로 볼 때 퇴직금제도가 먼저 도입되었고, 퇴직금제도의 문제를 보완하기 위해 2005년 12월 퇴직연금제도가 도입되었다. 퇴직연금제도의 도입은 두 가지의 목적을 가지고 진행됐는데, 하나는 국민의 노후생활 보장 및 국가적 비용 최소화, 또 다른 하나는 수급권(받아야 할 권리)에 대한 문제다.

■ **퇴직급여제도는 국민의 노후생활 보장을 목적으로 한다.**
초고령화 사회를 앞둔 우리나라는 이에 대한 사회적 문제를 해결하기 위해 계속 고민할 수밖에 없다. 노인 빈곤화, 고독사 등의 문제뿐 아니라 사회 인프라 등 막대한 비용이 지속해서 발생할 것이다. 개인으로 봤을 때도 마찬가지다. 경제 발전을 지속해왔지만, 앞만 보고 달려온 지금의 50~60대에게는 노후에 대한 준비가 되어 있지 않은 상태다. 우리는 국가적 차원에서의 '사회적 비용 절감'과 각 개인의 '평안한 노후 보장'이라는 두 마리 토끼를 잡아야 할 시점에 놓여있는 상황이다. 이를 위해 퇴직연금제도가 도입된 것이다.

퇴직연금제도는 국민연금과 유사한 점이 많다. 근로기간 동안 받는 급여의 일부분을 내 퇴직연금에 적립하다가, 은퇴 후 이를 연금으로 받게 된다. 국민연금은 만 60세 이후 연금으로 수령 받지만, 퇴직연금은 만 55세 이후부터 수령 받을 수 있다. 또한, 연금 수령 시 연금소득세(3.3~5.5%)로 저율 과세되는 부분도 있다. 국민의 노후를 보장한다는 취지로 도입된 퇴직연금은 국민연금과 마찬가지로 노후의 소중한 자산인 것이다.

반면, 퇴직금제도는 내가 현재 다니고 있는 회사에서 퇴직만 하면 나이와 관계없이 일시금으로 지급해 준다는 것이다. 심지어, 직장을 옮길 때마다 퇴직금을 정산하여 바로 받을 수 있다. 근로자 개인의 입장으로 봤을 때는 퇴직금제도가 오히려 당장에 목돈이 들어오기 때문에 좋을 수는 있겠지만, 노후를 놓고 봤을 때는 그렇지 못하다. 일시에 없어지는 퇴직금은 노후대비 자산으로 보기 힘들다. 따라서 퇴직연금제도는 퇴직으로 인한 퇴직급여를 당장 쓰지말고, '평안한 노후를 위해 준비하라'는 장치를 마련해 둔 것이라 볼 수 있다. 또 다른 이유 중의 하나인 수급권에 대한 문제는 퇴직금제도와 퇴직연금제도 차이에 대한 설명에서 좀 더 자세히 다루도록 하겠다.

퇴직금제도와
퇴직연금제도의 차이, 수급권

 퇴직금제도와 퇴직연금제도의 가장 큰 차이는 '금융회사의 유무'라 할 수 있다. 쉽게 말하면, 내 퇴직금을 '회사가 가지고 있다가 주느냐', '금융회사에서 가지고 있다가 주느냐'의 차이다. 퇴직금제도가 전자의 경우에 해당하고, 퇴직연금제도가 후자에 해당한다.

 퇴직금제도는 회사에서 근로자의 퇴직금을 쌓아놓고 있다가 퇴직이 발생하게 되면 근속연수, 평균임금 등을 정산해서 지급한다. 회사 입장에서는 근로자의 퇴직이 발생하기 전까지는 해당 자산을 투자, 이자 상환 등의 자금으로 사용할 수 있어 유동성이 확보된다. 하지만 가장 큰 문제가 있는데, 바로 퇴직금 수급권(受給權, 받아야 할 권리)의 문제다.

 우리나라의 모든 근로자는 한 직장에서 1년 이상 재직했다면 퇴직금을 받을 수 있는 권리가 있다(근로자퇴직급여 보장법 제2장 제4조). 즉, 1년 이상 재직한 근로자에게는 회사에서 퇴직금을 지급할 의무가 있는 것이다. 그러나 회사에서는 경영이 어렵다거나 여유 자금이 없다는 이유 등으로 퇴직금 지급을 미루거나 지급하지 않는 사례가 종종 발생한다. 특히, 회사와의 교섭력이 약할 수밖에 없는 중소기업의 경우에는 이러한 경우가 비일비재하다. 고용노동부에 따르면, 2013년 4,571억 원이었던 퇴직금 체불액이 2016년에 5,855억 원으로 3년 동안 28% 증가했다. 그만큼 당연히 받아야 할 퇴직금을 받기가 더 어려워지고 있다는 뜻이다. 더 심한 경우 회사가 도중에 도산해 버리면 퇴직금을 받기란 하늘의 별 따기가 되어버린다.

이러한 문제점을 극복하기 위해 나온 것이 바로 퇴직연금제도다. 2005년 12월 도입된 퇴직연금제도는 근로자의 퇴직금 수급권 강화에 그 초점을 두고 있다. 고용노동부의 퇴직연금제도 도입 이유를 보면 '근로자의 안정적인 노후를 위해'라고 명시되어 있다. 즉, 내가 당연히 받아야 할 퇴직금을 반드시 받을 수 있게 한다는 것이다. 앞에서 언급했듯이 퇴직연금제도에 가입된 회사는 근로자의 모든 퇴직급여 재원을 금융회사에 적립한다. 또한, 이 재원을 회사에서 정하는 것이 아니라, 근로자가 직접 선택, 운용할 수 있도록 자율권을 보장했다.

근로자는 해당 운용된 자금을 퇴직할 때 연금 또는 일시금으로 퇴직금을 받게 된다. 근로자는 회사가 도산하더라도 퇴직금이 사외(금융회사)에 예치되어 있기 때문에 안정적인 노후 생활이 보장될 수 있는 것이다. 이로써, 퇴직연금제도에서의 지급 및 운용의 주체는 금융회사가 되는 것이고, 우리는 이 금융회사를 '퇴직연금 사업자'라 부른다.

퇴직연금 사업자에 대해서는 따로 자세히 다루겠다.

퇴직금과 퇴직연금제도의 차이점

구분	퇴직금제도	퇴직연금제도	
		확정급여형(DB)	확정기여형(DC)
적립	회사	금융회사(퇴직연금 사업자) * DC의 경우 근로자 추가납입가능	
운용주체 (운용/위험부담)	회사		근로자
수령	일시금 (퇴직 시 퇴직금)	일시금 또는 연금 (퇴직 시 IRP계좌로 이전 후 일시금 또는 연금 선택) * 연금의 경우 55세 이상일 경우	
비용부담	회사 * DC가입자의 추가부담금은 가입자 본인이 부담		
계산	퇴직시점의 평균임금 X 근속연수		연간 임금총액의 1/12 + 가입자운용손익
중간정산	중간정산 사유에 해당하는 경우 가능	중간정산 사유에 해당하는 경우 중도인출 또는 담보대출 가능	

내 노후생활의 든든한 기본,
퇴직연금제도

퇴직연금제도는 크게 DB, DC, 그리고 IRP 3가지 제도로 나뉜다.

먼저 DB제도는 'Defined Benefit'의 약자로 확정급여형제도라 불린다. 사전에 내가 받을 퇴직금이 확정된다는 의미다. DC제도는 'Defined Contribution'의 약자로 확정기여형제도라 불리는데, DC제도는 가입자의 운용성과에 따라 퇴직금이 달라진다.

만약 본인의 회사가 퇴직연금제도에 가입이 되어 있다면 반드시 DB와 DC제도 중 하나에 가입해야 한다.

단, 회사별로 2개의 제도가 모두 도입되어 있을 수도 있지만, 1개의 제도만 도입되어 있는 기업도 있으니 이는 재직 중인 회사의 인사팀 등을 통해 제도 도입 여부를 확인할 수 있다. 보통은 2개의 제도가 모두 도입되어 있는 경우가 많으며, 근로자는 DB 또는 DC제도 중 하나의 제도를 선택하여 본인의 퇴직금을 관리하게 된다. 간혹, 기업에 따라 두 제도를 모두 가입할 수 있게 하는 혼합형제도도 있다.

IRP제도는 DB,DC제도와 그 성격이 좀 다르다. IRP는 Individual(개인) Retirement(은퇴) Pension(연금)의 약자로, 영어 뜻 풀이 그대로 '개인형 퇴직연금계좌'이다. 즉, 회사에 재직 중일 때는 DB 또는 DC제도에 퇴직급여를 쌓고, 퇴직 후 IRP계좌로 기존에 쌓아뒀던 금액(퇴직급여)을 받게 된다. 그리고 이후 연금 수령요건이 되면, IRP계좌를 통해 연금을 받는 구조다. IRP계좌는 회사에 재직 중일 때도 가입이 가능한데, 최대 700만 원의 세액공제의 혜택을 제공한다. 가입은 금융기관을 방문하거나, 모바일 인터넷 등으로도 편리하게 신청할 수 있다.

IRP 가입의 필요성과 특징에 대해서는 뒤에서 자세히 다루도록 하겠다. 보다 쉬운 이해를 위해 아래 표를 보도록 하자.

[퇴직연금제도 구분]

- DB : 회사 운용
- DC : 가입자 운용
- IRP : 퇴직 또는 이직 시 가입자 운용

(출처 : 고용노동부)

그럼 DB와 DC제도에는 정확히 어떠한 차이가 있고, IRP제도는 어떻게 잘 활용할 수 있는지 알아보도록 하자.

내가 받을 퇴직금이 정해져 있는
DB형 퇴직연금제도

DB(Defined Benefit, 확정급여) 제도란, '내가 받을 퇴직금이 사전에 확정된 제도'를 말한다. 즉, 퇴직연금을 적립해야 하는 의무를 지닌 기업이 매년 부담금을 금융회사에 적립하여 운용하고, 운용 결과와 관계없이 근로자는 퇴직 후 사전에 확정된 퇴직금을 받게 된다.

근로자의 입장에서는 운용 전부터 내가 퇴직 후 얼마의 퇴직금을 받을 수 있는지 예측할 수 있는 장점이 있지만, DC제도와는 달리 운용에 따른 초과 수익에 대한 부분을 기대할 수 없는 단점도 있다.

DB제도의 퇴직금 계산은 퇴직 시 평균임금의 근속연수를 곱한 금액이 산정되며 평균임금은 계속근로기간 1년에 대한 30일분의 평균임금을 의미한다. 물론, 물가상승률만큼 퇴직적립금도 상승한다. 예를 들어, DB제도에 가입한 근로자의 평균임금이 120만 원이라면, 근속연수 10년일 경우 퇴직금은 1,200만 원이 된다.

한 가지 팁이 있다면, DB 제도는 회사가 근로자의 임금상승분을 부담한다. 따라서, 향후 임금상승률이 계속 상승할 것으로 예상될 경우 DB제도를 선택하는 것이 좋다. 신입사원 등이 이에 해당할 것이다.

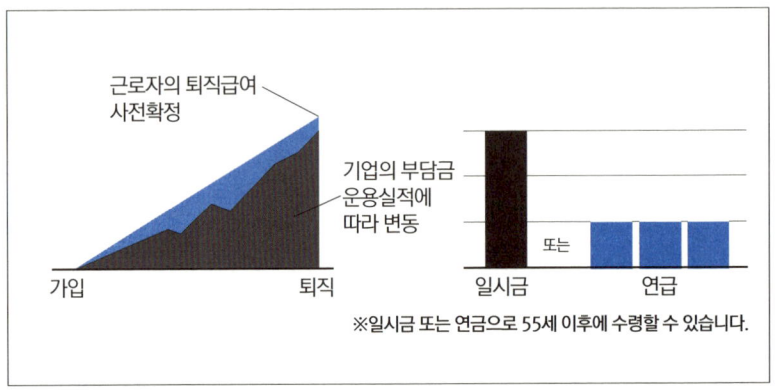

내가 직접 운용하는
DC형 퇴직연금제도

　DC(Defined Contribution, 확정기여)형 제도는 사전에 퇴직금이 확정되는 DB형 제도와 달리 근로자(가입자)의 운용성과에 따라 퇴직금이 달라지는 제도이다. 회사에서는 DC에 가입된 각 근로자에게 정기적으로 부담금을 납입하면(매년 연간 임금총액의 1/12) 근로자는 금융회사(퇴직연금 사업자)를 통해 본인의 퇴직금을 운용할 상품을 선택하게 되는 방식이다. 따라서, DC제도 가입자의 경우 퇴직연금 사업자의 운용능력을 매우 중요하게 보게 된다.

　각 금융회사별로 가입 가능한 상품이 다르고, 운용수익도 천차만별이니 꼼꼼하게 따져보고 가입하도록 하자. DC제도는 임금상승률에 대한 기대보다는 운용수익률을 기대할 수 있는 사람들의 가입이 유리하며, 주로 정년에 가까워진 사람들이 가입하면 좋다.

[DC형 퇴직연금]

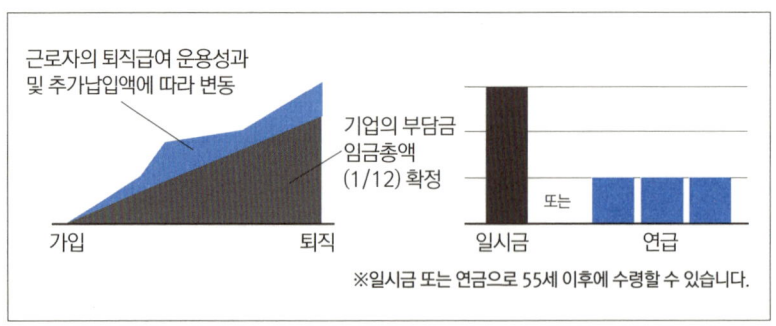

(출처 : 고용노동부)

퇴직연금 가입자에 대한 상담을 진행하다 보면, 수익에 대한 민감도는 확실히 DC제도에 가입된 사람들이 더 높다. 퇴직 후 받게 되는 금액이 사전에 확정되는 DB와는 달리, DC제도는 원금손실의 위험이 존재하기 때문이라고 판단된다. 그래서 신입사원의 경우에는 쌓아놓은 부담금도 적고, 앞으로 쌓일 부담금이 더 많기 때문에 DC제도의 가입을 권하는 것이다. 반대로 퇴직을 앞두고 있거나 앞으로 쌓일 부담금이 더 적을 경우에는 DB제도에 가입을 하는 것이 더 나을 수 있다. 일반적으로 물가상승률과 임금상승률을 비교하여 물가상승률이 더 클 경우에는 DB, 작을 경우에는 DC제도의 가입을 추천한다.

퇴직연금제도 DB, DC 차이점

퇴직연금제도	DB(확정급여형)	DC(확정기여형)
퇴직금	사전에 확정	성과에 따라 변동
퇴직금의 운용 및 책임	회사	가입자 본인

적립금 기준	예상 퇴직금의 80% 이상	연간 임금총액의 1/12
퇴직급여 계산	퇴직 전 3개월 평균임금 × 근속연수	회사납입금액(부담금) ±α *투자에 따른 초과 이익/ 손실 발생 가능

연금도 받고,
세액공제도 받을 수 있는 IRP 제도

IRP 제도는 분명 퇴직연금제도의 범주에 속하지만, 이전에 언급한 DB/DC제도와는 조금 다른 성격을 가지고 있다. 퇴직연금제도에 가입된 회사에 근무하는 사람이라면 무조건 DB/DC제도 중 하나에 가입해야 하는 '의무가입대상'이라면, IRP제도는 본인이 필요 시 직접 가입해야 하는 '선택 사항'이라 할 수 있다.

하지만, 퇴직을 앞두고 있는 상황이라면, IRP제도 의무가입대상이 된다. 그 이유는, 우리나라의 근로자퇴직급여보장법에 따르면 DB/DC제도에 적립되어 있던 퇴직급여는 퇴직 시 반드시 IRP계좌로만 받을 수 있기 때문이다. 결국, 퇴직연금제도에 가입되어 있는 근로자라면 반드시 한 번은 가입해야 하는 것이 IRP제도인 것이다.

단, 예외적으로 다음의 어느 하나에 해당되는 경우에는 IRP제도에 가

입하지 않아도 퇴직금을 수령할 수 있다.[11]

첫째, 가입자가 55세 이후에 퇴직하여 급여를 받는 경우

둘째, 가입자가 급여를 담보로 대출받은 금액을 상환하기 위한 경우

셋째, 퇴직급여액이 300만 원 이하(고용노동부장관이 정하는 금액)인 경우

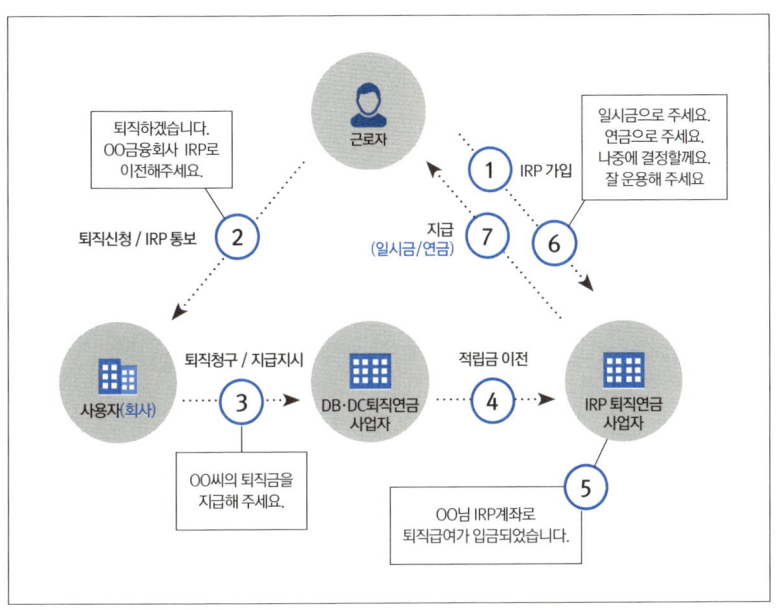

1. 재직 중에는 세액공제 혜택, 퇴직 후에는 연금으로 세금 혜택을 받을 수 있는 IRP 제도

IRP제도는 퇴직연금 수령을 위해 한 번은 가입을 해야 하는 제도이지만, 사전에 미리 IRP제도를 가입한다면 노후대비의 좋은 수단이 될 수 있

---

11 근로자퇴직급여보장법 시행령 제9조 (개인형퇴직연금제도로의 이전 예외 사유)

다. 그 이유는 IRP가입자만이 누릴 수 있는 혜택이 있기 때문인데, 바로 세액공제 혜택이다.

앞에서 잠깐 언급했지만, IRP 계좌는 연금저축납입금액을 포함하여 최대 700만 원까지 세액공제를 받을 수 있다(연간 1,800만 원 까지 납입 가능). 재직 중에는 IRP계좌에 납입하여 세액공제를 받다가, 퇴직 시 퇴직금과 더불어 개인적으로 납입한 납입금액까지 생각한다면 적지 않은 금액이 될 수 있다.

2. 소득이 있다면 모든 사람이 가입 가능한 IRP제도

본래 IRP제도는 퇴직연금제도에 가입돼 있는 근로자만 가입 가능한 제도였으나, 정부에서는 IRP제도 활성화를 위해 2017년 7월 26일 근로자퇴직급여보장법 시행령을 개정하면서 자영업자, 공무원, 군인, 사립학교 교직원 등 사실상 소득이 있는 모든 자가 가입이 가능해졌다.

그렇다면, IRP에 가입한 사람들은 퇴직 후 연금으로 수령할 경우 어떠한 혜택을 받을 수 있을까? 먼저, 연금 수령 시 개인연금과 동일한 연금소득세율이 적용된다, 연금수령 연령에 따라 3.3~5.5%를 납입하게 된다. 이는 이자소득세(15.4%)보다 저율과세되는 효과가 있다.

IRP제도는 분명 노후대비를 위한 좋은 상품이다. 소득이 있을 때에는 개인연금과 함께 세액공제 혜택을 받고, 퇴직 후에는 연금 수령을 통해 노후자금으로도 사용하고 세금혜택도 받으면서 일석이조의 효과를 누리도록 하자.

IRP 수령 방법에 따른 차이

수령 방법	연금	일시금
추징 세금 항목	퇴직소득세의 70%만 납부	퇴직 소득세(6.6%~41.8%)
이자소득세	15.4% 면제. 단, 장래 연금 수령 시 연금소득세율 (3.3%~5.5%) 적용 (70세 미만 : 5.5%, 70~79세 : 4.4%, 80세 이상 : 3.3%)	기타소득세 16.5% (일시금 수령 시 중도해지로 간주)
기타	사적연금 1,200만 원 초과 시 종합소득 합산	부득이한 경우 (사망, 해외이주, 파산, 요양 등) 연금소득세 적용

▶ 퇴직금을 일시금으로 수령했다 하더라도, 60일 이내 IRP에 입금하면 이미 납부한 퇴직소득세를 돌려받을 수 있다.

퇴직금/퇴직연금제도가 마음에 들지 않으면?
퇴직급여제도 전환

퇴직금과 퇴직연금제도는 필요에 따라 제도 전환이 가능하다. 사실, 본인의 퇴직급여에 대한 관심을 가지기란 쉬운 일이 아니다. 퇴직금제도에 가입된 근로자가 노후대비를 위해 퇴직연금으로 전환하고 싶지만, 누군가가 제도 전환이 가능함을 알려주지 않는다면 퇴직금제도를 유지한 채 노후를 준비하게 된다. '지피지기면 백전백승'이란 말이 있듯이, 노후를 위한 제도, 상품 등에 대해서는 지속적인 관심을 가져 내 노후를 손해 보는 일이 없도록 하자.

가입자의 퇴직급여제도를 변경할 때에는 각 제도의 성격을 충분히 고려해야 하는데, 다음 표를 보도록 하자.

퇴직급여 제도 전환 가능 여부

전환 前	전환 後	전환가능여부
퇴직금제도	DC	가능
	DB	가능
DB제도	퇴직금	불가(장래분만 전환 가능)
	DC	가능
DC제도	퇴직금	불가(장래분만 전환 가능)
	DB	

먼저 본인이 가입한 퇴직급여제도에 따라 전환이 가능한 제도가 있고 불가능한 제도가 있음을 알아두자. 퇴직금제도는 퇴직연금 DB, DC제도 모두 전환이 가능하다. 반면, 퇴직연금제도는 그 성격에 따라 불가능한 경우가 있으니 이를 참고하도록 하자. 특히, DC제도에 가입된 근로자는 어느 제도로도 전환이 불가하다. DC제도의 전환이 불가능한 이유는 제도의 성격 때문인데, 앞에서 언급했던 것처럼 가입자 본인이 운용하는 계좌이기 때문에 회사가 운용하는 DB제도의 적립금과 합치는 것이 불가능하다.

단, 제도 전환에 대한 의사 표시로 향후 불입되는 장래분의 퇴직급여에 대해서는 가입이 가능하므로 해당 내용은 가입자 본인의 회사를 통해 확인하면 된다. 만약 제도전환을 고려하고 있다면 유의해야 할 사항 중 하나는 해당 제도를 회사가 도입하고 있는지의 여부를 꼭 살펴야 한다. 예를 들어 회사가 DC제도를 도입하고 있지 않다면, DC제도로의 전환은 원천적으로 불가능하다. 또한, 보통의 경우 각 회사별로 제도전환 기간을 별도로 정해두어 특정 기간 동안 제도전환의 기회를 부여하고 있다. 상시적으로 되는 제도가 아니니, 본인의 회사 퇴직급여 관련 부서를 통해 해당 내용을 꼭 숙지하도록 하자.

부득이한 사유가 있다면?
퇴직급여 중도인출을 이용하자

 노후대비를 함에 있어 연금의 성격을 가진 자산들을 중도 해지하거나, 일시금으로 수령 받는 것은 사실 좋은 선택은 아니다. 노후 생활에 필요한 자산들을 미리 앞당겨 사용하는 것이기 때문에, 그만큼의 공백이 생기기 때문이다. 특히, 3층 연금이라 불리는 국민연금, 퇴직연금. 개인연금의 경우에는 더더욱 그렇다.

 하지만 최근의 언론 보도 등을 살펴보면 남의 얘기가 아님을 알 수 있다. 부동산 가격, 자녀 교육비, 물가 등은 계속해서 상승하는데 소득은 오르지 않는다. 생활의 가장 기본적인 의식주(衣食住) 가격이 상승하니 다른 방도가 없다. 굳이 중도해지율이 높은 상품을 꼽자면 보험, 퇴직연금 등이 이에 해당한다. 특히, 퇴직연금의 경우에는 부득이한 사유에 해당할 경우에만 중도해지가 가능함에도 불구하고 그 해지율이 낮지 않다.

그만큼 노후대비보다는 현실의 삶이 더 힘들다고 할 수 있다.

다시 한번 강조하고 싶은 것은 퇴직급여의 중도인출은 '최후의 카드'로 생각하기를 바란다. 상황이 여의치 않거나 갑작스러운 사고와 질병 등으로 자금이 필요할 때 이 제도를 참고하여 꼭 필요에 맞게 사용하기를 바란다. 중도인출이 가능하지만, 이에 따른 그만한 불이익이 따르기 때문이다.

■ 중도인출은 부득이한 사유를 충족할 경우만 가능하다.

먼저 퇴직급여의 중도인출에는 근로자퇴직급여법에서 정한 사유가 필요하다.

중도인출 가능 여부

중도인출 사유	퇴직금제도	DB	DC
무주택자의 주택구입, 전세자금 납입	○	불가 (DC제도로 전환 후 중도 인출 가능)	○
개인회생절차 개시 결정, 파산	○		○
본인 또는 부양가족의 6개월 이상 요양	○		○
천재지변	○		○
임금피크제	○		×

위의 사유를 충족한다면 중도인출이 가능하다. 단, DB제도의 경우는 제도 성격상 집단(회사) 계좌의 성격을 띠기 때문에, 중도인출이 불가능

하다. 만약, 회사에 DB뿐 아니라 DC제도도 같이 도입되어 있다면, DC 제도로의 전환을 진행한 후 중도인출을 신청하면 된다.

그렇다면 퇴직급여를 중도인출하게 될 경우 세금은 어떻게 될까? 그것은 퇴직급여 금액의 성격에 따라 다른데 기본적으로는 '퇴직소득세'가 적용된다. 하지만 회사에서 납입된 퇴직급여를 제외하고 본인이 추가로 납입하여 세액공제를 받았거나, 계좌 내 운용수익이 발생한 금액을 인출할 때에는 '기타소득세(16.5%)'가 부과됨을 알아두자.

세금을 이렇게 구분해 둔 이유는, 일종의 페널티(penalty)라고 보면 된다. 노후 수단을 목적으로 납입하는 금액을 중도인출을 하여 연금이 아닌 일시금으로 지급받았기 때문이다.

퇴직금을 받을 때 세금은 얼마나 내야 할까?
퇴직소득세

퇴직소득세란 '퇴직을 원인으로 일시에 지급받는 소득'이 발생했을 경우 납입해야 할 세금을 말한다. 즉, 퇴직급여를 연금이 아닌 일시금으로 수령 받았을 경우 적용되는 세금이다(연금으로 받았을 때는 소득세법 제 146조에 의거 연금소득세로 적용한다.).

퇴직소득은 근로기간 동안 발생한 소득이 일시에 실현되기 때문에 단일 과세기간 동안 발생한 근로소득 등과 별도로 과세한다. 따라서, 총 퇴직소득에 근속연수 공제를 먼저 적용한 후 다시 근속연수를 곱하여 퇴직소득에 따른 세 부담을 완화하려 했다.[12]

말로 설명하면 이해하기 어려우니 다음 예시를 통해 확인해보자.

---

12 소득세법 제 48조 (퇴직소득공제)

(예시)

김일시 부장은 A회사에서 2012년 1월부터 2017년 12월까지 총 60개월(5년)을 근무하고 퇴직금 3,000만 원을 수령하였다.

(풀이) 김일시 부장의 근속연수 : 6년(72개월) / 퇴직금 : 3,000만 원

1. 퇴직소득 산출세액 = ①퇴직소득 과세표준 × 기본세율 × 근속연수 ÷ 12

　① 퇴직소득 과세표준 = ②환산급여 − 환산급여공제액
　② 환산급여 = (퇴직소득금액 − 근속연수공제) × 12 ÷ 근속연수

(근속연수공제)

근속연수	공제액
5년 이하	30만 원 X 근속연수
5년 초과 ~ 10년 이하	150만 원 + 50만 원 × (근속연수 − 5년)
10년 초과 ~ 20년 이하	400만 원 + 80만 원 × (근속연수 − 10년)
20년 초과	1,200만 원 + 120만 원 X (근속연수 − 20년)

(환산급여공제)

환산급여	공제액
800만 원 이하	환산급여의 100%
7,000만 원 이하	800만 원 + (800만 원 초과분의 60%)
7,000만 원 초과 ~ 1억 원 이하	4,520만 원 + (7,000만원 초과분의 55%)
1억원 초과 ~ 3억 원 이하	6,170만 원 + (1억 원 초과분의 45%)
3억 원 초과	1억 5,170만 원 + (3억 원 초과분의 35%)

(기본세율)

과세표준	세율	누진공제
1,200만원 이하	6%	–
1,200만 원 ~ 4,600만원	15%	1,080,000원
4,600만 원 ~ 8,800만원	24%	5,220,000원
8,800만 원 ~ 1억 5천만 원	35%	14,900,000원
1억 5천만 원 ~ 5억 원	38%	19,400,000원
5억 원 초과	40%	29,400,000원

2. 김일시 부장의 환산급여 = (퇴직소득금액 – 근속연수공제) x 12 ÷ 근속연수

   A. 퇴직소득금액 : 3,000만 원 / 근속연수공제 : 150만 원 + 50만 원 x (6년 – 5년) = 200만 원

   B. (3,000만 원 – 200만 원) X 12 ÷ 6년 = 5,600만 원

3. 김일시 부장의 퇴직소득 과세표준 = 환산급여 – 환산급여공제액

   A. 환산급여 : 5,600만 원

   B. 환산급여공제 : 800만 원 + (4,800만원의 60%) = 3,680만 원

   A – B = 1,920만 원

4. 김일시 부장의 퇴직소득 = 퇴직소득 과세표준 X 기본세율 X 근속연수 ÷ 12

   A. 퇴직소득 과세표준 : 1,920만 원

   B. 기본세율 : 1,920만 원 X 15% – 108만 원 = 180만 원

   C. 산출세액 : 180만 원 X 6년 ÷ 12 = 90만 원

이상이 개정규정(2016년~)에 따른 계산 방법이며, 그 이전에 근로했을 경우에는 종전규정과 합산하여 계산해야 한다(정부는 2020년까지 종전규정과 개정규정을 합산하여 퇴직소득세를 계산하도록 규정).

(연도별 개정방식 반영 비율)

연도	공제 반영 비율 (%)	
	종전규정	개정규정
2016년	80%	20%
2017년	60%	40%
2018년	40%	60%
2019년	20%	80%
2020년	개정규정 100% 반영	

사실, 위의 퇴직소득세 계산만 보더라도 이해하기 복잡한 구조를 가지고 있다는 것을 확인할 수 있다. 더군다나 노후대비의 가장 중요한 자산 중의 하나인 퇴직급여의 세금 계산이 이렇게 어려우면, 그만큼 노후를 위한 준비도 힘들어질 것이다. 다행히 국세청에서는 퇴직소득세를 쉽게 계산할 수 있도록 그 서비스를 제공하고 있다.

국세청 홈페이지(www.nts.go.kr)에 접속하여, 국세정보 내 국세청프로그램에 접속하면 '퇴지소득 세액계산 프로그램'을 다운 받을 수 있다. 퇴직을 앞두고 있거나, 내 퇴직소득세가 궁금하다면, 해당 엑셀 파일 내 필요항목을 직접 입력하여 퇴직소득세를 계산해 보도록 하자.

연금펀드 / 연금신탁 / 연금보험, 모두 다른 상품일까?

연금저축과 관련하여 많은 사람들이 연금저축펀드와 연금저축신탁, 그리고 연금저축보험의 차이에 대해 궁금해 한다. 전부 동일한 상품으로 이해하고 있는 사람들도 있는 반면 모두 다른 상품으로 생각하고 있는 사람들도 있다.

노후대비를 위해서는 세 가지 종류의 연금저축상품이 있지만 전부 다 가입할 필요는 없다. 모두 동일한 종류의 연금상품이기 때문이다. 즉, '개인연금'은 연금저축신탁, 연금저축펀드, 연금저축보험 3개를 통칭해서 말한다.

■ **판매회사, 상품구성 등에 따라 연금펀드, 신탁, 보험으로 나뉜다.**

동일한 개인연금 내의 상품임에도 불구하고 상품명이 이같이 다른 이유 중의 하나는 '판매회사'의 차이다. 연금신탁은 은행, 연금펀드는 증권사, 연금보험은 보험사에서 취급한다. 요즘은 금융업무의 겸업이 늘면서 사실 거의 모든 금융회사에서 연금신탁·보험·펀드 가입이 가능해졌다.

또 다른 차이는 상품구성이다. 연금펀드의 경우에는 기대수익률이 높은 주식형, 채권형펀드 등의 상품이 가입이 가능하며, 신탁과 보험의 경우 원금보장이 가능한 안정형 상품과 공시이율 상품 위주로 구성된다. 즉, 투자자의 투자 선호도에 따라 가입해야 할 상품이 달라진다. 본인이 위험을 감수하더라도 더 많은 수익을 기대할 때는 연금펀드, 그렇지 않다면 연금신탁이나 연금보험 가입을 추천한다.

아래 연금펀드와 신탁, 그리고 보험에 대해 각 특징 별로 구분해 놓았으니, 해당 상품에 가입을 망설이고 있다면 사전에 이를 비교해보면 도움이 될 것이다.

연금펀드, 연금신탁, 연금보험의 차이

구분	연금펀드	연금신탁	연금보험
판매사	증권사	은행	보험사
기대수익률	높음	낮음	낮음
예금자보호	비보호	보호	보호
납입	자유납입	자유납입	정액납입 2회 이상 미납입시 실효

상품종류	주식형 (주식 60% 이상) 혼합형 (주식 60% 미만) 채권형	안정형 (주식 10% 이내) 채권형 (채권 100%)	공시이율
장점	고수익	원금보장	원금보장 종신형 연금수령 가능
단점	원금손실 가능성	낮은 기대 수익률	비싼 수수료(사업비)

064
연금보험과 연금저축보험은 어떤 차이가 있을까?

보험설계사를 통해 자산관리를 받게 되면 공통적으로 종신보험과 연금보험에 가입하게 되는 경우가 많다. 하지만 보험상품이 금융상품 중에서도 매우 복잡한 편에 속하기 때문에 시간이 지나면서 본인이 어떤 보험을 가입했는지 혼란스러워 하는 경우를 많이 볼 수 있다. 이 책을 읽는 독자들도 예외는 아닐 것이다. 대표적으로 연금보험과 연금저축보험이 이에 해당한다.

연금보험과 연금저축보험은 상품명이 비슷해서 헷갈리기 혼동하기 쉬운 상품이다. 하지만 앞에서 다룬 세제적격, 세제비적격 상품에 대한 내용을 읽어보았다면 이해가 쉬울 것이다. 이 두 상품은 세금혜택에 따라 구분되는데, 연금보험은 세제비적격 연금상품, 연금저축보험은 세제적격 연금이다. 즉, 혜택을 받기 위한 요건을 모두 충족한다면 연금보험은 발생수익에 대해 비과세 혜택을, 연금저축보험은 세금을 환급받을 수 있는 세액공제 혜택과 연금을 수령할 때 연금소득세로 저율과세가 되는 혜택을 받을 수 있다.

이를 정리하면 다음과 같다.

연금보험과 연금저축보험

구분	연금보험	연금저축보험
세액공제	불가	연 400만 원 (소득에 따라 상이)
과세항목	이자소득세 (요건 충족 시 비과세)	연금소득세 (5.5% ~ 3.3%)
납입가능금액	한도 없음	연 1,800만 원
가입나이	0세 부터	0세 부터
연금개시나이	45세 부터	55세 부터
비고	비과세 한도 일시납 1억 원, 월납 150만 원	세액공제 한도 IRP포함 최대 연 700만 원

두 상품 모두 각각의 장단점이 있으므로 본인 상황에 맞는 상품을 선택하는 것이 중요하다. 연금보험은 세액공제가 없으므로 소득이 없는 상황이거나 금융소득종합과세 대상자에게 유리할 수 있고, 연금저축보험은 세액공제가 필요한 직장인 또는 사업자에게 유리할 수 있다.

올해 납입한 연금저축과 IRP, 내년에도 세액공제 받을 수 있다?

세제적격상품이라고 불리는 저축과 IRP(개인형퇴직연금)는 최대 연 700만 원까지 세액공제 혜택을 받을 수 있다. 만약 IRP 계좌만 보유하고 있다면, IRP 한 계좌로 연 700만 원까지 세액공제 혜택을 받을 수 있다. 연금저축은 최대 연 400만 원까지 세액공제를 받을 수 있는데, 연금저축과 IRP 모두 보유하고 있다면 합산하여 연 700만 원까지 세액공제 혜택을 받을 수 있는 것이다. 그렇다면 세액공제 한도를 초과하여 저축이나 IRP에 납입했을 경우, 초과된 금액에 대해서는 더 이상 세액공제를 받지 못할까? 과거엔 불가능 했지만 지금은 받을 수 있다. 신청한 시점에 추가로 세액공제를 받을 수 있다.

다음의 표를 보자.

연도	변경 전		변경 후		차이
	납입액	세액공제액	납입액	세액공제	
'16	1,000만 원	700만 원	700만 원	400만 원	-
'17			300만 원	300만 원	300만 원 추가 세액공제

2016년도에 1,000만 원을 납입한 고객은 700만 원의 세액공제를 받고 나머지 300만 원에 대해서는 세액공제 혜택을 받을 수 없다. 하지만 2017년도에 세액공제 받지 못한 300만 원을 세액공제 신청을 하면 해당 년도에 300만 원을 납입한 것으로 인정하여 세액공제를 추가로 받을 수 있다. 다만 연간 700만 원 한도내에서 부여하므로 당해연도에 별도로 납입한 금액이 있는지를 확인해볼 필요가 있다.

이러한 혜택이 있으므로 과거에 연금저축과 IRP에 세액공제 한도를 초과해서 납입한 금액이 있다면 추가 세액공제 신청해서 혜택을 받을 수 있도록 하자.

노후대비를 위해
꼭 알아두어야 할 연금소득세

평안한 노후는 내가 모은 연금이 어느 정도 되냐 에서부터 시작된다. 즉, 노후가 시작되는 순간부터 어떻게 노후를 준비했느냐에 따라 그 출발선은 명확히 차이가 난다. 그리고 이번에 설명할 연금소득세는 노후를 준비하는 사람이라면 반드시 알아둬야 할 세금이라 할 수 있다.

퇴직소득은 사실 인생 주기를 놓고 볼 때 그렇게 많이 발생하는 소득이 아니다. 하지만, 연금소득세는 향후 나의 노후를 위해서 꼭 알아두어야 할 소득이다. 그리고 알아두면 노후뿐 아니라 준비과정에서도 굉장히 도움이 된다.

과연 연금소득세에는 어떤 특징이 있을까?

1. 연금소득세는 사적연금(개인연금, 퇴직연금 등)에만 해당된다.

앞에서 언급했듯, 우리나라의 연금은 크게 공적연금과 사적연금으로 나뉜다. 기준은 운용 주체의 차이이며, 공적연금의 경우 국가가 운용 주체가 되고 사적연금은 개인이 주체가 된다.

개인이 운용 주체가 되는 사적연금은 대표적으로 퇴직연금과 개인연금이 있다. 연금소득세는 이 두 가지 상품에 대해서만 연금소득세를 부과한다. 또한, 사적연금의 연간 연금지급액 합계가 1,200만 원이 넘지 않으면 연금소득만 따로 분리해서 과세되며(분리과세), 그 세율은 연금지급시기에 따라 3.3% ~ 5.5%의 차등세율을 적용받게 된다. 만약, 1,200만 원을 초과하게 되면 종합소득세와 동일하게 적용받게 된다.

연금지급시기에 따른 차등세율은 아래와 같다.

연금소득세 차등세율

연금지급시기	연금소득세율 (지방소득세 포함)
70세 미만	5.5%,
70~79세	4.4%
80세 이상	3.3%

2. 연금소득세는 연간 수령금액이 1,200만 원만 넘지 않으면 무조건 저율과세된다.

연금소득세는 기본적으로 일반적인 금융상품보다 낮은 세율(저율과세)을 적용받도록 설계되었다. 우리나라의 이자소득세 15.4%(지방소득세 포함)와 비교했을 때 3.3% ~ 5.5%의 세율은 매우 낮다고 할 수 있다.

이같이 낮은 세율을 적용받으려면 한 가지만 기억하면 되는데, '연간 연금지급 합계금액'이다. 즉, 매년 사적연금을 통해 수령 받는 금액이 1,200만 원만 넘지 않으면 된다.

소득세법에 따르면 연금소득세는 기본적으로 분리하여 과세한다는 것이 원칙이지만, 연간 연금지급 금액이 1,200만 원을 넘게 되는 경우, 16.5%의 기타소득세가 과세되고, 종합소득세의 대상이 된다. 따라서 사적연금의 연간 수령한도를 꼼꼼하게 체크하여 종합소득세 적용을 받지 않도록 주의하자.

067
연금저축계좌에서도 ETF 거래가 가능하다

노후대비를 위한 3층 연금의 준비는 필수적이고, 이들은 모두 장기투자를 기본으로 한다. 정부는 2017년 11월, 연금저축계좌에서도 ETF 투자를 가능하게끔 했다. 이유는 ETF 또한 장기투자에 적합한 상품이라 판단했기 때문이다. ETF는 앞에서도 언급했지만, 주식과 동일하게 거래되고, 특정 지수를 안정적으로 추종하는 상품이다. 여기서 말하는 특정 지수란, KOSPI와 KOSDAQ, 다우지수 등 각 국가의 지수 또는 바이오, 반도체 등의 대표지수를 의미한다. 개별 종목에 투자되는 것이 아니기 때문에 ETF에 투자만 해도 분산투자와 동일한 효과를 누릴 수 있다. 또 수수료가 낮아 비용에 대한 부담이 적다는 장점이 있어 노후대비에 적합한 상품이라 살 수 있다(ETF의 평균 총 보수는 0.36%로 펀드 중 가장 낮은 보수를 가지고 있는 인덱스펀드 0.52%보다도 저렴하다.).

[ETF 순자산 증가 추이]

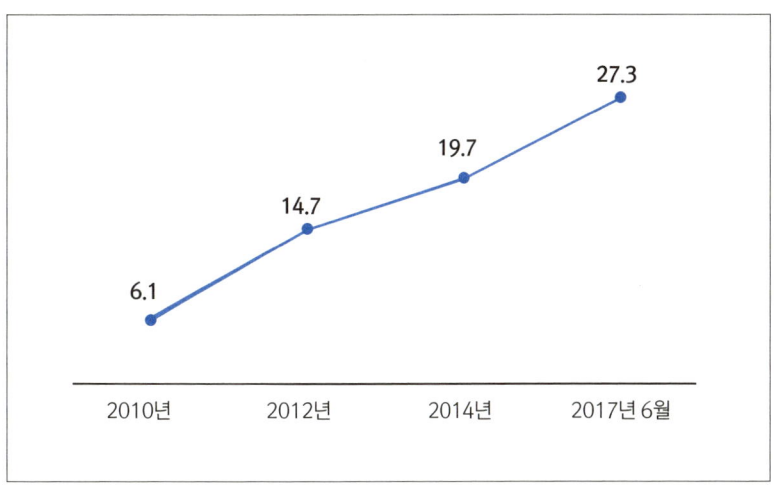

연금저축계좌에서 ETF 매매가 가능해짐은 '노후대비를 위한 투자자산의 다변화'에 그 의미를 둘 수 있다. 이전의 연금계좌의 경우에는 계좌 성격에 따라 조금씩 다를 순 있지만, 예금과 펀드 외 투자할 수 있는 상품이 제한적이었다. 또한, 예금과 펀드에 대한 수익률에 만족하지 못하더라도 마땅한 대안이 없어 어찌할 수 없는 경우가 많았다. 연금저축계좌에 ETF가 편입되면 이런 투자자들에게 조금 더 많은 선택권을 줄 수 있다. 예를 들어 연금펀드의 수익률에 만족하지 못한다면 이를 일부 매도하여 ETF를 매매할 수 있고, ETF 매매의 니즈가 있는 투자자라면 굳이 증권계좌를 개설하지 않아도 해당 연금저축계좌에서 ETF 매매가 가능하므로 이를 이용하면 된다.

연금저축계좌에서 ETF 매매 시 유의할 점도 있다.

첫째는, 세액공제는 연금저축계좌의 '납입액'을 기준으로 산정된다.

따라서 ETF뿐만 아니라 예금, 펀드 등 연금계좌를 통해 얻은 수익금은 세액공제의 기준이 되지 못한다. 손실의 경우도 마찬가지다. 연금저축계좌의 세액공제액은 납입금액(입금금액)임을 잊지 말자.

둘째는, ETF 투자 시 투자종목의 제한이 있다. 연금저축계좌 내 ETF 매매가 가능하도록 허용함은, 앞서 언급한 것처럼 '안정적 노후자금 마련'을 그 취지로 한다. 따라서 장기투자에 부적합한 레버리지·인버스 ETF는 매매 불가 대상으로 제외된다. 이뿐 아니라 연금저축계좌 내 미수·신용 거래도 제한된다.

마지막으로, 중도해지 시 세제상 불이익을 받는다. 이 부분은 연금계좌의 공통된 사항이다. ETF와 관계없이 연금계좌를 중도에 해지할 경우 16.5%의 기타소득세가 부과됨을 잊지 말자. 예를 들어 종합소득 4,000만 원 이상 가입자가 납입액에 대한 세액공제율은 13.2%지만, 중도해지 시 기타소득세는 16.5%가 부과된다(1,000만 원 중도해지 시 32만 원 손해).

노후대비를 위해 투자자의 선택권이 다양해지는 것은 긍정적인 부분이다. 특히 잘 신경 쓰지 않게 되는 연금계좌는 우리가 살아가야 할 노후의 든든한 버팀목이 될 자산이다. 따라서 자신의 연금계좌 수익률에 만족하지 못하거나, ETF 거래에 관심이 있는 투자자라면 해당 계좌를 통해 ETF에 투자해보는 것도 좋은 방법이다. 현재 연금저축계좌 내 ETF 거래가 가능한 증권사는 미래에셋대우, 키움증권, 한국투자증권, NH투자증권이다. 각 증권사 별 거래 방법과 매매 가능한 ETF 종목 등이 다소 상이하니 거래를 원하는 증권사를 통해 충분히 확인하기 바란다.

068
연금수령한도, 어떻게 받아야 유리할까?

모든 연금은 연금 수령 시에 세금을 부과한다. 다른 금융상품과는 달리, 노후를 위한 상품이기 때문에 저율과세 되는 장점이 있지만 정작 어떻게 부과되고 어떻게 연금에 붙어 있는 세금을 절약할 수 있는지 잘 신경 쓰지 않을 때가 많다. 특히, 근로자가 직접 관리하는 퇴직연금과 개인연금은 연금으로 수령하면 일정한 세금혜택을 받을 수 있는데, 이 조건이 바로 연금수령요건이다.[13]

---

13 국민연금의 세금에 관해서는 따로 다뤘으니, 049. 국민연금도 세금을 내야 할까? 부분을 참고하면 된다.

1. 연금수령요건에서 가장 중요한 것은 연금수령한도

퇴직연금, 개인연금에서의 연금수령요건이란 55세 이후 최소 5년 이상 납입하고, 연금수령한도를 10년 이상 지키면 된다는 점이다. 여기서 중요한 것은 연금수령한도인데, 연금수령한도란 연금소득으로 인정되는 금액을 말한다. 연금수령한도 계산은 아래와 같다.

$$연금수령한도 = \frac{당해년도(=연금개시년도)연금평가액}{11 - 연금수령연차} \times 120\%$$

- 연금수령한도 : 위와 계산 식과 같이 연금수령연차와 연금계좌 평가액에 따라 한도가 달라진다
- 연금수령연차 : 최초 연금개시요건을 갖춘 연도를 1년, 그 후 경과할 때마다 1년씩 가산된다
  * 최초 연금개시요건 : 만 55세 이상 & 가입기간 5년 이상
  * 2013년 3월 1일 이전 가입자는 연금개시요건이 가입기간 10년 & 수령기간 5년이므로 연금수령연차는 6년부터 시작된다.
  * (11-연금수령연차)로 산식이 책정된 이유는 최소 10년 이상 연금으로 나눠서 수령 받으라는 의미가 담겨 있음
- 연금계좌 평가액 : 해당연도에는 연금개시일 기준, 개시 이후에는 매년 1월 1일 기준

2. 연금수령한도를 활용한 종합과세 피하기

연금수령한도는 연금소득으로 인정되기 때문에, 이 금액이 1,200만 원을 넘으면 연금소득세(3.3~5.5%)가 아닌 종합소득세(6.6~44%)가 부과될 수 있다. 따라서, 개인연금을 포함한 사적연금의 소득이 1,200만 원이 넘지 않도록 주의해야 한다. 만약, 1,200만 원을 초과할 경우 초과한 금액만 종합과세 대상이 되는 것이 아니라 1,200만 원을 포함한 연금소득 전액이 종합과세 된다. (국민연금, 공무원연금, 군인연금 등 공적연금은 해당

소득에서 제외)

또 하나의 팁은, 연금수령연차가 10년이 넘어가면 연금수령한도가 적용되지 않는다는 점이다. 위의 계산식에 대입해 보면, 분모값이 역전되는 현상이 발생한다. 이것은 10년을 초과한 년도부터는 별도의 한도 적용 없이 인출금액 전액이 연금수령으로 인정된다는 의미다. 따라서 전액 연금소득세로 인정받게 되기 때문에, 1,200만 원을 초과하여 종합소득세로 과세될 걱정은 하지 않아도 된다.

내가 가입한 개인연금의 수익률이 높지 않다면? 계좌이동제가 답이다

만약 내가 가입한 연금상품의 수익률이 높지 못하거나 비싼 수수료 등의 이유로 다른 연금으로 옮기고 싶다면 어떻게 해야 할까? 이런 가입자들을 위해서 정부는 '연금저축 계좌이동 제도'를 마련했다. 이전에는 고객이 이전할 금융회사와 이전받을 금융회사 모두를 방문해야 하는 번거로움이 있었다. 그러다 지난 2015년 4월 27일부터는 이 제도가 신규 가입 금융회사 한 번만 방문하면 이전이 바로 가능하게끔 간소화됐다.

이전을 고민하는 가입자라면 다음의 세 가지를 고려해보고 결정하는 것이 좋다.

1. 이전 전/후 상품 중 어느 상품이 더 유리한지 수익률과 수수료를 꼼꼼히 확인해라

   - 연금펀드의 경우 고수익 추구가 가능하지만, 원금손실의 위험이

존재한다.

　- 연금보험의 경우 가입 후 7년 이내 이체하는 경우 해지 공제액이 발생, 금액이 줄어든다.

　2. 연금펀드의 경우 한 개의 펀드가 아닌 여러 펀드에 분산하여 투자할 수 있다.

　3. 연금펀드와 연금신탁은 납입이 자유롭지만, 연금보험은 2회 이상 미납입 시 계약 실효된다.

　사실 연금저축계좌의 이동 제도는 가입자들이 잘 모르는 경우가 많다. 본인의 연금저축계좌가 수익률이 좋지 않거나 비싼 수수료가 계속해서 나가고 있음에도 불구하고 어쩔 수 없이 그대로 두는 경우가 대부분이다. 이럴 땐 계좌이동제를 이용하는 것이 도움이 된다. 내 노후자산은 누가 지켜주지 않는다. 꼼꼼히 비교해보면서, 어느 곳이 나에게 더 유리한지 따져보자.

　연금저축계좌 이동제도는 적극적인 노후대비의 좋은 수단이 될 수 있다.

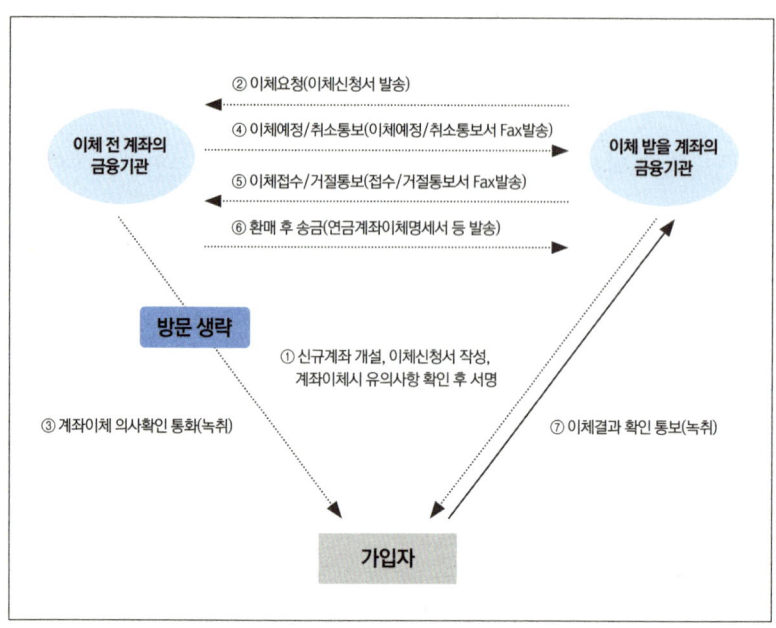

부동산과 노후대비

누구나 알지만,
제대로 모르는 주택청약종합저축

이제는 너무 익숙할 정도로 모든 국민이 아는 상품이 되어버린 '주택청약종합저축'. 대부분의 사람들은 단순히 청약을 받기 위한 통장 정도로만 알고 있다. 주목적은 주택 청약을 용도로 만들어진 통장이 맞지만, 주택청약종합저축의 장점은 이것뿐만이 아니다. 노후대비를 위해서라면 주택청약종합저축은 필수적으로 가지고 있어야 할 상품 중 하나이다.

주택청약종합저축의 장점은 어떠한 것들이 있는지 좀 더 자세히 알아보자.

1. 주택청약종합저축은 모든 주택의 청약이 가능한 만능 통장이다.

지난 2009년 5월에 출시된 주택청약종합저축은 기존의 청약저축과 청약예금, 청약부금을 통합한 상품이다. 2009년 이전에는 국민주택은 청약저축으로, 민영주택은 청약예·부금이 있어야만 청약할 수 있었다. 이후 2015년 9월, 국토해양부는 청약제도 개편을 통해 청약저축과 예·부금의 신규 가입을 중단, 주택종합저축으로 단일화했다. 그때부터 주택종합저축 통장 하나만 있으면 국민·민영주택 관계없이 모든 신규 분양주택에는 사용할 수 있어 '만능통장'이라 불리기 시작했다.

기본적으로 청약통장은 '1인 1통장'만 허용되는 것이 원칙이다. 따라서 기존 청약저축이나 청약예·부금에 가입한 가입자들이 있다면, 해당 통장의 청약 가능 주택 규모 등을 따져봐야 한다. 현재 갖고 있는 통장을 갈아타거나, 기존통장을 해지하고 주택청약종합저축에 다시 가입하는 것을 고려해야 할 것이다.

통장별 주택 청약 여부

주택 종류	주택청약종합저축	청약저축	청약예·부금
국민주택	가능	가능	불가
민영주택	가능	불가	가능

* 국민주택 : 국가, 지자체, LH 및 지방공사가 건설하는 주거전용면적 85㎡ 이하의 주택 또는 주택도시기금의 지원을 받아 건설·개량하는 85㎡ 이하의 주택(수도권 제외한 읍·면은 100㎡ 이하)
* 민영주택 : 국민주택을 제외한 주택

2. 주택청약종합저축은 상대적으로 높은 금리를 받을 수 있다.

대부분의 가입자들은 청약통장이 주택 청약을 위해서만 존재한다고 생각하지만, 재테크의 좋은 수단이 될 수 있다. 청약통장은 예금자보호법에 의해 보호되지는 않지만, 주택도시기금의 조성 재원으로 정부가 직접 관리한다는 특징이 있다. 또한, 가입일부터 해지일까지의 저축 기간에 따라 약정이율을 제공하는데, 상대적으로 높은 금리를 제공한다. 해당 금리는 일반 예적금과 동일하게 이자소득세 15.4%가 원천징수되며, 2천만 원을 초과할 경우 종합 과세가 됨을 알아두자.

주택청약종합저축 약정이율

1개월 초과 ~ 1년 미만	1년 이상 ~ 2년 미만	2년 이상
연 1%	연 1.5%	연 1.8%

3. 주택청약종합저축은 소득공제 대상이 된다.

국세청은 매년 말, 연말정산을 위한 팁을 제공하고 있다. 그 중 가장 많이 조회되는 내용 중 하나가 주택청약종합저축의 소득공제 여부다. 결론부터 말하면, 소득공제가 된다. 단, 조건이 있다. 총 급여액이 7,000만 원 이하인 무주택세대주인 근로자만 소득공제를 받을 수 있다. 납입금액(연간 240만 원 한도)의 최대 40%(최대 96만 원)까지 소득공제를 받을 수 있다.

주택청약종합저축은 단순히 청약만을 위한 통장은 아니다. 청약뿐 아니라 상대적으로 높은 금리를 제공하며 소득공제까지 받을 수 있는 장점이 있는 상품이다. 금융상품 중에 재테크와 세테크(절세)가 동시에 되는 상품은 많지 않다. 1석 3조의 효과를 누릴 수 있는 주택청약종합저축, 노후대비를 위한 필수 상품이므로 꼭 챙기도록 하자.

주택, 대출을 알아볼 땐 이것 먼저 살펴보자!
은행보다 싼 대출

직장인 A씨는 직장 동료 B씨와 식사를 하던 중, B씨가 받은 대출 이자를 듣고 깜짝 놀랐다. 분명 소득에서는 큰 차이가 나지 않음에도 불구하고 본인보다 훨씬 유리한 조건에 대출을 받은 것이다. 대출금액도 크게 차이나지 않았는데, 이자가 거의 1% 가까이 차이가 났다. 어떻게 해서 이런 결과가 생긴 것일까?

요즘 대출 없이 주택 자금을 구하기란 쉽지 않다. 부동산 가격이 하늘 높은 줄 모르고 오르면서 소득으로는 그 금액을 도저히 보전할 수가 없어졌다. 이왕 받아야 할 주택자금 대출이라면, 노후대비를 위해서는 보다 좋은 대출 상품을 고르는 것이 비용적인 측면에서 유리할 것이다.

위와 같은 사례에서 보듯, 우리는 주택에 대해서는 꼼꼼히 비교하고 선택하지만, 대출 상품은 그렇지 못할 때가 많다. 주로 거래하는 금융기관에 방문해서 상담을 받고, 해당 금융기관이 취급하는 대출상품에 가입하는 것이 일반적이다. 하지만, 어떠한 대출상품을 고르느냐에 따라 그 차이는 꽤 커질 수 있다. 노후대비에서는 지출에 대한 관리가 철저히 필요하므로, 대출을 받을 때도 자신에게 적합하고 유리한 상품이 무엇인지 비교해보는 습관을 지니도록 하자.

■ 정부에서 직접 지원해주는 대출은 상대적으로 유리하다.

일반적으로 금융기관이 취급하는 대출 상품보다 정부에서 제공하는 대출 상품이 상대적으로 유리할 때가 많다. 이는 정부에서 주택 지원을 위해 정책적으로 대출을 지원해 주기 때문이다.

정부에서 제공하는 대출상품은 주로 한국주택금융공사을 통해 확인이 가능하다. 이를 '한국주택금융공사 모기지론'이라 하는데, 한국주택금융공사(www.hf.go.kr)에 접속하면, 정부에서 제공하는 다양한 주택 관련 대출을 한눈에 알아볼 수 있다. 다만, 각 대출상품마다 자격조건이 다르므로 본인이 여기에 해당하는지를 먼저 알아봐야 한다.

간단히 상품을 정리하면 다음과 같다.

1) 보금자리론 : u보금자리론, 아낌e보금자리론, t-보금자리론

구분	u보금자리론	아낌e보금자리론	t-보금자리론
대상	무주택자 또는 1주택자	u보금자리론과 조건은 모두 동일. 단, 아낌e보금자리론은 전자약정으로 u보금자리론보다 금리가 0.1% 저렴함 (인터넷 신청)	u보금자리론과 조건은 모두 동일. 단, u보금자리론의 경우 2주택이 될 경우 기존주택은 3년이내 처분해야 하는 것에 비해, t-보금자리론은 그런 제약이 없음. 대신 u보금자리론에 비해 금리가 조금 더 높다.
소득제한	부부합산 연소득 7천만 원 이하		
고정/변동금리	고정금리		
대출금리	연 3.2~3.45%		
대출한도	주택가격의 70% 최대 3억 원		
대출기간	10년, 15년, 20년, 30년		
대상주택	6억 원 이하		
상환방식	원리금균등분할 원금균등분할 체증식분할상환 중 택1		

* 원리금균등분할 : 원금과 이자의 합계금액이 매월 일정하게 납부되도록 만든 방식. 초기 회차에는 상환하는 금액에는 이자가 많고 원금이 적지만, 회차가 지날수록 이자금액이 적고 원금회수가 많아지는 방식이다.
* 원금균등분할 : 원금을 기간에 따라 균등하게 나눠 매월 상환하고, 이자는 매월 원금 상환으로 인해 줄어든 대출잔액에 대해 납부한다.
* 체증식분할상환 : 원리금상환기간 중에 상환회차별 상환금액이 증가하는 방식. 초기 상환금액은 적고 회차가 지날수록 상환금액이 늘어난다.

보금자리론 상품·만기 별 금리현황

상품명	10년	15년	20년	30년
아낌e-보금자리론	2.90	3.00	3.10	3.15
u-보금자리론	3.00	3.10	3.20	3.25

t-보금자리론	3.00	3.10	3.20	3.25

(2017년 10월 1일 기준, 출처 : 한국주택금융공사)

2) 디딤돌대출

대출신청인과 배우자 합산 총소득이 6,000만 원(생애최초 주택구입자는 7,000만 원)이하이며, 세대주를 포함한 세대원 전원이 무주택일 경우 받을 수 있는 대출 상품이다(30세 미만 단독 세대주 제외).

대출금리는 만기·소득수준 별로 차등 적용되며 ('17년 10월 기준 2.25~3.15%), 대출만기까지 고정 또는 5년 단위 변동금리 적용된다. 다자녀, 생애 최초, 신혼 가구 등에는 0.2%~0.5%p의 우대금리가 적용되니 챙기도록 하자. 대상 주택은 5억 원 이하, 주거전용면적 85㎡ 이하만 가능하며 (수도권 제외한 읍·면 지역은 100㎡까지) 한도는 주택가격의 70%로 최대 2억 원까지 가능하다. 대출기간과 상환방식은 위의 보금자리론과 동일하다.

2017년 6월부터는 주택도시기금 재원으로 직접대출이 가능해지면서, 은행 창구에서 디딤돌대출 신청이 가능하므로 해당 상품 가입을 문의하면 자세한 상담이 가능하다.

3) 적격대출

적격대출은 신청하는 가구의 소득 기준을 따지지 않고 오직 주택의 가격만을 따지는 대출 상품이다. 담보주택가격이 9억 원 이하일 경우에만 신청이 가능하다. 대출한도는 총 5억 원이며, 대출기간은 10년 이상, 30

년 이하로 원리금 균등분할상환, 원금 균등분할상환 등 상환방식은 본인이 선택할 수 있다.

　적격대출의 가장 큰 장점은 가구의 소득을 따지지 않는다는 점이다. 요즘은 맞벌이가 아닌 가정을 찾기 힘든 시대이다. 정작 실수요자에게는 소득 제한으로 좋은 대출 상품이 있어도 받지 못할 때가 많다. 이럴 때 적격대출을 알아보는 것도 좋은 선택이다. 적격대출은 또한 은행에서 가입 가능하나 은행별로 금리가 상이하므로 반드시 비교해 보기 바란다.

투기지역 / 투기과열지구 / 조정대상지역, 어떤 차이가 있을까?

8·2부동산 정책 이후 부동산 관련 용어 중에 가장 많이 언급되는 단어를 꼽자면 '투기지역, 투기과열지구, 조정대상지역'이 아닐까 싶다. '투기'란 단어는 듣기만 해도 뭔가 해서는 안 될 것 같은 위화감이 들기도 한다. 또한, 투기지역, 투기과열지구는 그 단어가 비슷해서 선뜻 그 차이가 무엇인지 이해하기가 쉽지 않다.

노후대비의 수단으로 부동산을 생각하고 있다면, 부동산 정책은 나올 때마다 해당 정책을 정독하기를 권한다. 부동산 시장은 다른 금융시장과 비교해 볼 때 정책에 가장 크게 영향을 받기 때문이다. '아무리 머리를 굴려도, 부동산은 정부의 정책을 이길 수 없다'라는 말은 괜히 나오는 게 아니다. 2017년에 발표한 8·2 부동산 대책을 근거로, 투기지역과 투기과열지구, 조정대상지역 등에 상세히 알아보도록 하자. 향후 내 집 마련을 위해서는 모두 이 정책을 기준으로 적용될 가능성이 높기 때문이다.

1. 규제순으로 보자면, 투기지역 〉 투기과열지구 〉 조정대상지역

먼저, 규제 순으로 보자면 투기지역이 가장 강하다. 반면, 범위로 보자면 조정대상지역이 가장 넓고, 투기지역이 가장 좁다. 투기지역은 투기과열지구와 조정대상지역의 규제를 전부 포함하고, 반대로 조정대상지역에서는 투기지역이나 투기과열지구의 규제를 적용받지 않는다. 즉, 투기지역이 가장 좁은 범위에서 강력한 규제를 적용받는다. 사실, 과거 2002년 9월 부동산 가격 급등으로 강남·서초·송파 3구가 투기지역으로 지정된 적이 있었다. 2012년 5월 해당 지역은 해제되었고, 그 후 용산, 마포, 세종시 등 9개 지역과 함께 투기지역으로 재지정됐다. 아래 국토교통부에서 정책 발표 당시 각 지역·지구별 기존 규제와 추가된 규제 내역을 발표한 자료가 있으므로 이를 참고하면 좋다.

조정대상지역, 투기과열지구, 투기지역의 비교

	조정대상지역	투기과열지구	투기지역
기준	*청약1순위 자격제한 - 5년 내 당첨사실이 있는 자의 세대에 속한 자 - 세대주가 아닌 자, 2주택 이상 소유 세대에 속한 자 *민영주택 재당첨 제한 *재건축 조합원당 재건축 주택공급수 제한(1주택)		*양도세 가산세율 적용 - 1세대가 주택과 조합원 분양권을 3개 이상 또는 비사업용 토지를 보유한 경우 양도세율 +10%p *주담대 만기연장 제한 *기업자금대출 제한
	*전매제한 - 소유권이전등기시 (서울, 과천, 광명) / 1년 6개월(성남) *단기 투자수요 관리 - 중도금대출보증 발급 요건 강화, 2순위 신청 시 청약통장 필요, 1순위 청약일정 분리 *LTV, DTI 10%하향 (투기과열지구 투기지역 외)	*전매제한 - 소유권이전등기시 *재건축 조합원 지위양도 금지(조합설립인가 후) *민간택지 분양가상한제 적용 주택의 분양가 공시	

(출처 : 국토교통부)

신규 추가 또는 효과 강화 (8.2 대책)	*청약1순위 자격요건 강화 - 청약통장 가입후 2년 경화 + 납입횟수 24회 이상 *가점제 적용 확대(조정대상지역 75% 투기과열지구 100%) *오피스텔 전매제한 강화(소유권이전등기시까지) 및 거주자 우선분양 적용(20%)		
	*양도세 가산세율 적용 - 2주택자 +10%p - 3주택자 이상 +20%p *다주택자 장기보유특별공제 적용 배제 *1세대 1주택 양도세 비과세 요건 강화 - 2년이상 거주요건 추가 *분양권 전매시 양도세율 50%로 일괄 적용	*재개발/재건축 규제 정비 - 재개발 등 조합원 분양권 전매제한(소유권이전등기시) - 정비사업 분양(조합원/일반) 재당첨 제한(5년) - 재건축 조합원 지위 양도제한 예외사유 강화 *거래 시 자금조달계획, 입주계획 신고 의무화 - 거래가액 3억원이상 주택	*주담대 건수 제한 - 차주당 1건 → 세대당 1건
		*LTV/DTI 40% 적용(주담대 1건 이상 보유세대 30%, 실수요자 50%)	
적용 지역	40개 지역 서울(전역, 25개구), 경기(과천, 성남, 하남, 고양, 광명, 남양주, 동탄2), 부산(해운대, 연제, 동래, 부산진, 남,수영구, 기장군), 세종	27개 지역 서울(전역, 25개구), 경기(과천), 세종	12개 지역 서울(강남, 서초, 송파, 강동, 용산, 성동, 노원, 마포, 양천, 영등포, 강서), 세종

* 2017.9.6 경기도 성남시 분당구, 대구광역시 수성구는 투기과열지구로 추가 지정됨.

2. 투기지역, 투기과열지구, 조정대상지역은 적용받는 세법이 각각 다르다.

세 가지 정책 모두 부동산투기 규제를 주목적으로 하지만, 각각 적용되는 법이 다르다. 먼저, 투기지역의 경우 소득세법 제104조 2에 해당되는데, 국토교통부장관의 지정 요청에 따라 기획재정부 부동산가격안정심의위원회의 심의를 거쳐 장관이 이를 지정한다. 투기지역은 '양도소득세 중과'가 주요 포인트라 할 수 있다.

투기과열지구는 주택법 제63조 제2항의 적용을 받는 규제로, 국토교통부 내 주거정책심의위원회 심의를 거쳐 일정 지역을 투기과열지구로 지정한다. 조정대상지역 또한 동일하게 주택법의 적용을 받으며 투기과열지구와 동일하게 투기적 수요를 차단하는 데 그 초점을 맞추고 있다. 따라서, 위의 표를 보면 전매제한 및 청약 자격제한 등의 제도를 사용한다. 여기에 LTV, DTI 등의 대출 규제 등을 추가하여 투기 수요는 막고 실수요자 중심으로 주택 시장 안정화를 달성해 내려 한다.

내 집 마련은 어찌 보면 평생의 목표가 될 수 있고, 노후대비에 있어서 가장 중요한 자산이 될 수 있다. 그리고 내 집 마련을 앞둔 사람이라면, 투기 세력으로 인한 부동산 가격의 상승과 정부의 규제는 꽤 달갑지 않을 것이다. 하지만, 정책을 무시할 수는 없는 노릇이다. 정책에 대해 꼼꼼히 알아두고, 과거에 어떤 효과가 있었는지 지금부터라도 준비하면 노후대비에 있어 큰 도움이 될 것이다.

노후대비가 부동산이라 생각한다면?
공공분양을 노려보자!

우리나라 성인에게 노후를 대비하기 위한 가장 좋은 자산은 무엇일까요? 라고 물어본다면, 10명 중 8명은 '부동산'이라 답한다. 그 이유는, 실제 부동산이 많은 사람들에게 부를 안겨준 것도 있겠지만, '부동산만큼 우리나라에 안전한 자산은 없다'는 인식이 지배적이기 때문이다.

그도 그럴 것이, 지난 몇 년간 우리나라의 주택가격은 계속해서 상승해 왔었다. 아래 주택매매가격 종합지수를 보면, 1986년부터 지금까지 꾸준히 상승해 왔던 것을 확인할 수 있다. 특이한 점은 2003~2005년 사이 잠시 기간 조정을 겪었는데, 이는 노무현 대통령 당시 종합부동산세 등의 부동산 규제로 주택가격이 상당 부분 영향을 받았다. 하지만, 그 이후 지금까지 부침 없이 상승세를 지속해 왔다.

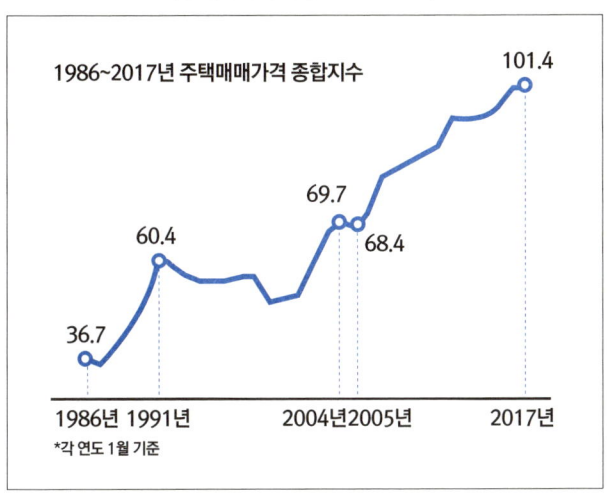

[주택매매가격 종합지수 추이]

(출처 : 한국경제)

주택을 고를 때 전문가들이 가장 중요한 것으로 꼽는 것은 무엇일까? 첫째는 '입지'다. 아무래도 좋은 입지의 주택이 더 매력적일 수밖에 없다. 강남의 집값이 떨어지지 않는 이유기도 하다. 둘째는 무엇일까? '가격'이다. 아무리 입지가 좋아도 가격이 맞지 않으면 구매할 수 없을 것이다.

그렇다면, 동일한 입지에서 가장 저렴하게 주택을 구입할 수 있는 방법은 무엇일까? 바로 공공분양이다.

1. 공공분양은 국가 또는 지방자치단체에서 직접 공급한다.

공공분양은 SH공사(서울특별시)나 LH공사(토지주택공사) 등 지자체 또는 국가에서 직접 분양하는 주택을 말한다. 민간 건설사가 분양하는 민간 분양과는 반대되는 개념이다. 공공분양의 가장 큰 특징은 민간 분양 주택보다 분양가가 저렴하다는 점이다. 평균적으로 주변 시세보다 10~20%까지 저렴하게 공급된다. 예전에는 주로 주변에서 쉽게 볼 수 있는 '주공아파트' 등이 공공분양 아파트에 해당하였으며, 다른 민간분양 아파트보다 저렴한 자재, 편의시설 부족 등의 이유로 선호하지 않았다. 하지만, 최근에는 민간 건설사가 직접 공공분양 시공에도 참여하면서 이에 대한 인식이 변화하고 있다. 저렴한 가격에 편의시설까지 남부럽지 않게 갖춘 공공분양 아파트의 인기가 있을 수밖에 없다.

2. 공공분양 당첨 조건 : 무주택자, 청약통장, 그리고 특별공급

공공분양 주택에 당첨이 되려면 일단 본인 소유의 주택이 없어야 한다. 공공분양이 서민 주거 안정을 목적으로 하기 때문이다. 또한, 공공분양은 민간분양과 달리 청약가점제를 따르지 않고, 청약통장의 납입횟수와 저축총액이 많은 사람 순으로 분양이 확정된다.

2017년 11월인기를 끌었던 하남감일스윗시티 A1, A4BL 지구를 예로 들어보면, 당해지역 59㎡의 경우 납입횟수 149회, 1,490만 원, 84㎡의 경우 148회, 1,480만 원이 당첨 커트라인이었다. 즉, 청약통장이 매월 10만 원, 연 최대 120만 원까지 인정되는 것을 볼 때 최소 12년동안 매월 10만 원씩 꾸준히 넣은 사람이 당첨 기준에 해당한다는 것이다.

청약저축 납입횟수와 금액이 많지 않다면, 특별공급을 활용하는 것도 좋은 방법이다. 특별공급은 생애 최초, 신혼부부, 노부모 부양, 다자녀 가구 등으로 나뉘며 여기에 일정 소득 기준을 충족하면 청약할 수 있다. 특히, 올해부터는 신혼부부 특별공급을 주목할 만하다. 이유는 올해부터 신혼부부 특별공급 물량을 15%에서 30%로 2배가량 확대했기 때문이다. 또한, 신혼부부로 인정되기 위한 기본 조건인 혼인 기간 5년 이내 및 1자녀 이상에서 7년 이내에 자녀가 없을 경우에도 특별공급 대상이 되도록 포함시켰다.

2017년 8월부터 시행된 100% 청약 가점제, 대출 규제 및 투기지역 지정 등으로 내 집 마련은 더욱 어려워졌다. 특히, 주택 가격이 고공행진을 하면서 실수요자지만 쌓아둔 자금이 적은 신혼부부나 청년층은 청약이 상당히 불리해졌다. 이를 극복하기 위해 공공분양과 그중에서도 특별공급 물량을 꾸준히 찾아보면서 청약에 참여해 보도록 하자.

2018년 상반기 공공분양 공급 예정 주택

지역	단지명	총 가구수	공급 가구	전용면적(㎡)
경기	과천지식정보타운	433	433	미정
	수원고등 푸르지오 자이	3,462	749	59~101
	시흥은계	1,719	1,719	51~84
	현안2지구	984	984	미정
	화성동탄	800	800	74~84
부산	e편한세상 금정산	1,969	1,216	59~84
대구	수성알파시티	826	582	미정
충북	청주모충	1,280	1,280	59~84

(출처 : 파이낸셜 뉴스)

재개발과 재건축,
어떤 차이가 있을까?

직장동료인 A씨는 요즘 기분이 좋다. 최근 본인이 소유한 아파트가 재건축 대상이 되었다는 소식 때문이다. 5년 전, 20년도 더 된 아파트를 구매했을 때 주변에서는 대체 그 오래된 아파트를 왜 구매하냐고 아우성이었다. 하지만, 지금은 상황이 달라졌다. 주변에서 부러움 일색이다. 그도 그럴 것이, 재건축 대상이 된 후 이 아파트의 시세는 2배가량 올랐다.

또 다른 B씨는 고민이 많다. 부모로부터 받은 조그만 주택이 있는데, 최근 재개발 대상이 되어 아파트가 세워진다고 한다. 토지 보상을 받고 청산할지, 참여하여 분양을 받을지 고민이다.

우리나라 노후대비의 가장 중요한 자산을 꼽으라면, 단연 부동산일 것이다. 실제 주변에서는 부동산 투자를 통해 돈을 벌었다는 이야기가 적지 않게 들리곤 한다. 그 중 대표적인 사례가 위의 사례처럼 재개발, 재건축인 경우가 많다. 하지만, 대부분의 사람들은 재개발과 재건축의 차이를 잘 알지 못한다. 심지어, 본인이 소유한 주택이 재개발 대상이 되었는데도 재건축이라 말할 때도 많다. 용어도 비슷한 재개발과 재건축, 과연 어떠한 차이가 있을까?

■ 재개발은 공공(공익)사업, 재건축은 민간주택(사익)사업

2018년 개정된 도시 및 주거환경정비법(도정법)에는 재개발과 재건축의 정의가 자세히 나와 있다. 재개발은 정비기반시설이 열악하고 노후·불량 건축물이 밀집한 지역의 주거환경을 개선하거나, 상업·공업지역 등에서 도시기능의 회복 및 상권 활성화 등을 위해 도시환경을 개선하기 위한 사업을 말한다. 즉 주거, 도시환경 개선을 주목적으로 한다.

재건축은 조금 다르다. 정비기반시설은 양호하지만, 노후·불량 건축물에 해당하는 공동주택이 밀집한 지역에서 주거환경을 개선하기 위한 사업이다. 재건축은 주거환경 개선이 주목적이다(이와는 별도로 리모델링 사업이 있다. 리모델링은 기존의 건물을 철거하지 않고 뼈대를 유지한 채 주택의 면적, 설계 등을 바꾸는 사업을 말한다.).

재개발이 공공사업의 성공을 띠는 이유는 재건축과 달리 주변 기반시설까지 개선하기 때문이다. 대상 지역의 토지를 수용하여 주택뿐 아니라 도로, 상·하수도 등 공공기반시설까지 새로 정비한다. 반면, 재건축은 기존의 주택 주거환경 개선을 주목적으로 삼기 때문에, 주로 민간주택(사익)사업 성격이 강하다 할 수 있다. 쉬운 예로, 재개발에 해당된 지역은 도로와 공원 등 주변 공공시설까지 새로 짓는다. 재건축은 주변 시설들은 두고, 해당된 주택(아파트)만을 철거하여 새로 짓는다고 생각하면 이해가 좀 더 쉽다.

아래 재개발과 재건축의 주요 차이에 대해 표로 정리해 놓았으니, 이를 참고하면 좋다. 또한, 재개발, 재건축 관련 법규인 도시 및 주거환경정비법을 정독하는 것도 상당히 도움이 되므로 관심이 있다면 이를 한 번 읽어보는 것을 권한다.

재개발과 재건축의 차이

구분	재개발	재건축
관련법규	도시 및 주거환경정비법 (도정법)	
특징	공공(공익)사업	민간주택(사익)사업
시행주체	재개발조합, 지자체, SH, LH 등	재건축조합
기반시설 정비 여부	○	×
안전진단 여부	×	○
조합원자격	토지 or 건물 소유 시	토지 and 건물 소유 시
사업부지 매입권한	강제수용권 (조합설립에 동의하지 않아도 당연조합원이 됨)	매도청구권 (조합설립에 동의하지 않으면 현금청산 대상자가 됨)
세입자 이주비 제공 여부	○	×

초과이익환수제*	×	○
절차	조합설립 → 사업시행인가 → 관리처분 → 착공 → 청산	기본계획수립 → 안전진단 → 조합설립 → 사업시행인가 → 관리처분 → 착공·분양 → 청산

▶ 초과이익환수제 : 재건축을 통해 조합원 평균 3,000만 원 이상 개발이익을 얻으면 정부에서 이익분의 최고 50%를 환수하는 제도 (2018.1.1이후 모든 재건축은 이에 해당)

075

입주권과 분양권, 어떻게 다를까?

부동산에 관심이 있다면 입주권과 분양권이라는 단어를 한 번쯤은 들어봤을 것이다. 일반적으로 부동산 투자를 할 때는 둘 중의 하나를 선택한다. 향후 재개발 또는 재건축이 될 기대감이 있는 곳에 미리 투자하거나, 이미 재개발, 재건축이 확정되어 공공 또는 일반분양을 통해 공급될 때 청약을 넣어 당첨을 기대하는 방법이 있을 것이다. 분양권과 입주권도 사실 위 범주 안에 포함되어 있는 용어이지만, 별개로 생각하는 경우가 많다. 분양권과 입주권, 과연 어떤 의미인지 알아보도록 하자.

1. 입주권 : 조합원이 새 주택에 입주할 수 있는 권리

재개발, 재건축이 이뤄지면 해당 지역에 거주하던 사람들이 조합원이 된다. 조합원이란 재개발 또는 재건축 사업을 위한 조합의 구성원으로서, 사업시행부터 착공 및 분양까지 전 과정을 참여하게 된다.

일반적으로 사업시행 인가 후 관리처분계획 승인이 나면, 기존 조합원들에게 앞으로 새롭게 지어질 주택에 입주할 수 있는 권리가 부여되는데 이것을 입주권이라 한다. 쉽게 설명하면, 새로운 집에 들어갈 수 있는 권리가 입주권이다.

입주권이 가진 장점은 무조건 입주가 확정된다는 점과, 분양권에 비해 좀 더 저렴한 가격으로 집을 매입할 수 있다는 점이다. 또한, 에어컨 설치, 발코니확장, 이주비 지급 등의 다양한 혜택을 받을 수 있다. 분양으로 인한 당첨을 기다리지 않고, 입주권만 있으면 새로운 주택에 입주할 수 있는 권리가 생기니 최근 분양 시장이 호황인 상황에서는 그 수요가 많다.

하지만, 입주권은 분양권에 비해 세금적으로 불리한 부분이 있다. 먼저, 취득세 부분에서 분양권 대비 약 3배가량 차이가 난다. 입주권의 취득세는 토지분과 주택분으로 2번 납부하게 되는데, 기존 토지 매입분의 4.6% 착공 후 주택분의 최대 3.16%(85㎡ 이상)까지 납부해야 한다. (재개발은 85㎡ 이하일 경우 주택분 취득세 면제, 재건축은 2.96%)

또한, 입주권은 양도세 중과 대상이 된다. 세법상 주택 수에 포함되므로 만약 1주택을 보유한 상황에서 입주권을 구매하게 되면 다주택자가 된다. 단, 다주택자라도 기존 주택을 매도하지 않고, 입주권을 매도하게 되면 이는 양도세 중과가 적용되지 않으니 이를 유의해야 한다.

2. 분양권 : 공공·일반 분양을 통해 당첨된 후 입주할 수 있는 권리

분양권은 흔히 말하는 당첨을 통해 분양받는 권리를 말한다. 뉴스에서 많이 언급되는 '로또' 청약이 바로 이 분양권을 두고 하는 말이다. 분양권은 일반적으로 기존 조합원의 분양가보다 높다. 반면, 입주권에 비해 비용이 적게 들고 취득세가 낮아 이를 찾는 수요가 많다. 취득세는 입주 시 한 번만 납부하면 되며 면적에 따라 1.1%(85㎡, 6억 원 이하)~3.5%(85㎡, 9억 원 초과)의 세율이 적용된다.

입주권과 분양권은 이처럼 장·단점을 지니고 있다. 입주권은 분양권보다 저렴하게 입주할 수 있지만, 세금의 부담이 크고, 분양권은 세금의 가격이 적지만 프리미엄이 있어 일반적으로 입주권보다 비싸다. 만약, 입주권과 분양권 투자를 고려하고 있다면 이를 비교하여 적절히 활용하기를 바란다.

전세금도 보험으로 보장받을 수 있다?
전세보증금 보증보험

주택가격이 멈출 줄 모르고 상승하고 있다. 최근 부동산 대책들이 계속적으로 나오면서 다소 주춤한 상태지만, 그 열기는 꺾이지 않고 있다. 주택가격이 오르면, 당연히 내 집 마련은 요원해질뿐더러, 전세로 들어가는 것도 걱정이다. 일반적으로 주택가격이 오르면 전셋값도 같이 따라 올라가기 때문이다.

■ 내 전세보증금을 지켜주는 전세보증보험

최근 송파를 포함한 일부 신도시에서 전셋값 하락이 두드러지고 있다. 이유는 공급 물량 때문이다. 2018년 12월 입주를 앞둔 송파의 헬리오시티(옛 가락시영아파트)의 경우 약 1만여 세대의 물량이 일시에 시장에 나오게 되면서 전셋값이 급격히 떨어졌다. 문제는 이뿐만이 아니다. 인근의 잠실, 위례신도시에까지 그 영향을 미쳐 주변 전셋값도 떨어뜨리고 있다. 물론, 4월 양도세 중과 시행 등으로 연초 저렴한 매물들이 나오면서 전세보다는 자가 마련으로 방향을 전환한 사람들도 있겠지만, 공급과열이 전셋값을 떨어뜨린 주요인인 점에는 이견이 없다.

전셋값이 떨어지면 가장 피해를 보는 사람들은 기 세입자들이다. 집주인이 세입자를 계속해서 구하지 못하면 흔히 '깡통주택'이 나타날 가능성이 많다. 전셋값 하락이 집값 하락을 부추기면서, 오히려 집값이 전셋값 밑으로 내려가는 역전세 현상이 바로 그것이다. 이렇게 되면, 기 세입자들은 집주인으로부터 전세보증금을 받지 못하는 사태가 발생할 수 있다. 이러한 사태를 대비하기 위해 정부에서는 전세보증금 보험에 가입하여 내 전세보증금을 지킬 수 있도록 장치를 마련했다.

전세보증보험이란, 내 전셋값을 집주인이 주지 못할 경우 보증기관이 대신 전세보증금을 내주는 상품이다. 과거에는 세입자가 보험에 가입 시 집주인의 동의를 반드시 얻어야 했다. 당연히 집주인의 눈치를 봐야 했다. 하지만, 2018년 2월부터 정부에서는 보험 가입 시 더 이상 집주인의 동의를 얻지 않도록 제도를 개선, 세입자들이 집주인 눈치를 보지 않고 해당 보험에 가입할 수 있게 됐다.

전세보증보험을 취급하는 기관은 2곳인데, 주택도시보증공사(HUG)와 SGI서울보증 중 한 곳을 선택하면 된다. 기관별로 보증보험료와 보증금 한도가 차이가 있으므로 이를 비교하여 선택하면 된다. 보증기간은 보증서발급일로부터 전세계약 기간의 만료일 후 1개월까지이며, 국민,

신한, 우리은행 등 금융기관을 통해 가입할 수 있다.

전세금보험 (전세보증금 반환보증) 기관별 비교

구분		주택도시보증공사(HUG)	SGI서울보증
상품명		전세보증금 반환보증	전세금보장 신용보험
보증금 한도		수도권 : 7억 / 지방 : 5억	아파트 : 무제한 아파트 외 : 10억
보증료 (연)	개인	아파트 : 0.128% 그 외 : 0.154%	아파트 : 0.192% 그 외 : 0.218%
	법인	아파트 : 0.205% 그 외 : 0.222%	
	할인	연소득 4,000만 원 이하, 3자녀 이상, 장애인, 노인부양 가구 등 : 40% 할인	LTV 구간 별 할인 LTV 60% 이하 : 20% LTV 50 이하 : 30%
임대인 확인절차		불필요	불필요

대출상환방식, 어떤 게 유리할까?
만기일시 / 원금균등 / 원리금균등상환

A씨는 더 이상 기다릴 수 없었다. 기다리면 집값이 빠질 줄 알았는데, 시간이 지날수록 계속 오르기만 한다. 아이들 교육도 생각해야 했다. 언제 이사를 해야할 지 모르는 전세보다는 그래도 내 집 마련이 노후를 위해 좋다고 생각했다.

은행에서 주택구입자금대출을 알아보니 상품이 다양했다. 상담을 진행 후, 내 소득과 신용등급 등을 반영하여 적절한 대출 상품을 선택했는데, 대출금 상환 방식을 또 선택하라고 한다. 그런데, 도대체 어떤 의미인지 잘 이해가 되지 않았다. 원금균등상환, 원리금균등상환 중에서 하나를 고르라는데 과연 무슨 차이가 있는 것일까?

우리나라의 급여소득자, 자영업자 등 경제활동을 하고 있는 사람이라면 대출을 한 번도 받지 않은 사람은 거의 없을 것이다. 소득으로는 충분한 생활이 힘들다는 반증이기도 하다. 신용대출, 주택자금대출 등 생활 전반에 걸쳐 다양한 대출상품이 존재하며, 이에 따른 대출상환방식 또한 다양하다. 대출을 현재 받고 있거나, 앞으로 대출을 고려하고 있다면 어떠한 대출상환방식이 나에게 유리한지 알아보자.

1. 만기일시상환 : 매월 이자만 내고, 만기일에 대출원금을 전액 상환하는 방식

먼저, 만기일시상환방법에 대해 알아보자. 흔히, '마이너스통장'이라 불리는 신용대출상품이 만기일시상환의 대표적인 예라 할 수 있다. 마이너스통장은 자신의 소득과 신용등급을 고려하여 대출한도를 부여한다. 예를 들어, 5,000만 원의 대출한도를 부여하게 되면 통장 잔고에 -5,000만 원까지 출금을 할 수 있게 된다. 마이너스(-)까지 출금이 가능하므로 마이너스 통장이라 불린다. 해당 대출 원금은 만기 시에 전액 상환하면 되며, 이자는 매월 통장에서 자동이체 되어 납부하게 된다.

만기일시상환의 장점은 만기 때까지는 대출원금을 갚지 않아도 된다. 대출원금에 대한 부담이 있다면, 만기일시상환 방식을 선택하여 매월 이자만 갚고 만기 때 대출 전액을 상환할 수 있다. 또한, 대부분의 금융기관에서는 급격한 신상의 변동이 없다면 일반적으로 대출만기를 연장해주므로 만기 시 대출원금 전액에 대한 상환 부담도 조금은 덜 수 있다.

2. 원금균등상환 : 매월 원금을 균등하게 갚고, 이에 따른 이자액도 매월 줄어드는 방식

원금균등상환은 기본적으로 원금과 이자를 동시에 갚는 구조로 설계돼 있다. 전체 대출금액에서 대출기간만큼 매월 상환할 대출원금을 균등하게 분할하여 상환하는 방식이다. 예를 들어, 1,200만 원을 1년간 원금균등상환방식으로 선택하면 매월 100만 원의 대출원금을 상환하게 되는 것이다. 이자액은 매월 원금이 상환되기 때문에 시간이 지날수록 줄어든다.

원금균등상환의 장점은, 매월 갚아야 할 금액(부채상환액)이 줄어든 효과가 있다. 매월 원금을 균등하게 갚고, 이에 따른 이자도 갚아나가기 때문에 시간이 지날수록 원금과 이자의 총액이 계속해서 줄어드는 효과가 있다. 대출을 하루빨리 상환하고 싶다면, 원금균등상환방식을 선택하면 좋다. 단, 원금과 이자를 동시에 상환하기 때문에 매월 상환금액에 대한 부담이 클 수 있다. 또한, 매월 원금과 이자가 변동되어 상환금액이 달라 다소 번거로울 수 있다.

3. 원리금균등상환 : 매월 원리금(원금+이자)를 균등하게 상환하는 방식

원금균등상환과 원리금균등상환의 가장 큰 차이는 이자를 어떻게 상환하느냐의 차이다. 원금균등상환은 원금을 쪼갠 후 이자액을 책정하지만, 원리금균등상환은 원금과 이자를 전부 합산한 후 이를 매월 쪼개어 상환하게 되는 방식이다. 즉, 매월 부채상환액이 줄어드는 원금균등상환과는 달리 원리금균등상환은 상환 시까지 부채상환액이 동일하다.

　원리금균등상환방식의 장점은 상환금액이 항상 동일하기 때문에 계획적인 자금운용이 가능하다. 원금과 이자가 전부 합산된 후 균등하게 나뉘기 때문에, 소득과 지출이 일정한 급여소득자 등에게 좀 더 효율적인 자금 운용이 가능하다. 한국주택금융공사에서 시행하는 모기지론 상환방식이 대부분 이 방식을 채택하고 있으며, 주로 장기 주택구입대출자금 상환 방식에 많이 쓰인다.

LTV / DTI / DSR,
내가 받을 수 있는 대출금액은?

대출을 받는 대부분의 사람들은 본인이 어느 정도까지 대출을 받을 수 있을지에 대한 궁금증을 갖고 있다. 마치 성적표를 기다리는 것처럼 내 대출금액과 금리가 어떨지에 대한 긴장 아닌 긴장감을 느끼기도 한다. 하지만 대출금액 산정 방식을 조금이라도 알고 간다면, 그 '긴장감'은 다소 덜어낼 수 있을 것이다. 은행별로 대출 금액이 조금씩 다를 수도 있지만, 기본적으로 동일하게 적용되는 기준이 있는데 그것이 바로 LTV, DTI, DSR 비율이다.

1. 담보(주택가치)에 따라 대출금액이 달라지는 LTV

LTV는 'Loan To Value ratio'의 약자로, 직역하면 '가치(주택가격) 대비

대출비율'을 의미한다. 줄여서 '주택담보대출비율'이라 한다. 보통 주택을 담보로 대출을 받을 때, 은행은 담보되는 가치(주택가격) 대비 최대 대출 가능 한도를 설정하는데 그것이 바로 LTV다. 예를 들어, LTV가 70%라면 주택가격 5억짜리 아파트의 경우 최대 3억 5천만 원까지 대출이 가능하다는 것이다.

2. 소득에 따라 대출금액이 달라지는 DTI

DTI는 'Debt To Income'의 약자로, '총부채상환비율'을 의미한다. 즉, 내가 벌어들인 소득 대비 상환할 수 있는 부채가 적정 수준인지를 따져본다는 것이다. 보통 DTI 수치가 낮을수록 빚을 갚을 수 있는 확률이 높다고 판단된다.

최근 정부는 가계부채가 지속적으로 증가하자 2017년 10월 24일 가계부채 종합대책을 통해 '신(新)DTI'를 적용키로 했다. 신 DTI의 핵심은 신규 주택뿐 아니라 기존 주택담보대출의 원리금 상환액을 합친 금액까지 평가한다는 것이다. 기존의 DTI는 '신규 주택담보대출의 원리금 + 기존 주택담보대출의 이자'만 반영했다면, 신 DTI는 기존 주택담보대출의 원금까지 합산된다. 당연히 신 DTI를 적용하면 대출한도는 낮아지게 된다.

기존 DTI와 신 DTI를 표로 비교해 보자.

신(新) DTI 적용 시 달라지는 대출한도

구분	기존 DTI	신(新) DTI
소득산정	대출 직전 1년간 소득	최근 2개년 소득 확인 후 1개년 소득 반영 (20% 이상 차이 날 경우 평균치 적용)
산정방식		
장래 소득반영	만 40세 미만 무주택근로자만 적용	연령무관 (2년간 근로소득증빙자료 제출한 사람만 적용)
만기제한	없음	두 번째 주택담보대출부터 만기를 15년으로 제한
예외적용	없음	청소년, 신혼부부에 한하여 장래소득 증액한도 상향

(출처 : 한국일보)

3. 모든 대출을 포함시키는 DSR

이밖에 DSR이라는 지표도 있다. DSR은 'Debt Service Ratio'의 약자로 총부채원리금상환비율을 의미한다. 즉, 대출을 받으려는 사람의 소득 대비 전체 금융부채의 원리금 상환비율을 말한다. DTI(총부채상환비율)와의 차이점은 DSR은 주택담보대출의 원리금뿐만 아니라 신용대출, 마이너스 통장 등 모든 대출의 원리금 상환액이 포함된다. DTI보다 더 강력한 규제비율이라 할 수 있다. 다만, DSR은 新 DTI보다 강력한 정책이지만 아직 적정 가이드라인은 나오지 않은 상태이므로 향후 해당 정책이 실행되는지 확인할 필요가 있다.

변동금리 VS 고정금리,
어떤 것이 나에게 유리할까?

은행에서 대출을 받은 경험이 한 번이라도 있었다면, 예·적금 금리보다 항상 높은 대출금리를 보며 '도대체 이 대출금리는 어떻게 산정될까?' 하는 의구심이 들었을 것이다. 기본적으로 은행은 예금과 대출의 마진 즉, 예대마진을 주 수익으로 삼기 때문에 차이는 어찌 보면 당연할 수 있으나, 그렇다고 대출금리를 아무 이유 없이 받는 건 아니다.

1. 대출금리는 고정금리와 변동금리로 나뉜다.

은행에서 대출을 받게 되면, 고정금리와 변동금리 중 하나를 선택하도록 한다. 일반적으로 고정금리가 변동금리보다 높다. 이유는, 향후 금리가 상승해도 대출금리는 고정되어 있어 은행이 손실이 발생할 가능성이 높기 때문이다. 단, 본인이 만약 정부에서 지원하는 보금자리론·디딤돌 대출·적격대출 등에 해당이 되는 조건이라면 은행에서 받는 웬만한 대출상품보다는 금리가 저렴하니 이것을 먼저 알아보기를 바란다.

그렇다고 변동금리가 무조건 좋은 것은 아니다. 말 그대로 '정해진 기간'마다 금리가 변동되기 때문에 시중 금리가 올라가면 고정금리를 역전하는 경우가 생길 수도 있다. 그래서 많은 전문가들은 대출 기간이 5년 미만이라면 변동, 5년 이상의 장기 대출이라면 고정금리를 권하기도 한다.

2. 변동금리의 산정 기준, COFIX

변동금리는 어떠한 기준으로 산정되는지 알아보자. 변동금리는 기본적으로 'COFIX'를 기준으로 삼는다. COFIX란 'Cost Of Fund IndeX'의 약자로 은행의 자본조달 비용을 반영한 기준금리로 2010년 2월 도입됐다. 매월 한 번씩 은행엽합회에서 시중 은행들로부터 정기예금, 적금, CD, 환매조건부채권 등 자본을 조달하는 상품들의 비용을 취합해 산정한다. 은행들은 이 COFIX 금리에 고객의 신용도, 은행과의 고객 등급을 반영하여 +α의 가산금리를 더해 최종 대출금리로 결정한다.

COFIX는 계산방법에 따라 '잔액 기준 COFIX'와 '신규 취급액 기준 COFIX'가 있는데, 잔액 기준 COFIX은 월말 조달 자금 잔액을 기준으로 계산하기 때문에 시장금리를 천천히 반영하는 반면에, 신규 취급액 기준 COFIX는 해당 월의 신규 조달 자금을 기준으로 하기 때문에 시장금리를 빠르게 반영한다. 최근 시중은행의 주택담보대출 변동금리가 일제히 오르면서, 시장금리를 즉각적으로 반영하는 신규 취급액 기준 COFIX가 잔액 기준 COFIX를 역전 하기도 했다.

COFIX는 금리는 포털사이트 또는 은행연합회를 통해 조회할 수 있다.

[COFIX 금리 조회 화면]

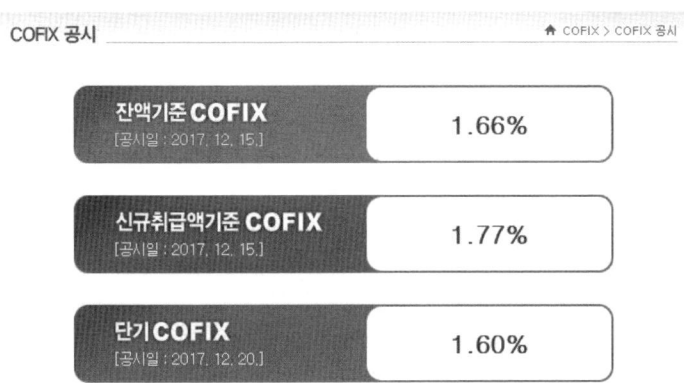

(출처 : 은행연합회)

TIPS

모든 금리의 기준, 기준금리! 어떻게 정해질까?

'기준금리'란 단어는 우리와는 전혀 관계없는 전문용어처럼 보인다. 그러나 사실 우리와 굉장히 밀접하게 연관되어 있다. 실제로 기준금리의 변동에 따라 우리의 예·적금이자와 대출금리에 직접적으로 영향을 끼친다. 특히, 우리의 '대출' 부담을 늘리거나 줄여주는 척도가 되기도 한다. 보통 기준금리가 올라가면 대출금리도 따라서 올라가고, 기준금리가 내려가면 자연스레 대출금리도 내려가게 된다. 우리의 노후와도 밀접하게 연관되어 있는 기준금리, 과연 어떻게 정해지는 것일까?

1) 기준금리를 결정하는 기구, 금융통화위원회

우리나라의 기준금리는 한국은행 금융통화위원회에서 결정하며, 연 8회 (1, 2, 4, 5, 7, 8, 10, 11월) 진행된다. 금융통화위원회는 한국은행의 통화신용정책에 관한 주요 사항을 심의 및 의결하는 정책 결정기구로, 한국은행 총재와 부총재를 포함하여 총 7인의 위원으로 구성된다. 통상 금리 인상의 경우, 7인의 금통위 위원 중 5인 이상의 출석과 과반수의 찬성이 필요하다.

또한, 기준금리 결정 전날에는 반드시 '동향보고회의'가 열리는데, 이 회의에는 한국은행이 금통위원들에게 국내외 경제 및 금융 현황에 대해 종합적으로 보고하고, 토론도 병행된다. 그리고 다음 날 9시 개최되는 본회의 때 기준금리가 결정되는 것이다. 즉, 한국은행에서 우리나라의 정치, 경제, 그리고 대내외 환경들을 종합적으로 고려하여 금융통화위원회를 통해 기준금리를 정하는 것이다.

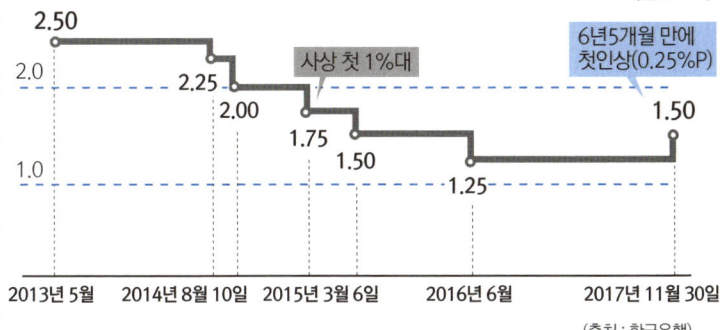

2) 기준금리 조정의 목적, 물가안정

기준금리 조정의 목적은 한국은행의 설립목적에서 그 이유를 찾을 수 있다. 한국은행 홈페이지 내 설립목적을 보면, "한국은행은 중기 물가안정목표를 위하여 국민에게 공표하고 이를 달성하기 위해 최선을 다한다."라고 나와 있다. 즉, 물가안정이 한국은행의 주목적인 것이다. 이 물가안정을 위해 사용하는 수단이 바로 기준금리다. 한 국가에서 물가안정은 대단히 중요한 요소다. 단순한 예로, 특정 물건의 물가가 오르면 금액을 주고 살 수 있는 물건의 양이 줄어들기 때문에 국민들의 생활 수준에 직접적인 타격을 주게 된다. 따라서, 중앙은행에서는 물가가 오를 때는 기준금리 인하를 통해 돈을 풀어 시장을 활성화 시켜 물가를 내리게 하고, 하락할 때는 기준금리 인상을 통해 돈을 거둬들여 물가를 안정화시키는 역할을 한다.

사실 이것 말고도 대외요건의 변화, 북한 등의 지역적 리스크에 따른 우리나라 금융시장에 영향을 미치는 모든 것에 관여하며, 궁극적으로는 우리나라의 금융안정에 기여하는 것이 한국은행의 역할이라 보면 이해가 빠를 것이다.

알면 도움 되는
P2P투자

저금리 기조가 계속되면서, 열심히 모은 예·적금의 이자는 물가상승률을 고려하면 실질수익률이 마이너스에 가깝게 되는 경우가 많다. 그렇다고 더 높은 수익추구를 위해 위험자산을 편입하면 손실위험이 생긴다. 뭔가 다른 투자 대안은 없을까?

1. P2P투자, 노후대비의 대안

최근 금융과 IT를 결합한 핀테크(Fintech)가 화두다. 핀테크를 기반으로 개발된 금융상품들은 이전에 보지 못했던 상품들을 제공할 뿐 아니라 가입 또한 간편해졌다. P2P거래가 그 대표적인 예라 할 수 있다. P2P란 '개인과 개인(Peer to Peer)'의 거래를 의미하며, 돈이 필요한 대출자와 돈이 있는 투자자를 직접 거래하는 방식을 말한다. 하지만 개인 간의 거래 또한 위험이 존재하므로, 이 위험을 분산시키기 위해 중개기관이 해당 거래를 중재한다. 이것을 'P2P플랫폼'이라 한다. 랜딧(Lendit), 토스(TOSS)와 같은 업체가 대표적이다.

P2P를 통한 거래는 몇 가지 장점이 있다.

첫째, 투자 과정이 굉장히 간편하다.

우리는 보통 금융상품에 가입하기 위해 금융기관에 방문한다. 수많은 서류를 작성하고, 들어야 할 것도 많다. 비대면이 활성화됐지만, 이 절차 또한 익숙하지 않은 것이 현실이다. 이에 반해, P2P는 중간 플랫폼 애플리케이션만 설치하면 가입에서부터 입금까지 모든 절차를 해결할 수 있다. 물론 투자나 대출을 할 경우, 돈과 관련되어 있으므로 철저한 사전 검증은 필수다.

둘째, 소액으로도 높은 수익률을 기대할 수 있다.

P2P의 가장 큰 장점은 10만 원으로도 부동산 투자 등이 가능하다는 점이다. 은행, 증권사 등의 금융기관은 상품조달 규모, 법적 절차 등의 문제로 신용등급이 낮거나 소규모 부동산 투자의 건은 취급하지 않는다. 그러나 P2P는 개인 간 거래이므로 이런 규제로부터 좀 더 자유롭다. 그래서 소액으로도 부동산 투자가 가능하다. 또한, 일반적인 상품에 비해 수익률이 높다. TOSS에서 제공하는 부동산 소액투자의 경우 연 9%부터 13%까지 다양하게 제공하고 있다. 다만, 높은 수익률을 제공하는 만큼 사전에 해당 부동산의 리스크 등을 면밀히 살펴야 할 것이다.

2. P2P 대표적인 상품들 : 부동산PF, 대출

P2P의 대표적인 상품에는 P2P부동산투자와 P2P대출 등이 있다. 먼저 P2P부동산투자부터 살펴보자. 현재 가장 인기가 있는 상품으로, 위에서 언급했듯 꽤 높은 수익률을 제시한다. 해당 수익률은 어떻게 정해질까?

부동산을 짓기 위해서는 건축자금이 필요하다. 이 건축자금을 투자받기 위해 건축주는 부동산을 담보로 투자자를 모집한다. 투자자는 투자기간에 따라 수익률을 지급받게 되고, 만약 건축이 실패하더라도 해당 부동산을 담보로 원금을 회수할 수 있다. 여기서 투자자가 가장 중요하게 생각해야 할 것은 내가 투자한 돈을 확실히 돌려받을 수 있는지의 여부다. 해당 건물이 문제없이 완공될 수 있는지의 여부(시행사, 시공사), 내 투자금의 상환 순위(선순위담보) 등을 확인해봐야 한다. 보통 다른 상품에 비해 수익률이 터무니없이 높을 경우, 해당 항목들을 의심해 봐야 한다.

일반적으로 P2P플랫폼을 통해 제공되는 대부분의 PF상품은 이를 감안하여 변호사 등의 검토 등을 마친 상품이라 어느 정도 안정성이 있다고 말할 수 있다. TOSS에서는 2018년 3월 기준으로 누적 투자금 2,500억 원, 총 220,276건의 투자를 진행하면서 단 한 번의 부실 투자가 없었다고 말하고 있다. P2P를 통한 PF투자는 그 인기를 증명하듯, 2018년 1월 토스(TOSS)[14]를 통해 투자한 부동산 소액 상품 투자 금액이 100억 원을 돌파했다고 밝혔다.

P2P를 통한 거래는 4차 산업혁명 이전에는 없었던 신(新)영역임이 분

---

14 TOSS는 국내 간편송금 앱 1위 회사이며, 핀테크 업체다. PF상품은 TOSS와 제휴를 맺은 P2P업계 1위 테라펀딩에서 TOSS의 플랫폼을 통해 이를 제공한다.

명하다. 노후대비를 준비하고 있는 투자자라면, 투자할 대상을 많이 알아두는 것은 결코 나쁜 것이 아니다. 투자는 다양한 상품을 알수록 좋고, 나의 투자성향에 맞는 상품을 찾아가는 과정을 거칠수록 본인의 노후대비는 더욱 견고해질 것이다. 노후대비를 위해 P2P투자가 본인의 투자성향과 맞는다면, 그 또한 좋은 대안이라 할 수 있다.

노후대비 필수 옵션, 집으로 연금 받는 주택연금

노후대비의 수단으로 주택연금의 가입자가 늘어나고 있는 것은 이미 잘 알려진 사실이다. 주택금융공사에 따르면 2015년 29,000명이었던 주택연금 가입자는 2016년 약 4만 명으로 한 해 1만 명씩 가입자가 늘고 있다고 한다. 주택연금은 말 그대로 내 소유의 주택을 담보로 연금을 지급받을 수 있는 상품으로 한국주택금융공사에서 2007년 7월부터 판매했다. 도입 초기에는 가입률이 저조했으나 최근 고령화 및 가계부채가 증가하면서 가입자가 점점 증가하는 추세에 있다.

대출에 대한 부담을 계속해서 안고 사느니, 연금으로 수령하면서 보다 평안한 노후를 보내고 싶다는 인식이 확대된 것도 가입자 증가의 주요인이라 할 수 있다.

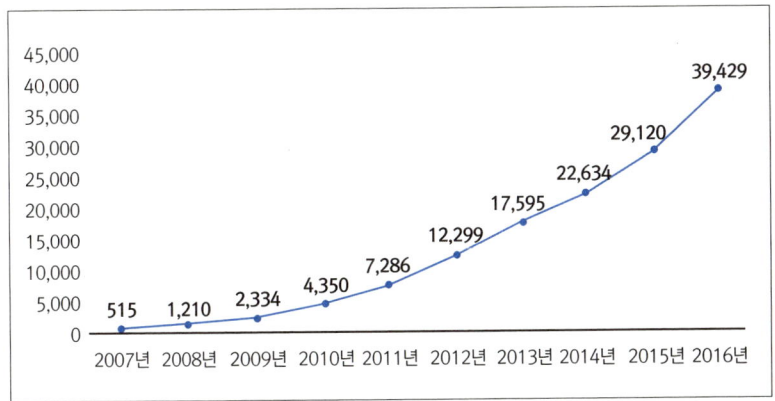

[주택연금 연간 누적 가입자수 (최초 가입시점 기준)]

(출처: 주택금융공사)

하지만, 주택연금에 가입할 수 있는 조건이 여간 까다로운 게 아니다. 출시 당시에는 가입 대상 부부 모두 만 65세 이상이고, 보유 주택의 시가가 6억 원 이하일 경우에만 가입이 가능했다. 이후 한국주택금융공사에서는 보다 많은 사람들이 혜택을 볼 수 있도록 제도를 보완해 2016년부터 부부 중 한 사람만 만 60세 이상이고 보유 주택은 시가 9억 원 이하로 조건을 완화했다. 또한, 저가 주택 소유자가 더 많은 연금을 받을 수 있도록 '우대형 주택연금' 상품도 도입했다.

우대형 주택연금은 일반 주택연금 상품과는 달리 가입조건은 더 완화하고, 연금 수령 금액은 더 높은 것이 특징이다. 가입조건은 본인 주택 소유의 집값이 1억 5천만 원 이하이고, 나이 요건은 일반형과 동일하다. 시가 1억 원 주택을 기준으로 우대형 주택연금 가입 시 매월 받는 연금수령액은 70세 기준 35.5만 원으로 일반형 기준 32.4만 원 대비 약 10%, 80

세 기준 55.4만 원으로 48.9만 원 대비 13% 더 받는다.

주택연금 수령방법

수령방법	상세 내용
종신지급	살아있는 동안 평생 동안 월지급액으로 연금 지급
확정기간지급	가입자가 선택한 일정 기간만 월지급액으로 연금 지급
대출상환	주택담보대출 상환용으로 대출한도의 50%~70%에서 한 번에 찾아쓰고, 나머지를 평생 동안 연금으로 지급
우대지급	시가 1.5억 원 이하 주택보유자에게 더 많은 월지급액을 지급 대출한도의 45% 범위 내에서 수시로 찾아 쓰고 나머지를 평생 연금으로 지급

082

불안한 노후를 보장받는
또 다른 연금, 농지연금

A씨는 요즘 고민이 많다. 나이가 들어 농사를 짓기에는 점점 몸이 안 따라주고, 그렇다고 먹고 살자니 안 할 수도 없다. 밭일을 하고 오면 예전에는 괜찮던 몸이, 이제는 허리고 무릎이고 안 아픈 곳이 없다. 자식들은 전부 서울에서 생활하고, 용돈을 보내주기도 하지만 노후 생활을 위해서는 넉넉지 않은 것이 현실이다. 그렇다고 자식들에게 손 벌리고 살 수는 없는 노릇이다. 가진 거라고는 평생 일군 밭이 전부다. 어떻게 하면 더 평안한 노후를 보낼 수 있을까?

도시가 주 생활권인 대부분의 사람들은 잘 모르겠지만, 우리나라 노후 대비의 가장 불안한 계층은 위의 사례에서 나온 것처럼 농업, 어업 등 생업에 종사하고 계신 어르신들이다. 젊었을 때는 신체가 건강하여 자식들도 다 교육시켜 서울로 보내고, 가업으로 물려받은 사람들은 보람을 가지고 일했다. 하지만, 나이가 들면서 상황은 달라졌다. 온몸이 안 쑤신 곳이 없지만, 그래도 생업은 해야 한다. 물론 자식들은 '아프시니 그만 좀 나가서 일하시라'고 권유하지만, 이 일을 하지 않으면 당장 먹고살 게 없는 것이 현실이다. 이들에게는 사실상 '평안한 노후'는 보장받고 있지 못한 것이다.

1. 경작 중인 농지를 담보로 매월 연금으로 받는 농지연금

정부는 2011년 농지연금을 도입했다. 도입목적은 농업에 종사하시는 어르신들이 생업을 계속하면서 노후를 보장받기 위함이었다. 농지연금을 받으려면 몇 가지 조건이 있는데, 농지소유자 본인이 만 65세이면서 영농경력이 5년 이상이어야 한다. 여기서 영농경력은 연속해서 5년이 아닌, 전체 영농기간 합산 5년이면 된다.

농지연금의 대상이 되는 농지는 가입 신청자가 직접 소유하고 있는 농지여야 하며 실제 영농을 이용하고 있어야 한다. 만약, 농지가 개발지역이거나 가압류, 본인과 배우자 이외의 자가 공동으로 소유하고 있을 경우에는 연금 대상에서 제외되므로 이를 유의해야 한다.

연금 지급방식은 종신형과 기간형이 있다. 종신형은 말 그대로 신청자가 사망할 때까지 나눠 받는 것을 말하며, 기간형은 일정 기간을 설정하여 해당 기간 동안 받는 것을 말한다.

농지연금 지급방식

구분	주요 내용
종신정액형	가입자(배우자) 사망 시까지 일정 금액을 지급
전후후박형	가입 초 10년 동안 더 많이 받고, 11년 째 부터는 적게 받는 방법
일시인출형	총 지급가능 금액의 30%를 언제든 인출할 수 있는 방법
기간정액형	가입자가 선택한 일정 기간 동안 매월 정해진 금액을 받는 방법
경영이양형	농어촌공사에 소유권 이전을 전제로 연금을 더 많이 받는 방법

(출처 : 농지연금포탈)

농지연금에 가입하면 소유주가 바뀐다고 생각할 수 있는데, 소유권은 바뀌지 않는다. 도입목적 자체가 농업을 유지하면서 생활의 안정을 보장해 주자는 게 취지이기 때문에, 심지어 자녀에게 상속도 가능하다. 또한, 연금을 받다가 상속 등의 사유로 연금을 해지할 수도 있다. 계속해서 영농사업을 유지하고 싶을 경우, 기존에 받았던 연금액의 원금과 이자를 상환하면 계약해지가 가능하다.

2. 연금수령액은 농지가격, 가입자 연령, 연금수령방법에 따라 다르다.

농지연금이 다른 연금 상품과 구별되는 점은 농지가격에 따라 연금수령액이 결정된다는 것이다. 주택연금과 비슷하다고 보면 되는데, 농지가격은 공시지가 또는 감정평가금액의 80% 중 높은 가격을 선택할 수 있다. 공시지가는 한국농어촌공사의 농지연금포탈(www.fplove.or.kr)에서 확인할 수 있다. 또한, 해당 사이트에서 예상연금산출표를 제공하고 있어, 조건에 따라 내가 받을 수 있는 연금액이 자세히 나와 있으므로 이를 참고하면 되겠다. 종신형을 기준으로 70세 신청자가 1억 원의 농지를 가지고 있다면, 40만 4천 원을 매월 사망 시까지 받을 수 있다.

농지연금은 기존의 생업을 계속 유지하면서 노후를 보장받을 수 있다는 장점이 있다. 또한, 본인이 몸이 좋지 않을 경우 연금을 받으면서 해당 농지를 임대하여 추가 소득을 얻을 수 있다.

다주택자를 위한 양도세 피하기

문재인 정부의 부동산 정책의 핵심은 2017년 8월 2일에 발표된 '8·2부동산대책'이라 할 수 있다. '실수요 보호와 단기 투기수요 억제를 통한 주택 시장의 안정화'를 목적으로 삼고 발표된 정책인 만큼, 투기과열지구 및 투기지역 지정, 다주택 양도세 중과, 청약 제도 개선 등의 고강도 대책이 담겨 있다. 특히, 서울시 전역과 세종, 과천시를 투기과열지구로 지정하고, 주택대출 규제 강화, 다주택자 양도세를 강화한 부분이 가장 크게 변화된 점이다.

1. '다주택자 양도세 중과'의 정확한 의미

다주택자에 대한 양도세 적용은 2018년 4월부터 적용됐다. 따라서, 2

주택 이상을 보유한 사람은 '다주택자'에 해당되어 양도세 중과의 적용을 받게 된다. 단순히 생각하면 모든 다주택자는 양도세 적용이 되는 것처럼 보이지만, 자세히 살펴보면 실제로는 그렇지 않다.

2. 양도세 중과가 적용되는 다주택은 '조정대상지역' 내 주택으로 한정된다.

정부에서 발표한 '양도세 중과 대상 다주택자'란, 조정대상지역 내 2주택 이상(조합원 입주권 포함)을 보유한 주택만을 의미한다. 여기서 조정대상지역이란 서울시 전체 25개 구, 와 경기 7개 시, 부산 7개 구, 세종시 총 40개 지역이다. (정책 발표 후 후속 시행령에 따르면, 광역시, 세종 소속 군·읍·면 지역의 기준시가 3억 원 이하 주택은 중과 대상에서 제외되었음)

조정대상지역

광역지자체	기초지자체
서울특별시	모든 자치구 (25개)
경기도	과천, 성남, 하남, 고양, 광명, 남양주, 동탄2 (7개)
부산광역시	해운대, 연제, 동래, 수영, 남, 기장, 부산진 (7개)
세종특별자치시	전체

따라서 서울에 주택이 있고 경기도 과천시에 주택이 있으면 양도세 중과에 해당이 되지만, 서울과 안양에 2주택이 있다면, 양도세 중과에 해당

하지 않는다. 따라서 본인이 소유한 주택이 조정대상지역에 해당하는지를 살펴봐야 한다. 다만, 조정대상지역은 후속 시행령에 따라 다소 변동될 수 있으므로 변경 내용은 국토교통부(www.molit.go.kr)에서 발표하는 자료를 참고하면 된다.

3. 양도세는 보유세가 아니다.

해당 정책이 발표된 후, 대부분의 다주택자들이 당장 세금을 얼마나 내야 하는지를 걱정하는 모습들이 있었다. 하지만, 양도세는 보유세가 아니다. 말 그대로, 양도 시에만 발생하는 세금이다. 즉, 다주택자라도 해당 주택을 팔지 않고 계속 두면 세금을 내지 않아도 된다. 하지만, 매도 시에는 양도세가 부과된다(양도로 인해 소득이 발생하지 않았거나, 손해를 본 경우에도 양도소득세는 과세되지 않음).

국토교통부의 주택시장 안정화 방안 본문에는 '2주택 이상 다주택자(조합원 입주권 포함)가 조정대상지역 내 주택 양도 시 양도소득세 중과 및 장기보유특별공제 적용 배제'로 나와 있다. 여기서 장기보유특별공제란, 3년 이상 주택을 보유할 시 보유 기간에 따라 양도차익의 10~30%를 공제해주는 혜택인데 다주택자에게는 이 항목이 적용되지 않는다. 양도소득세는 양도 차익에 따라 6~42%의 기본세율이 적용된다. 이 기본세율에 2주택자는 +10%포인트, 3주택자는 +20%포인트가 가산된다. 기존의 과세에 추가로 세율이 더 가산되므로 이를 '중과(重課)'로 불리는 것이다.

양도소득세는 아래와 같다.

조정대상지역 내 양도소득세 세율

과세표준	기본세율	2주택	3주택 이상
1,200만 원 이하	6%	+10% 포인트 가산	+20% 포인트 가산
1,200~4,600만 원 이하	15%		
4,600~8,880만 원 이하	24%		
8,800~1.5억 원 이하	35%		
1.5억~3억 원 이하	38%		
3~5억 원 이하	40%		
5억 원 초과	42%		

(출처: 기획재정부)

4. 양도세 중과를 피하는 방법

노후대비의 기본은 '내 자산 지키기'로부터 시작됨은 계속해서 강조했던 부분이다. 이미 내가 다주택자라면 양도소득세 중과에서 벗어날 수는 없는 법. 과연 절세할 수 있는 방법은 없을까?

첫째, 위에서 언급한 대로 내가 보유한 주택이 조정대상지역에 포함되어 있는지를 살피자. 1채라도 조정대상지역에 해당이 되지 않으면, 양도소득세 부과 대상에 포함되지 않는다.

둘째, 주택 수는 개인별이 아닌 세대별 계산을 한다. 세법상 동일 세대원이면 그들의 소유주택을 모두 포함하므로, 별도 세대를 만들면 그 주택은 다주택으로부터 제외된다. 따라서, 별도 세대를 구성하는 자녀에게 증여하는 방법이 있다. 해당 경우에는 증여세액과 양도세액의 계산을 통해 어느 쪽이 더 유리한지를 따져봐야 한다.

　셋째, 매도하거나 계속해서 보유하는 방법이다. 사실 2018년 4월 1일부터 양도세 중과 정책이 시행됐기 때문에 매도로 인한 절세 방법은 피하기 어려워졌다. 만약 매도 시기를 놓쳤다면 계속해서 보유하는 것도 방법이다. 부동산 정책이 정권의 영향을 많이 받고, 양도소득세란 매도 시에만 발생하는 세금이기 때문에 이미 시기를 놓쳤다고 생각한다면 보유하면서 시세 차익을 노리는 것도 한 방법이다. 하지만, 이 방법은 자칫 위험할 수도 있다. 부동산 가격이 하락하거나, 추후 정부의 보유세 논의가 현실화된다면 보유만 해도 세금을 납부해야 할 수도 있다.

　넷째, 임대사업자를 등록하여 세금을 절세 받는 방법이다. 정부가 가장 원하는 방법이기도 하다. 2018년 3월 31일까지 등록하는 경우는 5년, 4월 1일 이후 등록하는 경우 8년 이상 의무임대를 하면 양도세 중과에서 제외된다. 특히, 10년 이상 임대를 할 경우에는 양도소득세를 100% 면제해 주는 혜택도 있으므로 이런저런 고민이 앞설 경우에는 해당 방법도 고려해 볼 수 있다.

　노후대비에 있어서 부동산은 가장 중요한 자산이라 할 수 있다. 특히, 평생 모아서 마련해놓은 주택이 세금으로 인해 행복한 노후를 위협받는다면, 무리한 투자보다는 임대사업자 등록 등의 방법으로 편안하게 자산관리를 하는 것도 방법이다. 자산관리는 본인의 선택이 가장 중요하다. 전문가가 도움을 줄 수는 있지만, 정작 선택하는 것은 자기 자신이다. 내

재산이기 때문이다. 그러므로 평안한 노후를 위해서는 더 노력하고, 남들보다 더 열심히 세금과 정책에 대해 공부해야 한다. 이것이 노후대비의 출발임을 잊지 말자.

임대사업자로 등록하면 어떤 혜택이 있을까?

2018년 4월부터 시행된 양도소득세 중과 정책은 집값을 안정시키기 위한 정부의 강력한 의지를 볼 수 있는 항목이다. 앞에서도 언급했지만, 4월 1일부터는 조정대상지역에 주택을 두 채 이상 보유한 다주택자들은 보유 주택을 매도할 때 양소득세를 중과(기본 양도세 + α)하여 납부해야 한다. 2주택자는 기본 양도소득세에 +10%포인트, 3주택자는 20%포인트 더해진다. 정부는 이를 두고 다주택자들에게 임대사업자 등록을 권하고 있다.

그렇다면, 다주택자들은 양도세 중과 시행을 앞두고 어떠한 선택을 했을까?

1. 양도세 중과 시행 전, 주택 매각과 임대사업자 등록이 급격하게 늘었다.

대부분의 다주택자들이 '안 팔고 버티기'를 선택할 거라는 예측들이 많았지만, 의외로 시행 전 주택을 매도한 사람들이 많았다.

서울시 부동산 거래 현황

2017년 1월	2월	3월	...	2018년 1월	2월	3월
4,480	4,661	6,658	...	10,206	11,125	13,879

(단위 : 건, 출처 : 서울시)

서울부동산정보광장에 따르면 서울시 부동산 거래는 2017년 3월 6,658건에서 2018년 3월 13,880건으로 약 2배 이상 늘었다. 양도세 중과 시행 한 달 전 약 14,000건의 부동산 거래가 발생한 것이다. 1월과 2월에도 약 2배 이상 거래가 늘어난 것을 볼 때, 일부 다주택자들이 양도세 중과를 앞두고 현금 확보를 위해 미리 매도한 것으로 판단된다.

임대사업자로 등록한 사람은 주택을 매각한 사람보다 더 많았다. 국토교통부에 따르면 2018년 3월 한 달 임대주택사업자로 등록한 사람은 35,000명으로, 지난해 3월 4,363명 대비 약 8배 가까이 급증했다. 지역별로 살펴보면, 서울과 경기권이 전체의 75%를 차지했다. 이는 주택을 매각하기보다는, 임대사업자 등록을 통해 양도소득세 중과를 피하기 위한 것으로 판단된다. 그렇다면 다주택자들이 선택한 임대사업자에는 어떠한 혜택이 있을까?

2. 양도세 중과 배제, 취득세·재산세·임대소득세 감면, 건강보험료 경감 혜택 제공

먼저, 임대사업자란 주택을 '임대하는 사업을 목적으로' 『민간임대주택에 관한 특별법령』에 따라 등록한 자를 말한다. 임대사업자는 기업형·일반형으로 나뉘는데, 일반형 임대사업자는 보유 주택의 임대의무기간에 따라 일반(단기, 4년)임대와 준공공(장기, 8년) 임대로 나뉜다. 대부분의 다주택자는 일반형 임대사업자에 해당 된다. 일반보다는 준공공 임대사업자가 임대의무기간이 긴 만큼 혜택도 더 크다.

구분	혜택	비고
양도소득세	1. 장기보유특별공제 추가 공제 - 일반 : 6년 이상 2~10%포인트 추가 공제 - 준공공 : 8년 이상 50%포인트 추가 공제 * 10년 이상 임대할 경우 70% 공제 2. 주택 매도 시 주택 수 배제 (중과 배제) - 수도권 6억원, 비수도권 3억원 이하 - 5년 이상 임대 시 양도소득세 중과 배제	-
취득세	- 신규 분양의 경우 전용 60㎡이하 취득세 면제 - 60~85㎡이하의 경우에는 50% 감면	2018.12.31까지 등록 한정 단기·장기 모두 해당 최초 분양 받은 경우에 한정
재산세	- 단기 : 60㎡이하 50%, 85㎡이하 25% 감면 - 장기 : 40㎡이하 면제, 60㎡이하 75% 감면, 85㎡이하 50% 감면	2018.12.31까지 등록 한정 2호 이상 임대 시 감면

임대 소득세	전용면적 85㎡이하이고, 공시가격 6억원 이하 요건 충족 시 소득세 감면 - 단기 : 30% / 장기 : 75% 감면	'18년까지 2천만원 이하 임대 소득 비과세 3호 이상 임대 시에만 적용
건강 보험료	- 임대 소득이 2,000만원 이하일 경우, 건강 보험료 인상분의 단기 40%, 장기 80% 감면	'20.12.31까지 등록 한정

분양권은 주택 수 계산에서 제외되나, 조합원 입주권은 주택 수 계산에 포함된다. 단, 양도세 중과대상에서는 제외되어, 매도 시 양도세 중과가 적용되지 않는다.

최근 보유세에 대한 논의가 심심치 않게 언론을 통해 나오고 있다. 양도소득세 중과를 피하고자 소위 '버티기'를 하고 있는 투기 세력을 다시 한번 보유세라는 정책을 통해 집값을 잡겠다는 의미로 해석된다. 투기 세력이 아닌 주택보유자들에게는 달가운 소리가 아닐 수 있겠다.

앞에서 언급했지만, 부동산 시장은 정부 정책의 영향을 많이 받는다. 만약, 부동산이 가장 중요한 자산이라 생각된다면, 그리고 보유세 등 향후 정부 정책이 부담될 거라 예상된다면 임대사업자 등록을 하는 것도 노후대비를 위한 좋은 방법일 수 있다. 향후 부동산 정책에도 유연하게 대응할 수 있을 뿐 아니라, 각종 세금 혜택도 받을 수 있으므로 이를 신중히 결정하도록 하자.

PART 5

보험과 노후대비

노후를 대비할 수 있는 보험은
어떤 종류가 있을까?

 노후대비에 있어 보험은 매우 중요한 역할을 할 수 있다. 보험의 보장기능을 통해 만일에 발생할 수 있는 위험을 보험회사에 전가함으로써 위험을 피할 수 있으며, 보험의 저축기능을 통해 노후를 위한 재산의 증식과 연금을 마련할 수 있기 때문이다.

 보험은 크게 위험에 대한 보장을 목적으로 하는 '보장성보험'과 재산의 증식과 노후대비를 위한 '저축성보험'의 두 가지로 나뉜다. 위험의 보장과 재산의 증식은 엄연히 다른 영역이다. 따라서 안정적인 노후대비를 위해서는 한쪽으로 치우친 것이 아닌 보장성보험과 저축성보험 간에 균형 있는 배분이 필요하다.

 기본적으로 '보장성보험'은 예상치 못한 위험 또는 감당하기 힘든 위험을 다른 곳에 전가하기 위해 가입한다. 위험을 전가하는 곳은 보험회사이다. 대신 그에 상응하는 비용을 부담다. 그 비용은 보험료이다. 이때 책정되는 보험료는 예정위험률, 예정이율, 예정사업비율과 같은 보험요율이 반영되어 합리적으로 결정된다. 그리고 그 수치에 대한 정합성은 외부기관인 보험개발원 또는 보험계리법인으로부터 검증을 받게 된다. 이렇게 합리적으로 설계된 보험료를 보험가입자가 보험회사에 납입함으로써 향후에 발생할 수 있는 위험을 효과적으로 전가하는 것이다. 따라서 내가 해당 항목의 보험에 가입해 있다면 적어도 그 부분에서는 걱정을 덜 수 있게 된다.

사망보험금이 지급되는 종신보험에 가입했다면 사망 시 가족의 생계에 대한 걱정을 덜 수 있다. 질병 발병 시 보험금이 지급되는 질병보험 또는 상해 발생 시 보험금이 지급되는 상해보험은 해당 보험사고로 인해 지급되는 보험금으로 치료비와 치료를 위해 쉬는 기간에 발생할 수 있는 소득단절 기간을 보험금으로 보완할 수 있다. 실제 발생하는 의료비를 보장하는 실손의료보험은 발생한 의료비의 상당 부분을 보험금으로 지급받음으로써 병원비의 걱정을 덜 수 있다.

'저축성보험'은 재산의 증식 또는 오래 사는 위험을 대비하기 위해 가입한다. 저축보험을 활용하여 재산을 증식할 수 있고, 연금보험을 활용하여 평생 동안 연금을 수령하여 오래 사는 위험을 보험회사에 전가시킬 수 있다. 저축성보험은 재산의 증식이 가장 큰 목적인 만큼 보장을 최소화하여 차감하는 위험보험료가 낮다. 위험을 위한 보장이 커진다면, 그에 따른 위험보험료가 상승하게 되고, 위험보험료가 상승하면 그만큼 비용이 늘어나므로 수익이 줄어들기 때문이다.

이처럼 보장성보험과 저축성보험은 서로 큰 차이가 있다. 각각의 장단점이 있으므로 보장성보험과 저축성보험을 제대로 알고 활용한다면 성공적인 노후대비에 있어 유용하게 활용될 수 있다.

086
노후에 발생할 수 있는 위험을 지켜주는 보장성보험

'아프니까 노인이다'라는 말이 있다. 그만큼 나이가 많을수록 질병에 걸릴 확률이 높아서 생긴 말이다. 우리나라 국민들의 건강수명은 2016년 통계청 기준 64.9세로 평균기대수명 82.4세보다 약 20년 가까이 짧다. 평생 건강한 채로 살아가는 것이 아닌 언젠가부터는 질병을 안고 오랜 기간 살아간다는 얘기다.

누구나 노후엔 행복한 삶을 살고 싶어 한다. 그리고 무병장수하길 원한다. 하지만 나이가 들면 들수록 몸은 노화되고 질병에 걸릴 확률도 높아진다. 이런 상황에서 노후질병에 대한 대비가 되어 있지 않으면 금전적인 문제로 인해 노후생활패턴이 바뀔 수 있고, 생활기반까지 무너지기도 한다. 노후에 질병에 걸리면 사실상 돈을 벌 수 없는 상태가 될 가능성이 크다. 가장 돈 지출이 많아질 때 수입이 끊어지는 것이다. 기본적인 생활비와 함께 의료비가 필요한데 이에 대한 준비가 되어 있지 않으면 노후에 금전적인 어려움을 겪게 될 가능성이 커지는 것이다.

국민건강보험공단에서는 65세 이상 노인 인구에서 발생한 의료비 현황을 조사하여 발표하였는데 2015년 기준 약 연 362만 원 수준이었다. 그리고 매년 10% 가까이 증가하고 있고, 이 상태로 간다면 2030년에는 1인당 연 780만 원가량이 의료비로 지출하게 될 것으로 예측하였다.

[65세 이상 노인 의료비 현황]

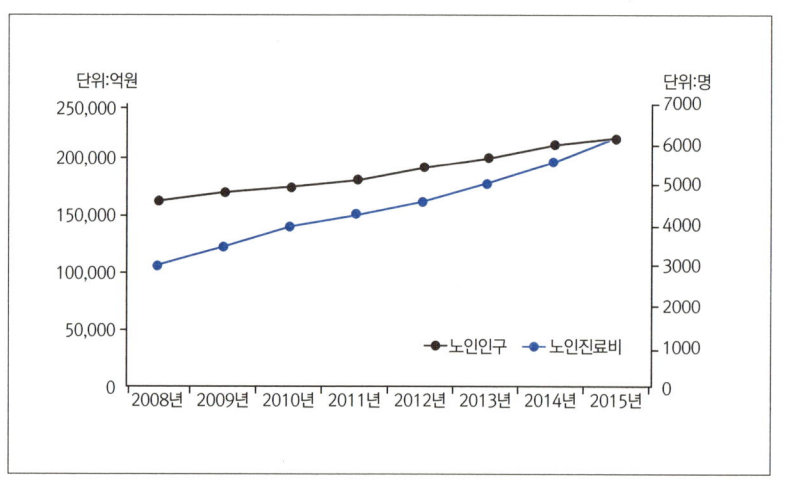

(출처 : 국민건강보험공단)

다행스럽게도 우리나라는 건강보험제도가 잘 구축되어 있다. 그래서 병원비 중 상당 금액을 건강보험 혜택을 통해 줄일 수 있다. 하지만 이런 건강보험이 2018년부터 적자로 전환되고 2023년이면 쌓여진 적립금이 모두 소진되며, 2025년이 되면 적자 규모가 20조 원이 넘을 것으로 추정되고 있다. 게다가 노인들에게 꼭 필요할 수 있는 노인장기요양보험의 경우엔 이미 2016년부터 적자로 돌아서 있는 상태이다.

이런 현실로 인해 향후 건강보험에 납입해야 하는 보험료 부담률은 점차 높아지고, 혜택 또한 줄어들 가능성이 있다. 만약 보험료의 부담률을 높이지 않은 상황에서 지금보다 혜택을 더 많이 주게 되면 결국 많은 세금으로 충당해야 하기 때문이다. 그러므로 건강보험을 통해 모든 의료비를 해결할 수 없기 때문에 부족 부분을 보장성보험을 통해 보완해야 한다.

소득이 없는 상태에서 노후에 발생할 수 있는 의료비는 큰 부담이 될 가능성이 높다. 건강보험으로 일정 부분 보완할 수 있지만 모두 해결할 수 없다. 따라서 보장성보험을 활용하여 노후에 발생할 수 있는 위험을 감소시킬 필요성이 있음을 알아두자.

087
메디컬푸어를 예방하는
실손의료보험

최근 '메디컬푸어(Medical Poor)'라는 신조어가 생겨났다. 메디컬푸어란, 몸이 아파도 의료비 부담으로 인해 병원에 갈 수 없거나 약을 지어 먹을 수 없어서, 의료비 마련을 위해 집을 매각하거나 빚을 내어 생활하는 사람들을 일컫는 신조어이다. 이미 일본에서는 메디컬푸어가 사회적 문제가 된 지 오래다. 이러한 메디컬푸어와 고독사와의 상관관계는 매우 높다고 한다. 나이가 들어 몸은 아픈데 병원비 때문에 오랜 기간 병을 참아오다 결국 혼자서 아무도 모르게 사망하는 경우가 많기 때문이다.

이런 메디컬푸어의 위험과 의료비의 부담을 덜어줄 수 있는 보험이 있다. 바로 실손의료보험이다.

■ 실제 발생한 의료비를 보장하는 실손의료보험

실손의료보험이란, 보험가입자가 질병 또는 상해로 인해 치료를 받는 경우 실제 부담하는 의료비를 보장하는 보험상품이다. 우리나라 국민 3,300만 명이 가입했을 정도로 대중화된 국민 보험상품이며 의료실비보험 또는 민영의료보험이라고도 불린다.

의료비는 크게 급여항목과 비급여항목 두 가지로 나뉜다. 급여항목은 건강보험이 적용되어 건강보험공단에서 일부 비용을 지원하는 의료비를 말하고, 비급여항목은 건강보험이 적용되지 않아 전액 개인이 부담하는 의료비를 말한다.

의료비의 구성

급여항목	비급여항목
건강보험공단 부담금	본인 부담금
본인 부담금	

실손의료보험의 가장 큰 특징은 본인이 부담한 의료비를 보장하는 것이다. 따라서 본인이 지출한 의료비를 초과하여 보험금을 지급받을 수 없다. 만약 실손의료보험을 타 보험회사에 추가로 가입했다면, 보험가입자가 가입한 보험회사들이 실제 지출한 의료비 중 보장비율만큼 분담하여 보험금을 지급한다.

실손의료보험의 또 다른 특징은 의료비 인플레이션을 대비할 수 있다는 것이다. 시간이 갈수록 물가는 상승한다. 그리고 의료비도 마찬가지로 상승할 가능성이 크다. 실손의료보험은 이렇게 의료비가 상승하더라도 큰 상관없이 보험상품의 보장금액 한도까지 보장한다. 실제 발생하는 의료비를 보장하기 때문이다. 정해진 금액을 보장하는 보장성보험의 경우 물가상승으로 인한 의료비의 상승과 그에 따른 보험금의 가치하락을 보장해주지 못한다.

예를 들어, 지금 가입한 1억 원의 암 진단보험금을 지급하는 보험상품은 30년이 지나도 동일하게 1억 원만을 보장한다. 화폐가치가 반 토막이 나도 정해진 금액만을 보장하는 것이다. 지금은 1억 원이 치료에 충분한 금액일 수 있지만, 30년 후엔 부족할 수 있다. 그래서 이러한 보험금의 가치하락을 보완할 수 있도록 변액기능이 탑재된 보험상품들이 한때 인기를 끌었었다. 반면에 실손의료보험은 총 보장금액 한도 내에서 실제 발생한 의료비를 보장하기 때문에 보험의 가치가 하락하는 것을 예방할 수 있다.

이처럼 실손의료보험은 보험가입자에게 발생한 병원비를 보장받을 수 있어서 사고 또는 질병으로 인한 병원비 걱정에 대한 부담은 덜어낼 수 있다. 또 항목별로 5천만 원에서 1억 원까지의 병원비를 보장받을 수 있기에 대부분의 병원비는 실손의료보험 하나면 충분하다.

하지만 실손의료보험의 단점이 있다. 1년, 3년, 5년 단위로 갱신이 이뤄지는데 이때 보험료가 부담스러울 정도로 많이 상승할 수 있다. 그래서 처음엔 월 1~2만 원 수준으로 가입했으나 나중엔 월 20만 원 이상의 보험료를 납부하게 될 수도 있다. 물론 그 나이 때의 위험률이 보험료에 반영되기 때문에 보험료도 같이 높아지는 것이다. 높아진 보험료가 부담스러워 납입을 끊으면 정작 가장 보험이 필요할 때 보장을 못 받는 안타까운 일이 발생할 수 있는 것이다.

그래서 실손의료보험에 가입해 있거나 앞으로 가입할 예정이라면 향후에 납입해야 할 보험료가 많이 오를 수 있음을 알고 가입하는 것이 중요하다.

실손의료보험 보험료 예시

구분	1세	10세	20세	30세	40세	50세	60세	70세
남	14,885	5,417	7,274	10,043	13,608	19,179	31,169	50,043
여	16,834	4,958	5,769	10,823	15,715	25,722	36,849	57,074

(단위: 원, 출처 : 보험다모아)
〈가정: OO손해보험 실손의료보험 표준형 20%〉

실손의료보험을 유지하고 있으면 병원비로 인해 가난해지는 메디컬 푸어로 전락하는 일은 사전에 어느 정도 방지할 수 없다. 특히나 은퇴를 앞둔 시점에 노후대비가 제대로 안 되어 있다면 노후에 지출이 많이 늘어날 수 있는 의료비에 대한 대처방안으로 실손의료보험이 꼭 필요할 수 있음을 알아두자.

TIPS

실손의료보험을 중복 가입하면 무조건 손해일까?

실손의료보험은 실제 부담한 의료비를 보장하는 보험이다. 따라서 여러 보험회사에 실손의료보험을 중복 가입했다 하더라도 본인이 부담한 의료비를 초과해서 받을 수 없는 것이다. 그래서 중복가입 한 경우 대부분 손해이다. 다만, 중복가입을 통해 혜택을 받을 수 있는 때도 있다. 보장 한도가 확대되기 때문이다.

현재의 실손의료보험은 입원 의료비는 최대 5천만 원, 통원치료비는 하루 30만 원 범위에서만 보장한다. 그래서 MRI 촬영이나 고비용의 치료를 받았을 경우 보장 한도가 초과하여 보장을 받지 못하는 경우가 발생할 수 있다. 만약 실손의료보험을 중복으로 가입했다면 한 보험사별로 비례 분담하므로 각 보험사의 실손의료보험 보장 한도 내에서는 실제 발생한 의료비를 보장받을 수 있다. 예를 들어, 통원의료비가 60만 원 발생했고, 두 보험회사의 실손의료보험에 가입했다면 각각 30만 원씩 총 60만 원의 보험금을 받을 수 있다. 만약 자기부담금이 발생한다면 그만큼을 제한 금액을 보장받는다. 한 상품만 가입했다면 30만 원을 초과할 수 없게 된다.

088
실손의료보험 가입할 때 꼭 체크해야 할 사항

보험은 장기간 유지해야 하는 상품이다. 그래서 처음 가입할 때 본인에게 맞지 않게 가입하면 장기간 후회할 수 있다. 실손의료보험 가입 시에도 마찬가지이다. 따라서 실손의료보험에 가입할 때는 몇 가지 포인트를 꼭 점검한 후 가입을 검토하자.

1. 실손의료보험도 두 가지 종류가 있다

실손의료보험은 단독형과 특약형의 두 가지로 구분된다. 보험상품에는 수백 가지의 특약이 존재한다. 여기서 특약이란, 주계약의 보장내용을 보완하거나 주계약에 부가하여 추가로 판매하는 것을 특약이라고 한다. 단독형 실손의료보험은 실손의료항목이 특약이 아닌 주계약으로 포함되어 순수하게 실손의료항목만 보장한다. 특약형 실손의료보험은 실손의료항목이 주 계약이 아닌 특약으로 분류되어 있다. 따라서 실손의료비뿐만 아니라 다른 보장항목인 진단비, 수술비, 입원비 등 여러 특약을 붙여 기타 보장을 더 추가할 수 있는 보험상품이다. 특약형은 그만큼 많은 보장이 편입되어 있으므로 보험료가 당연히 비싸질 수밖에 없다. 그래서 이미 암보험, 종신보험 등 다수의 보장성 보험에 가입한 사람은 단독형 상품에 가입하는 것이 보험료의 부담을 줄일 수 있다. 만약 실손의료비뿐만 아니라 다른 종합적인 보장을 원한다면 특약형으로 가입하는 것도 좋은 방법이 될 수 있다. 특약형은 종합형 실손의료보험이라고도 불린다.

하지만 현재는 실손의료보험의 특약형은 더 이상 가입할 수 없다. 이유는 단독형 실손의료보험만 필요한 가입자에게 여러 가지 불필요한 특약을 붙여서 특약형으로 판매하여 보험가입자의 불만을 초래하는 일이 다수 발생했기 때문이다.

2. 실손의료보험 가입 시 유의해야 할 사항 네 가지
실손의료보험 가입 시 유의해야 할 사항들이 몇 가지 있다.

첫째, 실손의료보험에서는 모든 의료비를 보장하지 않는다.
대표적으로 보장하지 않는 항목은 건강검진, 예방접종, 처방전 없는 의약품 구매, 선천성 뇌 질환, 성형수술, 비만, 비뇨기과 장애, 정신과 질환, 병간호비 등이 있다. 또 한방치료와 치과치료의 경우 급여 항목만 보장한다. 의료비 대부분을 차지하는 비급여 항목은 보장하지 않는 상품이 많으니 한방치료와 치과치료는 한번 더 확인해 볼 필요가 있다.

건강검진비의 경우 실손의료보험 보장 대상이 아니지만, 의사의 이상 소견에 따라 추가적인 검진을 통해 발생한 비용은 보장받을 수 있음도 알아두자.

둘째, 실손의료비 영역만 중복보장이 되지 않는다.

다수의 보험에 가입했을 경우, 보장 내용이 중복되더라도 대부분 중복해서 보장받을 수 있다. 다만, 중복 보장이 안 되는 부분은 실손의료비 부분이다. 입원비를 지급하는 입원 일당도 실손의료비 항목이 아니므로 2개 이상의 보험에 가입했어도 중복 보장을 받을 수 있다. 만약 2개의 특약형 실손의료보험에 가입했다면 실손의료비 부분만 제외하고 모두 중복으로 보장받을 수 있다. 그리고 중복되는 실손의료비 영역만 부분 해약할 수 있다. 실손의료보험이 포함되어 있다고 모든 보험이 중복보장이 안 되는 것이 아님을 유의하자. 만약 중복되어 있다고 보험계약 자체를 해약하면 다른 좋은 보장항목까지 해약되어 정작 필요할 때 보장을 못 받을 수 있다.

셋째, 나이가 들수록 보험료는 급격히 높아질 수 있다.

실손의료보험은 일정 기간마다 보험료가 상승할 수 있는 갱신형 보험이다. 나이가 들면 위험률도 점차 높아진다. 그에 따라 보험료도 높아질 수 있다. 문제는 보험료가 정률적으로(일정한 비율) 오르지 않는다는 것이다. 위험률은 나이가 들수록 급격히 높아지므로 보험료도 이에 따라 급격히 올라갈 수 있다. 지금은 보험료가 3만 원 수준이지만 다음 갱신 때는 5만 원, 그다음은 9만 원으로 오를 수 있는 것이다. 이렇게 보험료가 오르게 되어도 나이가 들수록 발생하는 의료비도 높아지기 때문에 실손의료보험의 활용도가 높을 수 있음을 알아 두자.

넷째, 해외에서 발생하는 의료비는 실손의료보험에서 보장하지 않는다.
실손의료보험은 국내에서 발생하는 의료비만을 보장한다. 따라서 해외에서 발생하는 의료비는 별도의 보험가입을 통해 보장받을 수 있다. 만약 단기 여행이라면 여행자보험을 통해서 보장을 받을 수 있고 장기 체류 또는 유학이라면 해외실손의료보험을 통해 위험을 보장받을 수 있음을 알아두자. 또한, 해외에서 사고가 발생했더라도 국내에서 치료를 받은 경우엔 실손의료보험으로 보장받을 수 있다. 그렇다면 실손의료보험에 가입한 상태에서 해외 근무 또는 유학 등으로 장기간 해외에 거주하게 될 경우 보험을 해약해야 하는 걸까? 해약할 필요는 없다. 3개월 이상 해외에서 거주하게 되면 혜택을 받지 못한 실손의료보험의 보험료를 환급받을 수 있다. 해외 거주가 끝난 후 귀국하여 3개월 이상 해외 거주를 입증하는 서류를 보험사에 제출하면 실손의료보험료를 사후적으로 환급받을 수 있다.

다만, 실손의료보험에 해당하는 항목만 환급되고 기타 실손의료항목이 아닌 보험료에 대해서는 환급이 불가하다. 사전적으로 보험료 납입을 중단할 수도 있다. 출국하기 전 해외실손의료보험에 가입하는 경우 국내 실손의료보험 납입 중지가 가능하다. 이러한 납입중지 및 환급제도는 2016년 1월부터 시행되었으므로 직전 2년간 해외에 장기거주한 이력이 있다면 보험료 환급을 받을 수 있도록 하자.

> **TIPS**
>
> ## 내가 가입한 실손의료보험이 5만 원이 넘는다면?
>
> 실손의료보험에 가입했는데 주변에 동일한 보험형태의 보험을 가입한 사람들보다 보험료가 많이 비싼 듯 느껴진다면 실손의료보험 항목 외 다른 보장들이 추가되어 단독형이 아닌 특약형으로 가입되어 있을 가능성이 높다. 단독형과 특약형의 보험료 차이는 어떤 특약이 편입되어 있느냐에 따라 차이가 난다.
>
> **단독형과 종합형 보험료 예시**
>
> | 구분 | 월 보험료 | 포함 특약 |
> | --- | --- | --- |
> | 단독형 | 17,778원 | |
> | 특약형 (예시1) | 50,098원 | 실손의료보험 특약 + 상해사망 및 고도후유장애, 질병사망 및 고도후유장애 |
> | 특약형 (예시2) | 71,230원 | 실손의료보험 특약 + 상해사망 및 고도후유장애, 질병사망 및 고도후유장애. 암진단비 |
> | 특약형 (예시3) | 100,574원 | 실손의료보험 특약 + 상해사망 및 고도후유장애, 질병사망 및 고도후유장애, 암진단비, 뇌출혈 진단비, 급성심근경색증 진단비, 깁스치료비, 골절진단 |
>
> (가정: 40세 남자, 출처: 금융감독원)

특약형 (예시3)	100,574원	비, 5대골절 진단비, 질병·상해 입원일당, 질병·상해중환자실입원일당, 입원수술비, 통원수술비

쉽게 구분하는 방법 중에 하나는 보험증서를 확인해 보면 된다. 지금의 실손의료보험은 갱신형만 있다. 따라서 보장항목에 갱신형이 아닌 보험료가 비갱신형 항목이 있다면 다른 특약이 함께 섞여 있는 것이다. 여기서 갱신형이란 보험료가 일정 주기마다 변동되는 것을 말한다. 또 갱신형보험 중에는 암, 뇌출혈, 심근경색 등의 질병을 보장하는 특약도 있으므로 갱신형이지만 보장내용이 정액보상일 경우 실손의료보험이 아니다.

그렇다면 현재 보험료가 부담되는 상황이거나 실손의료보험 항목만 보장을 원하는 경우 어떻게 해야 할까? 만약 이미 특약형으로 가입했지만, 보험료가 부담되는 경우엔, 편입되어 이는 특약 중 본인에게 꼭 필요한 보장 내용은 계속 유지하되 불필요하다고 판단되는 항목 몇 가지를 제외해서 보험료 부담을 낮추는 것이 좋다. 보험계약은 유지한 채로 특약은 제외시킬 수 있기 때문이다. 다만, 해당특약을 제외한 순간 그 항목에 해당하는 보장도 없어짐을 유의하자.

089 노후를 풍족하게 해줄 수 있는 저축성보험

노후대비를 위해 저축성보험을 활용하면 좋은 점이 있다. 저축성보험은 세법에서 정해진 요건에 맞게 가입할 경우 발생한 보험차익에 대해서 비과세 혜택을 받을 수 있기 때문이다. 현행 세법상 저축성보험의 비과세 혜택은 월적립식(5년납 이상 적립식) 기준 월 150만 원 한도까지, 비월적립식(5년납 미만 적립식 또는 일시납) 기준 1억 원 한도까지 적용받을 수 있다.

월적립식과 비월적립식 모두 별개로 적용하기 때문에 비월적립식 1억 원과 월적립식 150만 원에 대해 각각 비과세요건을 충족한다면 모두 비과세 혜택을 받을 수 있다. 그리고 종신형연금으로 만 55세 이후 연금개시 및 해지가 불가한 종신형 연금으로 수령 시 저축성보험의 비과세 혜택을 받을 수 있다.

저축성보험 비과세 요건

1억 원	월 150만 원	종신
일시납보험료 (보험료 합계액)	월적립식보험 (5년납)	종신형연금

- 1인당 총보험료
  1억 원 이하
- 일시납 또는 2/3납
- 10년 이상 유지
	- 1인당 월평균 보험료
	  (연간 1800만 원 이하에
	  서 추가납입 가능)
	- 월납(5년납 이상)
	- 선납기간 6개월 이내
	- 10년 이상 유지
		- 만 55세 이후 연금 개시
		- 종신형연금형태
		- 계약자 = 피보험자 = 수익자
		- 보증기간 = 기대여명이하

그리고 비과세소득이므로 건강보험료 부과기준에서도 제외된다. 건강보험료 산정기준에는 과세소득만 포함되기 때문이다. 따라서 저축성보험을 잘만 활용할 수 있다면 세금을 줄일 수 있음과 동시에 건강보험료 또한 줄일 수 있다.

하지만 저축성보험의 비과세혜택은 앞으로 더 줄어들거나 없어지게 될 가능성이 크다. 증세가 필요한 상황에서 저축성보험도 예외는 아니기 때문이다. 실제로 저축성보험의 비과세한도는 점차 강화됨과 동시에 그 요건이 까다롭게 변경되어 가고 있다.

저축성보험 비과세요건 변천사

구분	'90년	'94년	'96년	'98년	'01년	'04년	'13년	'17년
유지기간	3년	5년	7년	5년	7년	10년	10년	10년
요건1	최소유지기간 충족 시 비과세						최소유지기간 충족 시 비과세	

요건2	–	월적립식 5년납 이상 or 2억 원 이하 or 종신형 연금	월적립식 150만 원 이하 or 1억 원 이하 or 종신형 연금

과거에는 저축성보험에 가입했을 때 아무 조건 없이 3년만 유지하면 비과세혜택을 받을 수 있었다. 하지만 5년, 7년, 10년으로 유지 기간이 점차 길어지고 추가적인 요건도 생겨났다. 그래서 현재는 월적립식은 150만 원 이하 계약, 비월적립식은 1억 원 이하 계약, 종신형 연금계약에 한하여 비과세혜택을 받을 수 있다. 하지만 이조차도 향후엔 더 까다로워질 가능성이 크다. 따라서 이러한 혜택이 없어지기 전에 미리 가입해놓는 것도 좋은 방법이 될 수 있다.

다양한 저축성보험의 종류

보장성보험과 저축성보험을 구분 짓는 기준은 단순하다. 납입완료 시점 또는 해약 시점에 해약환급금이 납입보험료보다 크면 저축성보험, 작으면 보장성보험으로 분류된다. 저축성보험은 크게 금리연동형과 실적배당형의 두 가지로 분류된다. 금리연동형은 보험회사의 이율을 적용받는 보험으로써 은행의 예금 또는 적금과 비슷하다. 실적배당형은 펀드의 운용 성과에 따라 수익률이 정해지는 보험으로써 펀드와 비슷하다.

   금리연동형 보험은 보험회사의 공시이율이 적용되며 매월 변동된다. 그리고 금리가 하락해도 일정 수준의 금리가 보증되는 최저보증이율이 존재한다. 예를 들어 최저보증이율이 2.0%라면 공시이율이 1.0%가 되어도 2.0%는 보장받을 수 있다.

[저축성보험 상품유형]

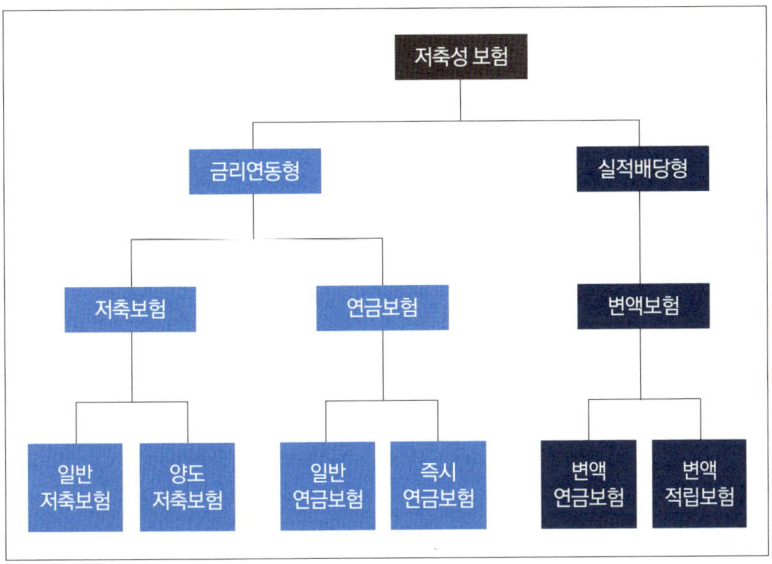

　금리연동형 보험은 저축보험과 연금보험으로 구분된다. 이 둘의 가장 큰 차이점은 연금기능과 만기이다. 저축보험은 예금과 같이 만기가 있다. 연금보험은 연금지급이 주목적인 상품이기 때문에 만기가 없고 연금개시 시점만 있다. 나머지 구조는 거의 흡사하다. 저축보험에 가입했다 하더라도 연금으로 전환해서 연금으로 수령 가능하다. 다만, 저축보험에서 연금보험으로 전환되기 때문에 상품의 조건이 변경된다. 예를 들어, 가입 당시에는 최저보증이율이 3.0%였으나 연금으로 전환하게 되면 전환 당시 연금보험으로 전환되어 최저보증이율이 1.0%가 될 수 있다.

　저축보험은 일반저축보험과 양로저축보험으로 나뉜다. 양로저축보험은 생사혼합보험이라고 불리는데, 만기 때 받을 만기보험금이 사망보험금으로 책정되어 조기에 사망하더라도 만기에 받을 수 있는 보험금을 사망보험금으로 받을 수 있다. 따라서 저축성보험이지만 조기 사망 위험을 보완할 수 있는 장점이 있다. 다만, 그에 상응하는 위험보험료가 부과되어 일반저축보험보다 환급률이 떨어질 수 있다.

연금보험은 일반연금보험과 즉시연금보험으로 구분된다. 이 둘의 차이점은 연금을 즉시 받느냐 나중에 받느냐의 차이다.

실적배당형은 펀드로 운용되는 변액보험 상품이다. 금리연동형과 달리 실적에 따라 수익이 날 수도 있지만 반대로 손실이 날 수 있다. 따라서 지속적인 수익률 관리를 해야 할 필요성이 있다. 구체적인 내용은 다음 장에서 살펴보도록 하자.

변액연금보험과 변액적립보험의 차이점은 무엇인가?

앞서 언급하였듯이 저축성보험은 크게 금리연동형 보험과 실적배당형 보험 2가지로 구분된다.

금리연동형 보험은 보험회사에서 공시이율과 최저보증이율이 적용되는 상품으로 안전하게 운용된다. 대표적인 상품으로 저축보험과 연금보험, 즉시연금보험이 있다. 실적배당형 보험은 보험 내에서 펀드로 운용되는 상품으로 고수익 추구가 가능하나 손실 가능성이 존재한다. 대표적인 상품으로 변액연금보험과 변액적립(유니버셜)보험이 있다.

변액연금과 변액적립(유니버셜)보험은 실적배당형 상품으로 동일하게 펀드로 운용되지만 몇 가지 차이점이 있다.

1. 변액연금보험

　변액연금보험은 연금을 주목적으로 만들어진 상품이다. 인플레이션을 대비하여 연금가치가 하락하지 않도록 실적배당형 펀드를 편입하여 운용할 수 있다. 연금상품이지만 손실 가능성이 존재하기 때문에 최소한의 보증옵션을 두고 있다. 보증옵션은 연금수령시점까지 유지 시 원금 또는 최초 약정한 금리를 보증하는 것이다. 다만, 보증옵션은 서비스가 아니다. 서비스가 아니기 때문에 보증을 위한 비용인 최저연금보증비용이라는 것을 매년 차감한다. 차감하는 기준은 적립금 기준이며 연 0.5%~1.5%로 다양하다. 노후에 안정적인 연금지급을 위한 상품이므로 주식편입비율에 제한을 둔다. 수익성보다는 안정성이 우선이기 때문이다. 최대 주식편입비율은 40%~60%로 상품별로 차이가 있다.

2. 변액적립(유니버셜)보험

　변액적립(유니버셜)보험은 재산의 증식을 주목적으로 만들어진 상품이다. 보험의 성격을 가지고 있지만 중도에 인출을 자유롭게 할 수 있는 유니버셜 기능이 탑재되어 있어 중도에 자금을 인출하여 활용할 수 있다. 변액연금과 동일하게 실적배당형 펀드로 운용되므로 손실 가능성이 존재한다. 안정적인 연금지급을 주목적으로 하지 않으므로 원금을 보장해 주는 보증옵션이 없다. 따라서 그와 관련된 추가적인 비용도 없다. 최대주식편입비율은 80%~100%로 변액연금보다 주식편입비율이 높다. 연금기능은 특약형태로 부가되어 있어 일정 요건을 충족하면 연금으로 전환할 수 있다. 다만, 종신연금에 적용되는 경험생명표는 가입 시점이 아닌 연금전환 시점의 '경험생명표'가 대부분 적용된다.

변액연금보험 vs 변액적립(유니버셜)보험

변액연금	구분	변액적립 (유니버셜)
있음	연금기능	없음 (연금전환특약 활용 시 가능)
연금개시시점까지 보유 시	원금보장	없음
적립금의 연 0.5% ~ 1.5%	최저연금보증비용	없음
40% ~ 60%	주식편입비율	80% ~ 100%

▶ 경험생명표 : 생명보험에서 피보험자의 생명현상을 일정 기간 집단적으로 관찰하여 연령과 함께 변화하는 사망률에 관련된 사실을 분석하여 작성한 표.

3. 변액유니버셜보험과 변액유니버셜종신보험은 다르다?

변액유니버셜보험과 변액유니버셜종신보험은 이름은 비슷하지만, 완전히 다른상품이다. 변액유니버셜보험은 저축성보험인 데 반해 변액유니버셜종신보험은 보장성보험이기 때문이다. 따라서 재산의 증식을 목적으로 저축성보험이 아닌 보장성보험인 변액유니버셜종신보험에 가입했다면 수익이 발생하는데 꽤 오랜 시간이 필요할 수 있다. 그리고 일정 기간 이내 해지 시 손실이 발생할 가능성이 크다. 사업비와 더불어 보장을 위한 위험보험료를 상당 부분 차감하기 때문이다.

반대로 위험에 대한 보장을 목적으로 보장성보험이 아닌 저축성보험인 변액유니버셜보험을 가입했다면 초기에 보험사고 발생 시 지급되는 보험금이 원하는 수준보다 훨씬 작을 수 있다. 보장기능이 최소화되어 있기 때문이다.

이처럼 변액보험도 차이가 있기 때문에 본인에게 맞는 변액보험을 선택할 필요가 있으며, 혹시 기존에 가입해 놓은 변액보험이 있다면 본인은 어떤 보험을 가지고 있는지 확인해 볼 필요가 있다.

보장성보험을 연금으로 활용하는 방법이 있다고?

앞서 언급하였듯이 보험은 크게 보장성보험과 저축성보험으로 나뉜다고 하였다. 보장성보험은 만일의 위험을 대비하기 위한 목적의 보험이고, 저축성보험은 재산의 증식과 노후준비를 위한 목적의 보험이다. 따라서 보장성보험을 위험대비 목적이 아닌 연금목적으로 활용한다면 저축성보험보다 연금액이 작을뿐더러 손해 볼 가능성이 크다. 그래서 보험은 최초 가입목적 그대로 활용하는 것이 좋다.

그럼에도 불구하고 보장성보험을 활용하여 연금을 받으려 한다면 두 가지 중 하나를 선택해야 한다. 바로 보장성보험의 연금전환특약과 연금선지급특약이다.

1. 보장성보험의 연금전환특약

　연금전환특약은 말 그대로 특약이다. 보장을 목적으로 상품이 만들어 졌기에 연금기능은 없지만 특약기능을 통해 연금으로 전환해 주는 것이다. 하지만 전환해 주는 조건이 가입자에게 불리하다는 것이 단점이다. 특약을 활용해 연금으로 전환하면 해약환급금 기준으로 연금이 개시되므로 손실을 볼 가능성이 크다. 또 보장기능까지 사라져 버리기 때문에 대부분의 보험가입자들은 손해를 보게 된다.

　다만, 최초 보험가입목적과 달라졌다면 변경할 필요성이 있다. 나이가 들어 자녀가 모두 독립하여 더 이상 사망보험금이 필요 없게 되는 상황이 되거나 사망보험금보다 본인의 연금이 더 필요하게 된 상황처럼 말이다. 보장성보험은 가급적 최초 보험가입 목적 그대로 유지하는 것이 좋으나, 보장이 필요 없고 연금이 필요하게 된 경우에 연금전환특약을 고려해 볼 필요가 있다.

2. 보장성보험의 연금선지급특약

　연금선지급 특약은 연금전환특약과 연금을 지급하는 기준이 다르다. 연금전환특약은 연금전환시점의 해약환급금을 기준으로 연금을 지급하는데 반해 연금선지급특약은 사망보험금을 기준으로 연금을 지급한다. 일반적으로 사망보험금이 해약환급금보다 더 높기 때문에 더 많은 연금을 수령할 수 있는 것이다. 또한 사망보험금은 납입보험료보다 높기 때문에 손실을 보지 않는다. 다만, 연금선지급특약을 사용해 연금을 받게 되면 해약이 어렵다는 단점이 있다. 사망보험금을 담보로 이미 보험금을 선지급을 받은 것과 다름없기 때문이다. 중간에 연금이 필요하게 되었다면 본인이 가입한 보험에 연금전환특약이 아닌 연금선지급특약을 활용하는 것이 연금수령에서는 더 좋다. 연금선지급특약이 있는 보험은 출시된 지 얼마 되지 않았으므로 본인의 보장성보험에 연금선지급특약이 있는지 확인해 보자.

이처럼 최초 가입목적과 달리 보장보다는 연금이 더 필요하게 된 상황에서는 무작정 기존에 보유한 보험을 해약할 것이 아니라 저축성보험으로 전환하여 노후에 연금으로 활용할 수 있음을 알아두자.

보험으로 보장과 연금을 동시에 해결할 수 있다고?

보장도 받고 싶은데 납입한 원금도 되돌려 받고 싶을 때는 어떻게 해야 할까? 만기 또는 정해진 시점에 납입한 보험료를 되돌려 주는 환급형 보험에 가입하면 된다.

우리가 납입하는 보험료는 크게 순보험료와 부가보험료로 구분된다.

보험료의 구성

보험료 = 부가보험료(신계약비 / 유지비 / 수금비) + 순보험료(위험보험료 / 저축보험료)

보장성보험과 저축성보험 모두 부가보험료와 순보험료로 구성되어 있다. 부가보험료는 보험상품을 유지하는데 발생하는 비용을 말하며, 순보험료는 보험의 기능을 위해 필요한 보험료이다. 여기서 보장성과 저축성의 차이점은 순보험료의 비중이 다르다는 것이다. 보장성보험은 순보험료에서 위험보험료의 비중이 높다. 보험사고 발생 시 보험금을 지급해야 하기 때문이다. 저축성보험은 위험보험료보다는 저축보험료 비중이 높다. 보장은 최소한으로 유지하고 재산의 증식을 목적으로 만들어진 상품이기 때문이다. 그래서 위험보험료 비중이 높은 보장성보험은 중간에 해약 시 손실이 발생할 가능성이 크다. 반대로 저축성보험은 위험보험료보다는 저축보험료의 비중이 높기 때문에 일정 기간만 유지할 수 있다면 오히려 은행예금보다 유리하게 해약도 가능하다.

그렇다면 보험을 활용하여 보장도 받고 저축도 할 수 있는 방법이 있을까? 가능하다. 보장성보험을 가입하더라도 저축보험료의 비중을 높이면 만기에 일정 금액을 돌려받을 수 있게 설정이 가능한 것이다. 또한 일시금으로 수령하지 않고 매월 연금식으로 수령도 가능하다.

예를 들어, 암 보험을 가입 한 뒤 20년 간 20만 원의 보험료를 납부하였다면, 납입이 끝난 후 보험료를 납부한 기간인 20년 동안 낸 보험료를 그대로 연금처럼 돌려받는 것이다. 따라서 보장도 받으면서 노후생활자금을 마련할 수 있다. 다만, 만기에 일정 금액을 되돌려 받기 위해 저축보험료를 높이면 그에 상응하는 사업비인 부가보험료도 상승함을 유의해야 한다.

이렇게 보험료를 내고 만기에 원금을 되돌려 받는 보험을 만기환급형 보험이라 하고, 보험료만 내고 되돌려 받지 않는 보험을 순수보장성 보험이라 한다. 과거엔 만기환급형 보험의 인기가 높았다. 납입하는 보험료를 손해 본다고 생각하는 사람들이 많았고 원금을 되찾으려는 니즈가 워낙 강했기 때문이다.

그러나 냉정하게 따져보면 순수보장성으로 동일한 보험을 가입하고 남은 금액만큼을 은행에 예금했다면 오히려 만기환급형 보험보다 더 많은 금액을 돌려받을 수 있었다. 이유는 만기에 환급받기 위해 납입한 저축보험료에 사업비가 있었기 때문이다. 하지만 지금은 사업비가 과거와 달리 많이 인하되었다. 또 상품이 만들어질 때 적용되는 이율이 은행금리보다 높게 설정되어 있어 일정수준 유지할 수 있다면 보장과 저축 두 마리의 토끼를 잡을 수도 있음을 알아두자.

094

금리상승기에는 보험을
빨리 가입하는 것이 좋을까?

보험상품에 가입하게 되면 보험금에 상응하는 보험료를 보험회사에 납입하게 된다. 보험료가 책정될 때 영향을 미치는 요소는 크게 세 가지가 있다. 첫 번째는 금리, 두 번째는 위험률, 세 번째는 사업비다.

일반적으로 금리가 상승하면 보험가입자가 납입해야 하는 보험료는 낮아진다. 보험회사는 보험가입자에게 보험료를 받아 보험금을 지급하기까지 자금을 운용하게 되는데 운용할 수 있는 금리가 높다면 그만큼 적은 보험료를 받아도 사전에 약정한 사망보험금을 지급할 수 있기 때문이다. 적금으로 목돈을 만들 때 금리가 높으면 적은 금액을 납입해도 되는 것과 같은 개념이다. 반대로 금리가 하락하면 동일한 보험금을 받기 위해 납입해야 하는 보험료는 상승한다.

보장성보험의 경우 최초 상품을 개발할 당시부터 예정이율로 계산하여 사망보험금을 책정한다. 예정이율은 한번 정해지면 변동하지 않기 때문에 최초 정해진 예정이율은 매우 중요하다. 사망보험금을 산정하는 데 큰 영향을 미치므로 종신보험의 경우엔 예정이율을 비교해 볼 필요가 있다. 따라서 다른 변수가 없다는 가정하에서 금리가 오르는 시기에는 보장성보험은 되도록 늦게 가입하는 것이 유리하다. 높은 예정이율을 적용하는 보험상품의 보험료가 더 저렴하기 때문이다.

저축성보험인 연금보험은 보장성보험과는 또 다르다. 연금보험은 노후를 위한 준비 목적인 저축성보험이다. 따라서 보장은 최소화되어 있고 저축 기능이 강화되어 있다. 즉 보장성보험과 달리 예정이율이 큰 영향을 미치는 않는다는 뜻이다. 보험회사는 은행예금과 같이 공시이율을 적용하는 상품들이 있으므로 금리가 상승하면 당연히 공시이율도 상승한다. 연금액은 금리에 연동되므로 연금액도 상향되는 것이다. 다만, 금리가 높을 때 개발된 상품과 낮을 때 개발된 상품의 차이점은 존재한다. 바로 금리를 보증하는 최저보증이율이다. 보험은 기본적으로 장기성상품이므로 오랫동안 금리를 보증한다. 금리가 높았을 때 개발된 상품은 최저보증이율이 상대적으로 높고, 금리가 낮았을 때 개발된 상품은 최저보증이율이 상대적으로 낮다. 따라서 금리가 상승하고 있다면 당장 적용되는 공시이율엔 큰 차이는 없겠지만 최저보증이율의 차이는 있을 수 있음을 알아두자.

그러므로 금리상승기에는 다른 변수가 없다면 보험을 늦게 가입하는 것이 유리할 수 있다. 반대로 금리가 지속해서 하락하는 시기라면 금리가 하락하기 전에 가입하는 것이 더욱 유리할 수 있음을 알아두자.

100세 보장상품은
노후대비에 있어 중요하다!

100세까지 보장해주는 보험상품은 꽤 중요하다. 지금 우리가 사는 시대가 100세 시대를 눈앞에 두고 있기 때문이다. 문제는 이러한 시기에 100세까지 보장을 해주는 보험상품들이 조금씩 자취를 감추려 하고 있다는 것이다.

2000년대 중반 이후부터 보험상품의 보장 기간의 변화가 생기기 시작했다. 100세 시대가 도래하고 있다는 명목으로 기존의 70세 보장과 80세 보장으로는 부족하다는 의견이 나오기 시작하면서 상품 만기가 길어지기 시작한 것이다. 그래서 100세까지 보장되는 보험상품이 개발되어 판매되기 시작했다. 평균수명이 길어져 기존의 70세 보장과 80세 보장으로는 충분히 보장받지 못한다는 명목 하에 100세 보장상품은 불티나게 팔렸었다. 얼핏 보면 100세 보장상품은 보험회사보다는 고객에게 유리한 것처럼 보인다. 보험가입자 입장에서는 100세까지 보장받을 수 있는 보험가입을 통해 오래 사는 위험을 보험회사에 전가할 수 있고, 보험회사 입장에서는 100세까지 보장을 해주어야 하기 때문에 추가적인 위험부담이 생기게 된 것이기 때문이다.

그래서 보험가입자에게 더 많은 보험료를 받아야 한다는 논리를 적용하여 보험료를 인상하게 되었다. 그러나 함정이 있었다. 막상 뚜껑을 열어보니 80세 만기 상품에서 지급되는 보험금 규모와 100세 만기 상품에서 지급되는 보험금의 규모가 큰 차이가 없었던 것이다.

결과적으로 고객에게 더 많은 보험료를 받고 비슷하게 보험금을 지급할 수 있었기 때문에 보험회사는 그만큼 이득을 취할 수 있게 된 것이다.

100세 보장 보험 상품은 초창기에 보험회사에게는 효자상품이 되었다. 하지만 시간이 흐르면서 점차 보험회사에게 불리하게 적용되기 시작한다. 평균수명이 매년 4개월 이상씩 늘어나면서 점차 오래 살기 시작한 것이다. 또 가장 많이 사망하는 나이인 최빈사망연령이 90세에 근접해가기 시작했다. 게다가 이러한 상황이 지속되면 2020년엔 90세를 넘어 100세를 바라보게 된다. 과거엔 100세 만기 상품이 보험회사에 수익을 안겨주었지만, 앞으로는 손실을 안겨줄 가능성이 높아진 것이다.

오래 살면 살수록 질병에 걸릴 확률은 높아지고, 그 기간 동안 발생하는 보험사고에 대해 보장을 해줘야 하는 위험부담을 보험회사가 지게 된다.

과거엔 평균수명에 짧았으므로 만기가 길어도 보험회사에 큰 부담이 되지 않았다. 하지만 지금은 오래 사는 위험을 감안해야 하는 시기가 된 것이다. 그래서 100세 보장상품은 향후 보험회사에 큰 부담이 될 수 있다. 계속 해서 수명이 늘어나고 있는 지금 시대에 100세 또는 죽을 때 까지 보장받을 수 있는 종신형 보험상품은 노후에 굉장히 유용할 수 있다. 만기가 짧은 보험을 가입해 있다면 현재는 만일에 대한 위험을 보험으로 전가할 수 있다 하더라도 보장기간이 짧아 노후에 정말 보험이 필요할 때 힘이 되지 않을 수 있다. 오래 사는 위험에 맞게 보험의 만기도 조정할 필요가 있는 것이다.

보험의 연금수령방법에는 무엇이 있을까?

보험상품의 연금수령방법은 타 금융상품과 보다 더 다양하다. 보험상품의 연금수령방법은 종신연금형, 상속연금형, 확정연금형 3가지로 나뉜다. 연금수령방법마다 각각의 장단점이 있어서 연금수령방법을 제대로 알아야만 노후에 본인에게 맞는 연금수령방법을 선택할 수 있다.

1. 평생 동안 연금을 지급하는 종신연금형

종신연금형은 보험대상자가 사망할 때까지 평생 동안 연금을 지급한다. 최초 연금가입시점 또는 연금전환시점의 경험생명표를 적용하여 원금과 이자를 평생 동안 나누어 받는 개념이다. 만약 보험회사가 예측한 수명보다 더 오래 살았다면 더 많은 연금을 받을 수 있다. 따라서 오래 사는 위험에 대비할 수 있는 최적의 연금형태라고 볼 수 있다. 다만, 조기에 사망 시 연금수령기간이 짧아지기 때문에 타 연금수령방법보다 연금액이 적을 수 있으며 원금보다도 적게 받을 수 있음을 알아두어야 한다.

그래서 종신연금형에는 최저연금보증기간을 정할 수 있다. 조기에 사망 시 불이익을 당할 가능성이 크기 때문이다. 연금 최저보증기간 안에 사망하게 된다면 연금보증기간까지는 보험회사가 연금을 보증해서 지급한다. 예를 들어, 종신연금형 20년 보증을 선택 후 연금을 수령하다가 5년 만에 사망하였다면, 나머지 15년간은 상속인이 수령할 수 있다. 보증기간은 일반적으로 10년, 20년, 기대여명, 100세 등으로 설정할 수 있다. 보증기간이 길어질수록 보험회사의 위험부담은 높아지므로 연금수령액은 감소한다.

그리고 종신연금형은 조기에 많이 받을 수 있는 조기지급형과 나이가 들수록 연금수령액이 늘어나는 체증형이 기능이 추가로 있다. 만약 초기에 소득단절로 인해 많은 생활비가 필요하거나 국민연금 등의 수령시점이 아직 도래하지 않았다면 조기에 많은 연금액을 지급하고 일정시점 이후에 연금액이 줄어드는 조기지급형을 선택하는 방법도 고민해 볼 필요가 있다. 이와 달리 지금 생활비는 적정하지만 노후에 의료비의 지출이나 물가상승으로 인해 더 많은 연금액이 필요할 것으로 가정한다면 일정시점 이후부터 연금액이 증가하는 체증형을 선택하는 것도 좋은 방법이다.

이 외에 부부형 종신연금도 있다. 부부형 종신연금은 부부 모두가 사망할 때까지 연금을 지급하는 연금유형이다. 다만, 부부 중 한 명이 사망 시에는 연금액도 절반으로 줄어든다.

기본적으로 종신연금은 기대여명과 생존률 등의 통계적인 수치가 반영되는 특성으로 인해 보험의 성격이 가미될 수밖에 없다. 따라서 보험회상품에 한해서만 종신연금형을 선택할 수 있다. 종신연금형의 단점은 연금지급이 시작되면 중도에 중지하거나 연금을 찾을 수 없다. 그래서 실제 종신연금형을 선택하는 비율이 타 연금형보다 낮은 편이다. 최근엔 오래 사는 위험이 점차 증가하고 있기 때문에 종신연금형의 선택비율이 차츰 높아지고 있는 추세이다.

2. 원금은 그대로 두고 이자만 지급하는 상속연금형

상속연금형은 원금 또는 연금개시 전에 발생한 이자를 포함한 원리금을 기준으로 연금을 지급하는 유형이다. 원금 또는 원리금을 그대로 두고 연금개시시점부터 발생하는 이자만을 연금으로 지급하는 연금형태이기 때문에 연금 수령 중 사망 시 쌓여진 목돈을 상속해 줄 수 있다. 그리고 해약이 가능하므로 언제든지 해약해서 목돈으로 수령할 수 있다. 다만, 목돈은 그대로 두고 이자만 지급하기 때문에 지급받을 수 있는 연금액은 타 연금형태에 대비해 가장 적다. 그리고 공시이율에 변동에 따라 월 이자금액이 크게 변동할 수 있다.

과거 2012년에서 2013년 초에 세법변경 이슈로 인해 많은 자금이 즉시연금으로 들어왔다. 그 당시 공시이율은 5% 초반이었는데 그 이후 금리 인하로 인해 공시이율이 지속적으로 하락하여 2% 중반이 되자 연금 수령액이 반 토막이 되어 많은 가입자들의 불만을 토로하였다. 현재 다음 달부터 바로 연금수령이 가능한 즉시연금을 상속형으로 가입했을 경우 1억 원 당 월 17~18만 원 수준을 받을 수 있다(2018년 4월 기준).

3. 원금과 이자를 정한 기간 동안 나눠 받는 확정연금형

확정연금형은 원금과 이자를 정한 기간 동안 나눠 받는 연금형태이다. 단기에 원금과 이자를 나눠 받기 때문에 타 연금유형 대비 가장 많은 연금을 수령할 수 있다. 다만, 정해진 기간 동안에 한해서만 수령이 가능하기 때문에 오래 사는 위험에 취약하다는 단점이 있다. 사전에 약정된 기간이 종료되면 더 이상 연금을 받을 수 없기 때문이다. 연금수령기간은 5년, 10년, 20년, 30년 등으로 설정할 수 있다. 현재 저축성보험 비과세요건에는 10년이 되기 전 확정된 기간 동안 연금을 수령하는 경우는 제외된다. 따라서 확정연금형으로 비과세혜택을 받기 원한다면 10년 유지 후에 연금으로 수령해야 한다.

이 외에도 보험상품 중에서는 위의 연금형태를 혼합하여 연금을 개시할 수 있는 상품이 있다. 종신연금형 70%, 상속형연금형 30%와 같이 비율별로도 지정할 수 있어 각자 상황에 맞게 연금수령 방법을 선택할 수 있다. 다만, 보험상품마다 선택조건이 다르기 때문에 연금개시 전에 꼭 확인할 필요가 있다. 연금이 개시되면 더 이상 연금개시방법에 대한 변경이 불가하다.

이처럼 다양한 연금수령방법이 있으므로 노후에 본인의 상황에 맞는 연금수령방법을 선택할 수 있도록 하자.

동일한 보험에 가입해도
보험료를 아끼는 방법이 있다 (1)

'티끌 모아 태산'이라는 속담이 있다. 이 속담은 아주 작은 티끌이라도 쌓이고 쌓이면 산처럼 커지는 것처럼 작은 것이라도 계속해서 모으면 큰 것을 만들 수 있다는 의미를 담고 있다.

보험은 장기간 보험료를 납입해야 하는 상품이다. 따라서 보험료를 할인받을 수 있다면 최대한 받는 것이 좋다. 보험상품의 납입기간이 10년 이상임을 감안할 때 할인되는 금액이 많지 않더라도 누적되면 무시할 수 없는 금액이 되기 때문이다.

보험상품은 기본적으로 수지상등의 원칙과 대수의 법칙이 적용되어 상품이 개발되어 진다.

수지상등의 원칙은 보험가입자로부터 보험회사가 받은 보험료와 보험회사가 보험가입자에게 보험금으로 지급하는 금액이 일치하도록 하는 것을 말한다. 대수의 법칙은 확률을 말하는데, 모든 보험에는 대수의 법칙이 적용된 확률이 반영된다. 주사위를 처음 굴릴 때는 1에서 6까지 어떠한 숫자가 나올지 모른다. 하지만 계속 주사위를 굴리다 보면 1의 숫자가 몇 %의 확률로 나올 것인지는 예측할 수 있다. 한 사람의 사고 위험 또한 정확하게 알 수 없다. 하지만 다수의 사람으로는 몇 %의 확률로 보험사고가 발생할 것인지는 예측할 수 있다.

이렇게 수지상등의 원칙과 대수의 법칙이 적용되어 만들어진 보험상품에는 불특정다수가 가입하게 된다. 하지만 모두가 동일한 환경에 동일한 건강을 가진 사람들이 가입하는 것은 아니다. 건강한 사람도 있고 그렇지 않은 사람도 있고 사고의 위험이 큰 일을 하는 사람도 있고 사고의 위험이 낮은 일을 하는 사람도 있다. 보험상품은 이러한 다양한 사람들을 평균을 내어 보험료와 보험금을 결정한다. 이렇게 모두가 각자 처한 상황이 다른 상태에서 보험에 가입하게 되면 평균보다 건강한 사람은 그렇지 않은 사람에 비해 상대적으로 불리하게 보험을 가입하게 된다. 그 반대로 평균보다 건강하지 않은 사람은 더욱 유리하게 가입하게 된다. 그러면 건강한 사람은 보험으로 손해를 볼 가능성이 높아져 보험가입을 꺼려하게 되고 오히려 건강하지 않은 사람들이 보험을 더 가입하게 될 가능성이 높아지게 된다. 그렇게 되면 보험회사 입장에서는 최초 예측보다 보험금 지급확률이 높아져 더 많은 보험금을 지급해야 하는 상황에 부닥치게 될 수 있게 된다.

그래서 보험회사에서는 평균보다 건강하거나 보험금 지급확률이 낮은 보험가입자를 우량체 또는 건강체로 분류하여 일정 수준의 보험료를 할인하여 준다. 그렇게 함으로써 건강한 가입자들을 더욱 많이 가입 할 수 있도록 하는 노력을 한다. 보험회사 입장에서는 건강한 사람이 많이 가입할수록 위험률도 낮아져 보험금을 지급할 확률이 낮아지게 된다. 장기적으로 건강한 사람이 많이 가입할수록 보험회사는 받은 보험료 대비 지급하는 보험금이 더 낮아져 보험회사에 더 유리하게 되는 것이다. 그래서 보험회사는 건강한 사람이 더 많이 보험가입을 할 수 있도록 여러 가지 할인 특약을 적용하는 것이다. 보험가입자 입장에서도 유리하다. 동일한 보험에 가입하더라도 건강상태에 따라 보험료를 할인받을 수 있다면 보험료를 절약할 수 있어 이득이 될 수 있기 때문이다.

보험에는 다양한 할인 특약이 존재한다.

1. 건강하면 할인받는 건강인 할인 특약

건강인 할인 특약은 사망 또는 질병을 주된 보장으로 하는 보장성보험에만 적용되는 특약이다. 할인 시점은 최초 가입 시점뿐만 아니라 보험기간 중에 건강인 요건을 증명하면 건강인 할인 특약이 적용된다. 비흡연자, 정상 혈압, 정상 체중, 그리고 특별한 항목의 예방주사 등 일정 요건을 충족하면 할인이 적용된다. 이런 할인 특약을 적용하는 이유가 있다. 보험사고 발생 확률에 따라 보험료가 다르게 산정되는데 일반적으로 건강한 사람들이 질병 발병 확률이 낮기 때문이다. 예를 들면, 담배를 피우지 않는 사람은 담배를 피우는 사람보다 위험률이 낮다. 그러므로 상대적으로 저렴한 보험료를 적용하는 것이다. 혈압이 정상인 사람과 체중이 평균인 사람도 혈압이 높거나 과체중인 사람보다 위험률이 낮아서 동일하게 저렴한 보험료를 적용받을 수 있다.

금연을 하면 할인받을 수 있는 보험료 할인 특약이 있다.
흡연자는 비흡연자보다 질병에 노출될 확률이 상대적으로 높다. 따라서 비흡연자에게는 일정 수준의 보험료 할인 혜택을 부여한다. 만약 과거에 본인이 담배를 피운 상태에서 보험에 가입했다면, 지금이라도 금연하면 보험료를 할인받을 수 있는지 한번 체크해 보는 것도 좋다. 만약 할인할 수 있다면 보험회사를 통해 흡연검사를 받게 되거나 보험가입자가 금연했다는 검진기록을 제출하면 그때부터 보험료 할인 혜택을 받을 수 있다.

특정한 예방접종을 하면 할인을 받을 수 있는 할인 특약도 있다.
여성의 경우 자궁경부암 예방접종을 하면 특정 암의 발병이 낮아진다. 따라서 특정상품의 경우 특정 예방접종 여부에 따라 보험료를 할인받을 수 있다. 또 일정 기간 보험금 청구를 하지 않으면 보험료를 할인받을 수 있는 할인 특약도 있다.
2017년 4월 이후 판매된 신 실손의료보험에 가입한 후, 직전 2년 동안 비급여항목의 의료비에 대한 보험금을 수령하지 않았을 경우에는 그다음 연도부터 1년간 보험료를 10% 이상 할인받을 수 있다. 다만, 2017년

4월 이전에 가입한 구 실손의료보험에는 적용되지 않는다.

2. 이 외에도 무사고자 보험료 할인 특약이 있다.

자동차보험 또는 운전자보험 등에 가입한 후 보험회사에서 정한 일정 기간 동안 사고가 없어 보험금을 수령하지 않은 경우에는 보험료를 할인을 받을 수 있다. 일반적으로 보험료 할인수준은 1~10% 수준이다. 보험료 할인 요건에 해당할 경우에는 보험회사가 보험개발원 전산망을 통하여 전체 보험사의 보험금 지급 내역 조회를 통해 '無 사고' 여부를 확인한다. 그 후 보험 가입 시나 보험 갱신 시에 자동으로 할인을 적용한다. 따라서 별도로 할인을 신청할 필요는 없다. 다만, 상품마다 할인 폭 및 요건이 다를 수 있으므로 사전에 확인할 필요가 있다.

이처럼 건강하거나 사고위험이 낮다면 보험상품 가입 시 우리가 매월 납입하는 보험료의 일정 부분을 할인받을 수 있으므로 내가 가입한 보험도 할인받을 수 있는지 확인해 볼 필요가 있겠다.

동일한 보험에 가입해도 보험료를 아끼는 방법이 있다 (2)

보험료 할인 특약은 꼭 건강해야만 적용받을 수 있는 것은 아니다. 이 외에도 다양한 할인 특약이 존재한다.

1. 가족이 가입하면 할인받을 수 있는 특약

가족이 동일한 보험에 동시에 가입하는 경우에는 할인받을 수 있는 특약이 있다.

해당 요건을 충족하였을 경우 납입보험료의 10% 수준을 할인받을 수 있다. 보험상품에 따라 가족 모두가 동시에 가입하는 조건 또는 추가로 가족이 가입했을 때에만 할인하는 조건 등 모두 다를 수 있으므로 사전에 해당 특약이 있는지와 조건을 확인할 필요가 있다.

두 명의 자녀 이상에게 보험에 가입해 주면 우대받을 수 있는 특약이 있다.

'다자녀가정 우대특약'이라고 불리는 이 특약은, 사망을 보험금 지급 사유로 하지 않는 계약(어린이보험 등) 중 피보험자(자녀)의 나이가 25세 이하이고, 피보험자의 형제자매가 두 명(피보험자 포함) 이상이면 보험료를 일정 비율(0.5~5%) 할인받을 수 있는 특약이다. 해당 특약 가입 시 가족관계증명서나 주민등록등본 등을 보험회사에 제출하여야 하며 입양 및 재혼가정 등도 가족관계증명서에 등재된 자녀가 두 명 이상이면 할인 혜택을 받을 수 있다. 대체로, 자녀의 수가 많을수록 높은 할인율이 적용된다.

장애인 가족을 우대하는 특약이 있다.

'장애인가족 우대특약'은 보험계약자가 「장애인복지법」 제32조(장애인의 등록)에 의거하여 등록된 장애인 및 그 배우자인 경우 보험료를 할인(2~5%)받을 수 있는 특약이다. 특약에 가입하기 위해서는 장애인등록증, 주민등록등본 등을 제출하여야 한다.

부모님에게 보험을 가입시켜 주면 보험료를 할인받을 수 있는 특약이 있다.

'부모사랑특약'이라고도 불리는 이 특약은, 보험계약자가 본인의 가족관계등록부상 또는 주민등록상의 부모(배우자의 부모 포함)를 피보험자 및 보험수익자로 하여 보험계약을 체결하는 경우, 1%에서 2%의 보험료를 할인해 주는 특약이다. 다만, 피보험자(부모)의 나이가 50세 이상이면서 계약자(자녀)의 나이가 20세 이상이어야 하며 피보험자(부모)와 보험

수익자(부모)가 동일해야 한다. 또한, 보험 가입 시 보험료를 한 번에 납입하는 일시납 계약이 아닌 경우에만 할인 혜택이 제공된다. 가족관계증명서 또는 주민등록등본을 제출하여야 특약 가입이 가능하다.

부부가 같이 가입하면 할인받을 수 있는 특약도 있다.

'부부가입 할인특약'이라고도 불리는 이 특약은, 보험가입 시 본인과 본인의 배우자가 동일한 상품을 동시에 가입하는 경우 보험료를 할인해 주는 특약이다. 가족관계증명서 등을 제출하여 부부관계임을 확인받고, 1%에서 10% 수준의 할인 혜택을 받을 수 있다.

2. 보험회사의 고객 우대 특약

기존에 보험상품에 가입한 보험가입자가 동일한 보험회사의 보험상품에 가입했을 경우 할인받을 수 있는 특약이 있다.

보험계약 당시 보험계약자가 해당 보험회사의 다른 보험상품에 가입되어 있는 경우 보험료를 1 ~ 14%를 할인해 주는 특약으로, 가입 당시 보험회사에 정보 확인을 요청하여 할인 혜택을 받을 수 있다.

보험료 자동이체를 함에 따라 보험료 할인을 받을 수 있는 특약이 있다.

보험료 자동이체가 되지 않으면 보험료가 제때 이체가 되지 않아 보험의 효력이 상실되는 실효가 될 가능성이 높아진다. 보험의 효력이 사라진 상황에서 보험사고가 발생하면 곧 민원으로 이어지기도 한다. 그리고 보험회사 입장에서도 보험료가 제때에 들어오지 못하면 보험계약이 실효된다는 안내문서 등의 발송 등 제반 비용이 발생한다. 그리고 잠재적인 민원가능성도 커진다. 그래서 자동이체를 유도하기 위해 보험료 할인혜택을 부여하는 것이다. 보험료를 자동이체 할 시에는 납입보험료의 약 1% 수준을 할인해 준다. 다만, 보험료 자동이체를 신청했다고 바로 할인이 적용되는 것은 아니며, 신청 이후 2회차 보험료부터 할인을 받을 수 있다.

보험가입금액이 많다면 보험료 할인을 받을 수 있는 특약이 있다.

보장성보험뿐만 아니라 저축성보험까지 보험가입금액이 일정이상 되거나 보험료 납입수준이 일정 금액 이상이 된다면 1~20%의 보험료를 할인해 주는 특약이 있다.

이러한 고액계약 할인 특약은 금액이 높을수록 할인율이 높아지는 것이 특징이다. 따라서 고액 계약의 보험을 체결할 예정이라면 할인율을 확인해 볼 필요가 있다. 또 할인을 받지 않는 대신 그에 상응하는 금액을 추가로 납입해주는 특약도 있으므로 상품 가입 시 확인해 볼 필요가 있다.

이 외에도 보험료를 선납하면 할인을 받을 수 있다.

선납은 보험료를 미리 납부하는 것이다. 보험상품에 따라 보험료를 일정 기간 선납을 하면 일정 수준의 보험료를 할인해 준다.

3. 저소득층 우대 및 의료급여 수급권자 특약

저소득층 우대특약은 보험계약자가 「국민기초생활법」 제2조(정의)에서 정한 국민기초생활수급자일 경우, 이를 증명할 수 있는 자료(기초생활

수급자 증명서, 소득증빙서류 등)를 제출하면 보험료를 할인(3~8%) 받을 수 있는 특약이다.

또 「의료급여법」 제3조에 근거하여 의료급여 수급권자에 해당한다면 실손의료보험의 보험료를 할인받을 수 있다. 의료급여 수급권자는 생활이 어려운 저소득층 등 의료비 지원을 받는 자를 말한다. 실손의료보장이 되는 보험에 가입했을 경우엔 납입하는 보험료의 약 5% 수준을 할인받을 수 있다.

보험에 가입할 때뿐만 아니라 보험가입 이후에도 수급권자 자격을 취득하였다면 수급권자임을 입증할 증빙서류를 보험회사에 제출하고 보험료를 할인받을 수 있다. 다만, 보험료 납입기간 중 수급권자 자격을 상실하는 경우에는 할인 혜택이 중지된다. 보험가입 시점 뿐만 아니라 보험가입 기간 중에도 의료급여법 수급권자여야만 보험료를 할인받을 수 있다.

이처럼 다양한 보험료 할인 특약이 존재한다. 따라서 본인이 가입한 보험에 보험료 할인 특약을 적용받을 수 있는 내용이 있는지 확인해 볼 필요가 있다. 보험상품은 장기간 납입해야 하는 상품이기 때문에 보험료 할인금액이 누적될수록 할인 효과는 더 클 것이다. 우리가 가입한 보험에 혹시나 보험료 할인 특약이 포함되어 있는지 여부와 할인 특약이 있다면 그 조건은 무엇인지 확인해 보자.

보험 사각지대 해소를 위한 보험, 유병자 보험

보험에 대한 필요성은 나이가 들수록 더 커진다. 건강할 때는 '나는 절대 그럴 일이 없을 거야'라고 생각하지만, 막상 큰 병에 걸려서 재정적인 부담을 느끼게 되면 그제서야 보험의 필요성을 알게 된다.

최근 일본 NHK에서 제작한 〈장수의 악몽, 노후파산〉에도 이 예는 적나라하게 나타나 있다.

"100여만 원씩 후생연금(우리나라의 국민연금)을 받고 있고 어느 정도의 예금도 있다. 이 정도면 그래도 내 노후는 준비되었다고 생각했다. 하지만 노후파산의 계기는 질병과 부상 등 나이를 먹으면 누구에게나 일어날 수 있다. 건강할 때에는 독신 생활을 어떻게든 유지할 수 있으나 수술이 필요한 질병에 걸리거나 부상으로 입원을 해야 하는 상황이 되면 처음에는 모아 놓은 예금으로 어떻게든 되겠지만, 결국에는 노후 파산은 피할 수 없다."

대부분의 보험은 위험에 대한 확률로 보험료가 책정된다. 질병과 상해 등의 확률이 상대적으로 낮은 젊은 나이에는 보험료가 저렴하고, 나이가 많을수록 보험료는 비싸지게 된다. 물론 보험료 납입기간에 따라 보험료가 달라지기도 한다. 보험 가입에 적정한 나이라는 건 정해져 있지 않지만, 주로 본인이 수입이 있을 때 미리 가입하는 것이 가장 좋다.

이유는 추후 수입이 없을 때 미리 가입한 보험으로 보장받을 수 있고, 추후 보험 가입 시 과거 병력으로 인해 가입 거절을 당하는 것을 방지하기 위함이다.

만약 보험이 필요하여 가입하고 싶지만, 과거 병력으로 인해 보험가입이 어렵다면 어떻게 해야 할까? 유병자보험으로 고민을 해결할 수 있다. 유병자 보험이란, 질병을 앓고 있거나 병력이 있는 사람도 가입할 수 있는 보험을 말한다. 기존에 고혈압, 관절염, 당뇨 등으로 인해 보험 가입을 거절 당했거나 어려움이 있다면, 유병자 보험을 알아보면 좋다. 유병자 보험에 가입하기 위해서는 '간편심사' 과정을 거쳐야 하는데, 아래 세 가지 항목에 모두 '아니오'로 대답할 수 있으면 보험 가입이 가능하다.

흔히 '3·2·5 조건'이라 불리는 항목이다.

- 3개월 이내 입원, 수술, 추가검사 등의 소견을 받았는가
- 2년 이내 질병 또는 사고로 입원이나 수술을 한 적이 있는가

- 5년 이내 암으로 진단받거나 입원, 수술받은 적이 있는가

　위 세 항목에 모두 'NO'라 답할 수 있다면, 유병자 보험에 가입할 수 있다. 단, 상품의 특성상 위험률이 일반 보험에 비해 높으므로 보험료 또한 일반 보험 대비 약 두 배가량 비싸다. 보장받을 수 있는 부분은 상해 또는 질병으로 인한 사망·수술·입원 일당과 암·뇌출혈·심근경색 진단비 등으로 구성되어있다. 또한, 갱신·비갱신형 모두 구성되어 있어 보험료 비교를 통해 자유롭게 가입할 수 있다. 보장금액이 커질수록 내가 납부해야 할 보험료 또한 비싸지기 때문에, 본인이 부담이 가능한 선에서 보장금액을 맞추는 것이 중요하다.

실속 있는 1만 원 미만 미니보험

최근 경기침체와 가계대출 증가로 많은 가정에서는 허리띠를 졸라매기 시작했다. 매월 버는 돈은 한정돼 있는데, 물가는 지속적으로 상승하여 실질구매력은 하락하고, 가계대출 금리는 계속적으로 상승하면서 기존에 고정적으로 지출되는 항목들을 줄이기 시작한 것이다. 그 중 가장 우선적으로 해지가 고려되는 금융상품이 바로 '보험'이다.

실제로 생명보험 보장성보험계약 해지율이 지속해서 증가하고 있다.

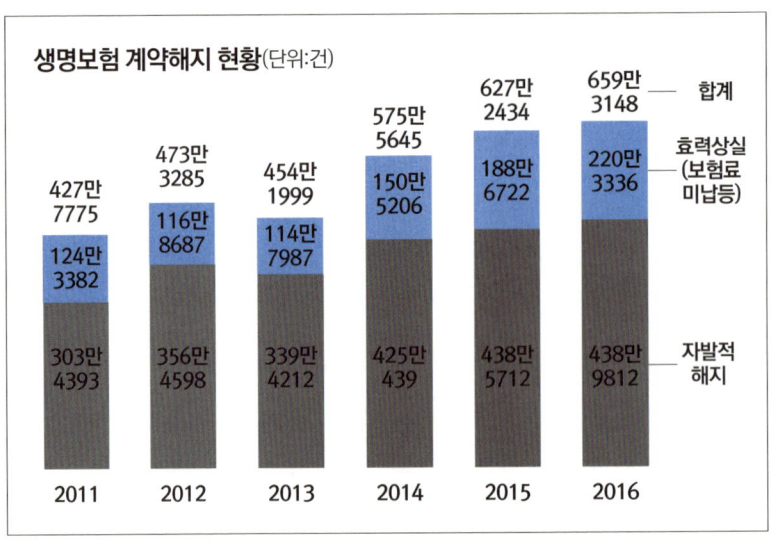

(출처 : 생명보험협회)

　위의 표에서 보듯 2016년도의 생명보험의 계약해지는 약 660만 건으로, 2011년 대비 약 54%가 증가했다. 자발적 해지뿐 아니라, 더 이상 보험료를 납부하지 못해 효력이 상실된 보험도 상당한 비중을 차지했다. 이 말은, 보험료가 현재의 삶에 상당히 부담되고 있다는 것을 뜻한다.

　최근 이러한 부담을 덜어낼 수 있는 보험상품이 출시되고 있다. 그 중 대표적인 보험이 바로 '미니보험'이다. 미니보험이란, 주기능은 단순하게 하고 부가적인 특약을 없애 보험료를 최소화한 보험을 말한다. 쉽게 말해, 단순하고 저렴한 보험인 것이다.

최근 출시된 주요 미니보험

보험사	상품명	보험료(월)	주요 보장내용
처브라이프	오직 유방암만 생각하는 보험	180원	진단 시 500만 원, 수술비 추가 500만 원 등
MG손해보험	다이렉트2030암보험	1만 원 내외	가입선택에 따라 1,000~5,000만 원 지급
MG손해보험	인바이유 운전자보험	1,500원	교통사고 처리 지원금 최대 3,000만 원 지급
라이나생명	9900 ONE 치아보험	9,900원	충치, 크라운치료, 치주질환 등
라이나생명	9900 ONE 암보험	9,900원	7대 고액암, 일반암 등 암 진단비만 집중 보장

(출처: 각 사)

    그래서 보험가입자 입장에서는 해당 보험 상품에 대한 이해가 쉽다. 또한, 매월 납입해야 하는 보험료가 현저히 낮아 부담이 적다. 하지만, 저렴하다고 무작정 미니보험만 가입하는 것은 옳지 못하다.

    보험료가 저렴한 이유가 있다. 먼저 보장 기간의 경우 일반 암보험은 80세 또는 100세까지 보장되는 상품이 대부분이지만 미니보험의 경우 최소 5년까지만 보장하기도 한다. 둘째는 보장금액과 해지 환급금의 차이다. 수술비는 지급하지 않고 진단금만 보장한다거나, 해지 시 지급되는 환급금이 없을 수도 있다. 따라서 미니보험에 가입할 때는 단순히 보험료가 싸다고 해서 가입하는 것이 아닌, 보장 내용 등을 꼼꼼하게 따져보고 가입할 필요가 있다.

EPILOGUE

노후대비, 당신은
'무엇을, 어떻게' 준비하고 있는가?

　인생 후반전이 다가왔을 때 금전적으로 자유롭지 못한다면 인생 전반전과 크게 다르지 않은 삶을 살 수밖에 없다. 계속해서 돈을 벌기 위해 일을 해야 하는 것이다. 따라서 노후에 금전적인 자유를 얻을 수 있도록 미리 준비해야 할 필요가 있다. 노후대비를 늦게 시작하게 되었다면 늦게 시작한 만큼 큰 노력이 필요하다. 하지만 그 노력은 평생 살아감에 있어서 다시 도움이 되어 돌아올 것이다. '뿌린 만큼 거둔다'는 말은 노후대비에 있어 가장 알맞은 말이 아닐까 싶다.

　젊었을 때는 자산을 늘려야 하는 시기이므로 어떻게 돈을 벌어 자산을 늘려가야 할 것인지를 필수적으로 고민해야 한다. 하지만 평생 그럴 수는 없다. 젊었을 때 고생해서 자산을 늘렸으면 언젠가는 사용해야 하는 시기가 온다. 물론 모두 기부하거나 자식들에게 물려줄 것이라면 계속 자산을 늘려 가는 데 집중해야 할 것이지만 대부분은 아닐 것이다.

사람마다 차이는 있겠지만 대부분 60세 전후로 은퇴 후의 여정이 시작된다. 노후 여행이 시작되는 것이다. 그런데 그 전에 '노후열차표'를 구해 놓지 못하면 문제가 생긴다. 행복한 여정이 아닌 험난한 여정이 시작되기 때문이다. 누구는 일등석으로 편하게 노후를 보내는데, 누구는 땡볕에 걸어가면서 노후의 여정을 보내야 한다. 이 얼마나 서글픈 일인가? 또 열차표를 샀지만 잘못된 판단으로 표를 다른 이들에게 싸게 팔아서 스스로 힘든 상황으로 내려가는 경우도 많다.

예를 들어서 내 목적지는 부산인데 정작 열차표는 대구, 또는 천안까지만 끊어놓는 경우이다. 즉 처음엔 원하는 노후를 보낼 수 있지만, 미처 '오래 사는 리스크'를 대비하지 못해 중간에 내려 부산까지 걸어가야 한다면 이 또한 서글픈 일이긴 마찬가지다.

한국에서 인기가 많은 야구와 축구선수들을 보자. 스타플레이어들은 열화와 같은 관중들의 함성을 들으며 그라운드의 한 가운데에서 스포트라이트를 받는다. 하지만 최정점은 생각보다 길지 않고, 기량이 떨어지면 차가운 현실과 만나게 된다. 본인이 원할 때 떠날 수 있는 선수는 그나마 행복하다. 대부분은 자의가 아닌 타의에 의해서 떠나기 때문이다. 영원할 것 같던 인기도 과거의 영광으로 남는다.

인생의 항로가 지도와 나침반만 믿고 지도에 그려진 대로, 나침반이 가리키는 방향대로만 가도 목적지에 도달할 수 있다면 얼마나 좋겠는가? 하지만 인생이라는 항로에는 지도와 나침반을 무용지물로 만들어버리는 변수가 너무나도 많다. 기대와 다른 결과, 예상 못한 일들이 수시로 우리 앞을 가로막는다. 그래서 '좋아지겠지'라는 희망을 품고 살아가지만, 중간지점에 도착해 보면 항상 부족함을 느낀다. 그래서 또 다른 희망을 안고 다음 중간지점을 향해 배를 띄운다.

따라서 희망이나 기대보다 중요한 것이 '준비'다. 준비를 미룰수록 리스크는 그만큼 커질 수밖에 없다. 행복한 노후를 보내기 원한다면 철저한 준비만이 답이다.

1950년대 후반 게리 플레이어라는 골퍼가 남아프리카 공화국에서 미국으로 건너와 많은 승리를 거두자 사람들은 그를 '행운아'라고 부르기 시작했다. 다른 사람들과 마찬가지로 일반적인 프로골퍼들도 그가 잘하는 이유는 단지 자기들보다 운이 좋기 때문이라고 치부해버렸다.

어느 날, 기자 한 사람이 행운에 대하여 묻자 플레이어는 토머스 제퍼슨의 말을 인용하면서 이렇게 대답했다.

"물론, 나는 행운아입니다. 연습을 하면 할수록 더 운이 따르는군요."

이 말 속에는 플레이어를 행운아로 만들어준 열쇠가 들어 있는데 그것은 곧 '연습'이다. 다른 골퍼들은 플레이어가 자기들보다 열 배나 더 열심히 연습한다는 사실을 인정하고 싶지 않았다. 그들은 플레이어가 해뜨기 전에 연습장에 나와 어둠이 깔린 후에야 들어간다는 사실을 말하려 하지 않았으며, 그가 파티나 사교 모임을 피해 일찍 잠자리에 든다는 사실에 대해서도 모른 척했다.

그들은 다만 플레이어의 실력을 그냥 '행운' 덕으로만 돌렸다. 그게 마음 편했기 때문이다. 그러나 플레이어는 행동방침을 세우고 그 계획대로 남보다 몇 배 더 피나는 훈련을 했기 때문에 그들보다 더 잘 칠 수 있었던 것이다.

앤드류 우드, 《나에겐 지금 못할 것이 없다》 중에서

나이가 들어 맞이하는 노후를 위의 이야기에 대입해 보면 우리에게 많은 시사점을 준다. 충분히 노후대비가 되어있어 돈 걱정 없는 노후를 보내는 사람을 두고 다른 사람들은 단순히 운이 좋았기 때문이라고 치부할 수 있다. 하지만 돈 걱정 없는 노후는 운으로 만들어지는 것이 아니다. 운동선수가 매일 훈련을 해야 기량이 향상되듯이 노후대비를 통해 자산을 꾸준히 쌓아왔기 때문에 돈 걱정 없는 노후가 눈앞에 있는 것이다. 운은 존재할 수 있다. 하지만 그 운도 준비된 자만이 누릴 수 있다.

노후대비를 성공적으로 한 사람들은 대부분 본인의 자산을 정확하게 파악하고 있고, 노후를 위해 얼마만큼의 준비가 필요한지도 알고 있다. 또 장기성 자산일수록 불필요한 금융비용을 줄이려고 노력하고, 은퇴 시점에는 빚을 최소화한다. 그리고 노후에 발생할 수 있는 최악의 상황도 가정하면서 연금을 준비한다. 준비된 노후는 반드시 보상이 따른다. 그 보상은 노후에 제2의 삶을 살아가는 데 있어 매우 복된 보상이다.

이 책을 통해 행복한 노후대비를 위한 성공적인 첫발을 내디뎌 보길 바란다.

2018년 6월

이현종

행복한 노후대비 100문 100답

지은이 | 김 건·이현종
발행처 | 도서출판 평단
발행인 | 최석두

신고번호 | 제2015-000132호
신고연월일 | 1988년 07월 06일

초판 1쇄 인쇄 | 2018년 06월 26일
초판 1쇄 발행 | 2018년 06월 29일

우편번호 | 10594
주소 | 경기도 고양시 덕양구 통일로 140 (동산동 376) 삼송테크노밸리 A동 351호
전화번호 | (02)325-8144(代)
팩스번호 | (02)325-8143
이메일 | pyongdan@daum.net
블로그 | http://blog.naver.com/pyongdan

ISBN 978-89-7343-509-8 13320

값 18,500원

ⓒ장보원, 2018, Printed in Korea

※ 잘못된 책은 구입하신 곳에서 바꾸어 드립니다.

이 도서의 국립중앙도서관 출판시 도서목록(CIP)은 서지정보유통지원시스템 홈페이지
(http://seoji.nl.go.kr)와 국가자료 공동목록시스템(http://www.nl.go.kr/kolisnet)에서
이용하실 수 있습니다.
(CIP제어번호: CIP2018017963)

※저작권법에 의하여 이 책의 내용을 저작권자 및 출판사 허락 없이 무단 전재 및 무단 복제, 인용을 금합니다.